Zu diesem Buch

Gute Kommunikationsfähigkeit ist heute die Voraussetzung für Erfolg im Berufsleben, aber auch für den Aufbau befriedigender und langfristiger Beziehungen im privaten Bereich. Die in allen Industriestaaten zu verzeichnende Tendenz zur sozialen Isolation erschwert das kommunikative Miteinander wie nie zuvor. Immer mehr sozial ängstliche und gehemmte Menschen suchen professionellen Rat und Hilfe.
Mit dem verhaltenstherapeutisch orientierten Buch von Angelika Wagner-Link kann Kommunikation – auch die nichtverbale! – systematisch verbessert und geschult werden. Fünf Verhaltensbereiche sind hier, mit vielen Beispielen und Übungen, repräsentiert: Kontakt aufnehmen, Durchsetzen und Fordern, Selbstdarstellung und Präsentation, Kommunikation in Beziehungen, Kommunikationen bei Agressionen und Konflikten. Um eine gute Übersichtlichkeit zu erreichen, folgen alle Themenbereiche dem gleichen Aufbau.

Angelika Wagner-Link, Diplom-Psychologin, Psychologische Psychotherapeutin, ist Verhaltenstherapeutin und Supervisorin; in ihrem »Institut für Mensch und Management« (München) bietet sie Managementtraining und Coaching an. Sie ist Lehrbeauftragte der Ludwig-Maximilians-Universität, München.

Angelika Wagner-Link

Kommunikation als Verhaltenstraining

Arbeitsbuch für Therapeuten, Trainer
und zum Selbsttraining

Pfeiffer bei Klett-Cotta

Leben lernen 118

Pfeiffer bei Klett-Cotta
© J. G. Cotta'sche Buchhandlung Nachfolger GmbH, gegr. 1659,
Stuttgart 2001
Alle Rechte vorbehalten
Fotomechanische Wiedergabe
nur mit Genehmigung des Verlages
Printed in Germany
Umschlag: Michael Berwanger, München
Titelbild: Pablo Picasso: »Kopf einer Frau und eines Mannes«
© Succession Picasso/VG Bild-Kunst, Bonn 2001
Satz: PC-Print, München
Auf holz- und säurefreiem Werkdruckpapier gedruckt
und gebunden von Ludwig Auer GmbH, Donauwörth
ISBN 3-608-89644-9

2. Auflage, 2001

Die Deutsche Bibliothek – CIP-Einheitsaufnahme
Ein Titeldatensatz für diese Publikation ist bei Der Deutschen Bibliothek
erhältlich.

INHALT

Vorwort		9
Benutzungshinweise		10

A Grundlagen 13

1. Kommunikation als wesentliches Element in verschiedenen Anwendungsbereichen 13
1.1 In der Therapie 14
1.2 In Industrie und Verwaltung 17
1.3 In Marketing, Verkauf und Dienstleistung 21
1.4 In der Pädagogik 23
1.5 Zur Erhöhung der persönlichen Kompetenz 25

2. Voraussetzungen und Ziele des Kommunikationstrainings 30

2.1 Ziele und Zielgruppen 30
2.2 Voraussetzungen für Therapeuten und Trainer 33
2.3 Voraussetzungen für das Selbsttraining 35

3. Aufbau des Trainings 36

3.1 Aufbau 36
3.2 Verhaltenstraining in fünf Verhaltensbereichen 37
 – Kontakt
 – Durchsetzen
 – Selbstdarstellung und Präsentation
 – Kommunikation in Beziehungen
 – Umgang mit Aggressionen und Konflikten

4. Trainerverhalten und Trainingsmethoden 42

4.1 Trainer-/Therapeutenverhalten 42
4.2 Gruppen- und Einzeltraining 43

4.3	Arbeitsmaterialien	48
4.4	Analyse des persönlichen Verhaltens	49
4.5	Erarbeiten der Wissensinhalte	51
4.6	Übungen und Rollenspiele	51
5.	**Grundlegende Fähigkeiten in der Kommunikation**	**61**
5.1	Einstieg in das Training	61
5.2	Basiswissen	63
5.2.1	Kommunikationsmodelle	63
5.2.2	Codierung – Decodierung	64
5.2.3	Vier Seiten einer Botschaft	67
5.2.4	Geschlechtsrollen und Kommunikation	74
5.3	Basisfertigkeiten	77
5.3.1	Senderfertigkeiten	77
	– Nonverbale Senderfertigkeiten	77
	– Paraverbale Senderfertigkeiten	90
	– Verbale Senderfertigkeiten	96
5.3.2	Empfängerfertigkeiten	99
B	**Kommunikationstraining in fünf Verhaltensbereichen**	**105**
6.	**Kontakt**	**106**
6.1	Hintergrundinformationen für Trainer und Therapeuten	106
6.2	Lernziele für Tn/Kl und zum Selbsttraining	107
6.3	Einstiegsübung »stumme Kontaktaufnahme«	108
6.4	Spezifische Wissensvermittlung (Isolation, soziale Geborgenheit, Kontaktmöglichkeiten und -themen kennen)	108
6.5	Fertigkeiten (Kontaktaufnahme, Gespräche einleiten, Gespräche weiterführen, aktives Zuhören)	116
6.6	Individuelle Rollenspiele	129

7.	Durchsetzen	132
7.1	Hintergrundinformationen für Trainer und Therapeuten (persönliche Rechte, gesellschaftliche Benachteiligung von Gruppen, Frauen, Durchsetzungstraining für spezielle Gruppen)	132
7.2	Lernziele für Tn/Kl und zum Selbsttraining	134
7.3	Einstiegsübung »Ja – Nein«	134
7.4	Spezifische Wissensvermittlung (persönliche Rechte, persönliche Ziele, geschlechtsspezifisches Verhalten)	134
7.5	Fertigkeiten (Selbstsicherheit in Sprache und Körpersprache, Beharrlichkeit, »Nein-sagen«, Bedürfnisse und Forderungen äußern, Umgang mit Gesprächskillern)	138
7.6	Individuelle Rollenspiele	159
8.	Selbstdarstellung und Präsentation	162
8.1	Hintergrundinformationen für Trainer und Therapeuten	162
8.2	Lernziele für Tn/Kl und zum Selbsttraining	163
8.3	Einstiegsübung »Denkmal« oder »Kurzvortrag«	163
8.4	Spezifische Wissensvermittlung (verschiedene Vortragsarten, Aufbau von Vorträgen, Argumentation)	164
8.5	Fertigkeiten (Körpersprache, Sprache, Blackout-Techniken, Kurzvortrag)	170
8.6	Individuelle Rollenspiele	182
9.	Kommunikation in Beziehungen	186
9.1	Hintergrundinformationen für Trainer und Therapeuten	186
9.2	Lernziele für Tn/Kl und zum Selbsttraining	189
9.3	Einstiegsübung »Gefühlspantomime«	189
9.4	Spezifische Wissensvermittlung (Einfluss von Gefühlen kennen, geschlechtsspezifische Unterschiede)	189
9.5	Fertigkeiten (Gefühlsbotschaften, Umgang mit Feedback, Metakommunikation)	194

9.6	Individuelle Rollenspiele	211
10.	Umgang mit Aggressionen und Konflikten	214
10.1	Hintergrundinformationen für Trainer und Therapeuten	214
10.2	Lernziele für Tn/Kl und zum Selbsttraining	215
10.3	Einstiegsübung »Kritik«	215
10.4	Spezifische Wissensvermittlung (Konfliktdefinition, Konfliktarten, Konfliktanalyse)	216
10.5	Fertigkeiten (Gewaltfreie Kommunikation, Argumentation, Debatte, Konfliktgespräch)	222
10.6	Individuelle Rollenspiele	234
C	**Weiterführende Maßnahmen**	237
11.	Kombinationsmöglichkeiten mit anderen Kompetenzbereichen am Beispiel Stresskompetenz	237
11.1	Kurzfristige Erleichterung	238
11.2	Langfristige Stressbewältigung	242
12.	Ein Thema der Zukunft: Interkulturelle Kommunikation (von Andreas Brüch)	245
12.1	Grundlagen interkultureller Kommunikation	247
12.2	Interkulturelles Kommunikationstraining	254
	Dank	265
	Literatur	266

Vorwort

Bereits seit über 20 Jahren führe ich Kommunikationstrainings für ganz unterschiedliche Zielgruppen durch: in der Therapie für Einzelklienten und Paare, in der Gruppentherapie, in Kursen zur Verbesserung der kommunikativen Fertigkeiten, aber auch für Personen aus Industrie und Verwaltung (Führungskräfte und deren Mitarbeiter). Im therapeutischen Sektor wurde die Bedeutung einer positiven Kommunikation sehr wohl akzeptiert. Wie viele KollegInnen habe ich ebenso bei Führungsseminaren immer wieder betont, wie wichtig eine gute Kommunikation für Arbeits- und unternehmerischen Erfolg, für Wohlbefinden und Motivation der Mitarbeiter ist. So richtig ernst genommen wurde das lange nicht, eher als etwas betrachtet, das wir ohnehin machen, oder aber als unnötiger Luxus.
In Zeiten von Lean Management, Verflachung der Hierarchien, Team-Orientierung, Dienstleistung, Diversity und Mediation ist das Thema Kommunikation plötzlich hochaktuell geworden. Eine Ära der Kommunikation hat begonnen – so kann man überall lesen! Jetzt wird auch gesehen, dass es ohne gute Kommunikation nicht geht. Miteinander reden gilt als Überlebensmuster unserer Gesellschaft! Aber auch, wenn nun stets über die Notwendigkeit effektiver Kommunikation geredet wird, hat dies die kommunikative Kompetenz der Menschen nicht erhöht. Kommunikation fordern reicht nicht aus, man (frau auch) kann diese Fähigkeit aber erlernen. Dafür soll dieses Buch eine Hilfestellung sein.
Ich wünsche allen, die anderen vermitteln wollen, wie sie ihre kommunikative Kompetenz verbessern können – und erst recht denen, die das selbst versuchen –, viel Erfolg und Spaß bei der Umsetzung der Trainingsinhalte.

Benutzungshinweise

Ein persönliches Anliegen und der vielfach geäußerte Wunsch meiner Seminar- und Kursteilnehmer ist die Kompatibilität dieses Buches mit der Publikation »Verhaltenstraining zur Stressbewältigung«, Arbeitsbuch für Therapeuten und Trainer (erschienen 1995 im Pfeiffer Verlag, 2. Auflage 1999).
Stressbewältigungs- und Kommunikationstechniken sind gut kombinierbar. Die einzelnen Bausteine der beiden Kompetenzbereiche (Selbstkompetenz: hier Umgang mit persönlichen Belastungen, und soziale Kompetenz: hier Kommunikationstraining) können für zahlreiche Verhaltensbereiche spezifisch zusammengestellt werden.
Die selbstverständlich auch sehr wichtigen kognitiven und affektiven Aspekte der Kommunikation werden nur am Rande (z. B. in Kap. 11) behandelt, da sie im oben genannten Arbeitsbuch detailliert beschrieben werden. Ich habe darauf verzichtet, mich zu oft zu wiederholen und das vorliegende Werk zu überfrachten.
Einige Begriffe kommen notgedrungen häufig vor, sie werden deshalb abgekürzt: Pl für Plenum, KG für Kleingruppen, LP für Lernpartnerschaft. TeilnehmerInnen werden als *Tn*, KlientInnen als *Kl*, TrainerInnen als *Tr*, TherapeutInnen als *Th* bezeichnet – ohne Artikel, um beide Geschlechter einzuschließen.
Ich habe mich bemüht, dieses Buch so flexibel zu gestalten, dass verschiedene Zielgruppen damit arbeiten können. Es wendet sich an Fachleute – TherapeutInnen **und** TrainerInnen (z. B. ManagementtrainerInnen) –, deshalb werden in den Beispielen und Übungen unterschiedliche Settings angesprochen. Sehr viele Inhalte sind sicher auch für »Laien« interessant zur Reflektion, zur persönlichen Verhaltensanalyse und/oder Umsetzung. Dementsprechend sind die Texte im Stil unterschiedlich geschrieben. Informationen für Fachleute als Anwender und Multiplikatoren werden in fachspezifischem Vokabular und Sprachstil dargestellt, Wissen und Übungen sind so geschrieben, dass Tr/Th sie so oder ähnlich an Tn/Kl weitergeben können oder Leser sie direkt (oder etwas abgewandelt) zum Selbsttraining anwenden können, also in einem eher lockeren und motivierenden Stil.

Eine Anmerkung noch zu Quellenangaben: Dieses Buch ist eine praktische Anleitung und kein wissenschaftliches Nachschlagewerk. Deshalb wird hier auf detaillierte Quellenangabe verzichtet, auf Urheber von wichtigen Modellen und Theorien wird selbstverständlich verwiesen. Im Anhang findet sich für den interessierten Leser eine Literaturliste zu den einzelnen Bereichen und zum intensiveren Studium.

A GRUNDLAGEN

1. Kommunikation als wesentliches Element in verschiedenen Anwendungsbereichen

Die Lösungen der Probleme unserer Zeit hängen entscheidend davon ab, wie Menschen, die Entscheidungen treffen, also in sozial verantwortungsvollen Bereichen agieren (z. B. Politiker, Fachexperten, Führungskräfte, Lehrer, Verwaltungsbeamte, mündige Bürger usw.), miteinander kooperieren und kommunizieren. Wirkungsvolle Arbeit wird durch persönliche Feindseligkeiten, Empfindlichkeiten, Rivalitäten und Ungeschicklichkeiten in der zwischenmenschlichen Kommunikation enorm beeinträchtigt. Abgesehen von der erhöhten Effektivität von Arbeitsleistungen ist eine verständliche und zugleich verständnisvolle Kommunikation für jeden Menschen eine Bereicherung in seinem Leben.
Seit Jahren werden Kommunikationstrainings in vielfältiger Form im klinischen Sektor, im Management (Industrie und Verwaltung), in Marketing, Verkauf und Dienstleistung sowie in der Pädagogik angeboten.
Kommunikationstraining wird hier als verhaltenstherapeutisch orientierte Interventionsmaßnahme beschrieben. Ziel ist es, durch Erlernen und Üben bestimmte Sender- und Empfängerfertigkeiten zu verbessern, z. B. die Fähigkeit, offen, konstruktiv und in Übereinstimmung mit den eigenen Gefühlen durch Sprache und Körpersprache zu kommunizieren.

1.1 In der Therapie

Bestandteil vieler verhaltenstherapeutischer Gruppenbehandlungen sind Kommunikationsübungen oder Kommunikationskurse zur therapeutischen Intervention am Kommunikationsablauf unter gezielter Veränderung des Mitteilungs- und Zuhörerverhaltens. Sie werden hauptsächlich eingesetzt zur

- Förderung des Durchsetzungsverhaltens
- Förderung von Aufnahme und Vertiefung von Kontakten
- Verringerung von Verletzungen und Missverständnissen in der Interaktion mit anderen.

Kommunikative Kompetenz setzt Angstfreiheit voraus. Die zu erlernenden verbalen Fertigkeiten entsprechen den reinforcing skills nach Lewinson (1974). Ihr Einsatz bewirkt beim Interaktionspartner positive Gefühle, was positive Reaktionen oder Antworten hervorruft, die wiederum eigene positive Gefühle bewirken usw. Dies führt zu einer Erhöhung wechselseitiger Sympathie und fördert so die Kontaktintensität, -dauer und -frequenz.
Neben den Bemühungen um die Verbesserung des Kommunikationsverhaltens zur leichteren und intensiveren Kontaktaufnahme ist die Überwindung von Schweigen und von Bestrafungsspiralen in geschlossenen Gruppen häufiger Anlass für gezielte Intervention am Gesprächsverhalten.
Zusätzlich zur Vermittlung von kommunikationsfördernden Strategien spielen hier die Unterbringung und das Unnötigmachen der gegenseitigen Verletzungen und das Aufdecken und die Analyse von konfliktbedingten Missverständnissen eine wesentliche Rolle bei der Änderung des Gesprächsverhaltens (Ullrich, 1994).
Hier bilden eindeutige Mitteilungen der eigenen Wahrnehmungen und der dadurch bedingten inneren Wertungen, Gefühle und Wünsche auf der einen Seite und die Übersetzung unklarer Äußerungen beim anderen durch gezielte Rückfragetechniken den Schwerpunkt der Kommunikationsübungen.
Kommunikationsist also Inhalt bedingungsanalytischer Psychotherapien, in denen interaktionelle Probleme durch Einüben von

eindeutigem Mitteilungsverhalten (Codieren) und von Strategien des bedingungsanalytischen Decodierens analysiert, verstehbar und lösbar gemacht werden können.

Die Interventionsstrategien für das Training sozialer Kompetenzen beruhen auf folgenden Grundannahmen:

Affektive Interferenz: Das Verhalten wird in bestimmten sozialen Situationen durch Angst beeinträchtigt, die Angst führt zur Vermeidung solcher Situationen.

Skill-Defizit: Mangelnde soziale Fertigkeiten führen zu unangemessenem oder vermeidendem Verhalten. Im Assertiveness-Training von Ullrich und Ullrich de Muynck (1982; Neuausgabe 1998) sollen die fehlenden Fertigkeiten durch intensive Verhaltensübungen erlernt werden.

Kognitive Interferenz: Ungünstige kognitive Prozesse oder Inhalte (z. B. Einstellungen) lassen unangemessenes bzw. vermeidendes Verhalten entstehen.

Heute geht man im Allgemeinen von einem **multifaktoriellen Entstehungsmodell** aus: Unangemessenes bzw. Vermeidungsverhalten entsteht aus der Interaktion motorischer, emotionaler und/oder kognitiver Verursachungsfaktoren. In der Praxis gibt es dementsprechend eine Reihe multimodaler Trainingsverfahren, beispielsweise das VTP von Feldhege und Krauthahn (1979), das GSK von Pfingsten und Hinsch (1991) oder die Trainings von Zimmer (1976), Anneken et al. (1978) sowie Petermann und Petermann (1994).

Daneben existieren auch heute reine Verhaltenstrainings (z. B. einige Selbstsicherheitstrainings) sowie die Versuche, erfolgreiche Kommunikation ausschließlich durch Veränderung der Einstellung zu erreichen. Beide Ansätze für sich reichen jedoch nicht aus. Trainings sozialer Kompetenzen können sehr flexibel eingesetzt werden und für verschiedenste räumliche, zeitliche oder organisatorische Bedingungen modifiziert werden. Es gibt aber auch vollstandardisierte Verfahren mit festgelegtem Ablauf sowie Programme mit einer festen Grundstruktur und veränderbaren Teilkomponenten (Ullrich und de Muynck, 1998).

Techniken zur Förderung der Kommunikation von Kl sind häufiger Bestandteil der Interventionen, speziell in der Verhaltenstherapie, aber auch in der Gesprächspsychotherapie. In der Einzeltherapie wird ein stark vorstrukturiertes Training nur selten eingesetzt, es wird meist auf die individuellen Lernziele des Kl abgestimmt. Der Th fungiert dabei auch als Übungspartner des Kl. In der Gruppentherapie wird im Allgemeinen die Kommunikation mit Personen geübt, die nicht anwesend sind. Die Rolle des Partners wird dann von Gruppenmitgliedern übernommen. Geübt wird anhand konkret beschriebener Situationen (siehe individuelle Rollenspiele), die meist nicht länger als 3–4 Minuten dauern.
Im Sinne eines positiven Verhaltenstrainings werden verschiedene Möglichkeiten eingeübt, wie Kommunikation verbessert werden kann. Die Kl können dann von diesem erweiterten Verhaltensrepertoire ausgehend selbst entscheiden, welche Methoden sie in welchen Situationen übernehmen möchten, und – unterstützt durch den Therapeuten und die Gruppe – dieses Verhalten einüben.

Typische Indikationen für Integration von Kommunikationstechniken in Verhaltenstherapie

Im klinischen Bereich besteht überall dort eine Indikation für Kommunikationstherapien, wo eine indirekte oder unvollständige, eine mehrdeutige oder unverständliche Mitteilungsform Beziehungs- und Identitätsstörungen bedingt und wo über anderes therapeutisches Vorgehen Voraussetzungen für angstfreies Mitteilungsverhalten geschaffen worden sind.
Typische Indikationen sind:

- soziale Unsicherheit
- Partnerschafts- und Familienprobleme
- Schwierigkeiten im Umgang mit anderen
- Verhaltensauffälligkeiten v. a. bei Kindern und Jugendlichen
- Sucht
- psychosomatische Störungen

Kommunikationstechniken sind aber auch für Therapeuten selbst zur besseren Instruktion, zur gezielten Verstärkung, zur Motivierung usw. wichtig.

Ein Buch alleine reicht sicher nicht aus, diese Fertigkeiten in einem derart sensiblen Anwendungsbereich professionell zu erlernen bzw. zu verbessern. Entsprechende praktische Weiterbildungsmaßnahmen sind als Unterstützung wertvoll. Dieses Buch kann als Grundlage für Einsteiger und als Nachschlagewerk für Erfahrene im Trainings- und Therapiebereich gesehen werden.

1.2 In Industrie und Verwaltung

Auch Industrie und Verwaltung wissen und akzeptieren heute, dass Sachkompetenz allein nicht mehr genügt, um erfolgreich die erstrebten Ziele zu erreichen. Ebenso wichtig, wenn nicht sogar wichtiger, sind Kommunikations- und Kooperationsfähigkeit. Die Strukturen haben sich geändert und ändern sich weiter, autoritäre Hierarchien bewähren sich nicht (mehr), selbst wenn das so mancher noch immer nicht glauben will! Mit den klassischen Managementtheorien kommt man nicht mehr weiter, umfassende Veränderungsprozesse, die das menschliche Verhalten betreffen, sind aber nur schwer zu erreichen. Althergebrachte Machtmuster, Verteidigung von Pfründen, Schwerfälligkeit und kurzfristige Scheinerfolge stehen im Weg.

Gruppen- und Teamarbeit ist heute in fast allen Ebenen bis hin zur Produktion üblich. Auch diese kann nur funktionieren, wenn zwischen allen Beteiligten positive Kommunikation stattfindet.

Ganz oben in den Vorstandsebenen besteht Konsens: Die Zeit ist reif, die Bedeutung von Kommunikation wird klar erkannt. Durchgängige Kommunikationsstrukturen werden aufgebaut, die interne und externe Kommunikation soll in der Führungsspitze zusammenlaufen. Die MitarbeiterInnen sollen um für ihre Tätigkeit wichtige Zusammenhänge wissen. Etliche Wirtschaftsunternehmen (z B. Michelin) entwickeln einen eigenen Unternehmensbereich Kommunikation, treffen sich regelmäßig in definierten Kommunikationsrunden für alle MitarbeiterInnen. Zu jedem wichtigen Projekt wird von der Planungsphase an festgelegt, wie und zwischen wem die Kommunikation laufen soll. Die alten hierarchisch aufgebauten Strukturen, mit Verfügen über und Zurückhalten von Information, werden ersetzt durch Transparenz, gezielte Weitergabe von Information, damit die Abteilungen bzw. die einzelnen MitarbeiterInnen selbstständig entscheiden und diese Entscheidungen umsetzen können. Es ist heute ohnehin kaum möglich, Informationen auf längere Sicht zurückzuhalten, da diese über zahlreiche, vorwiegend elektronische Medien (Internet ...) – wenn auch zeitverzögert – kanalisiert werden und damit für fast jeden verfügbar sind.

Umfangreiche, aber gezielte Information zum richtigen Zeitpunkt – durch kompetente Kommunikation vermittelt – erspart Kontrollarbeit. Es ist besser, jemandem ausreichende Informationen zur Verfügung zu stellen, damit das Richtige getan werden kann, statt raffinierte Kontrollmechanismen auszutüfteln. Ein weiterer wichtiger Punkt ist die Geschwindigkeit, mit der Informationen durchlaufen, denn diese ist ein erheblicher Konkurrenz-Vorteil.

Gute Kommunikation erhöht bekanntlich nicht nur die Effektivität, sondern motiviert und fördert das Wohlbefinden der MitarbeiterInnen, verbessert die Arbeitsatmosphäre, reduziert damit Stress und schafft eine gute Basis für Kreativität.

Die Bereitschaft jedes Einzelnen, andere zu informieren und zu überprüfen, ob und wie die eigene Botschaft angekommen ist, erfordert jedoch hohes Einsichtsvermögen und Selbstkontrolle.

Kommunikation ist nicht Selbstzweck. Man denke nur an die zahlreichen Meetings und Konferenzen, in denen Zeit für »Geschwafel« oder »Sich-Aufplustern« Einzelner verschwendet wird, das vereinbarte Ziel verloren geht, ohne dass Wesentliches gewonnen wird.

In Stellenausschreibungen werden heute für viele Berufe (insbesondere in höheren Positionen) neben den fachlichen Kompetenzen auch Kommunikations- und Teamfähigkeit genannt. Anforderungsprofile für Führungskräfte dokumentieren ebenso, dass »Geschick im Umgang mit Menschen« – also soziale Kompetenz – als wichtiges Persönlichkeitsmerkmal angesehen wird.

Jede Organisation ist ein soziales Gebilde, in dem sich zum Erreichen der Ziele kleine funktions- und aufgabenbestimmte Gruppen bilden. Dies ergibt sich aus dem Prinzip der Arbeitsteilung. Damit trotz dieser Arbeitsteilung ein gemeinsames Ziel erreicht werden kann, ist Kommunikation unerlässlich. Trotz der hohen Bedeutsamkeit von Kommunikation in sachlicher und menschlicher Hinsicht für die Organisation ist auffällig, dass die Mitglieder auf das Gespräch miteinander nicht vorbereitet sind. Weder bei der Personalauswahl noch bei der individuellen Schulung, der Zusammensetzung von Gruppen oder deren Einbettung in das Gesamtkonzept der Organisation wird ausreichend auf die Kommunikationsvariable Rücksicht genommen. Dieses Defizit liegt weniger in der Anerkennung der Kommunikationsfähigkeit als wichtige und grundlegende Fähigkeit der Führungskräfte und deren MitarbeiterInnen begründet als in der Unfähigkeit, Kommunikation als verhaltensnahen und lernbaren Interaktionprozess zu definieren und in all seinen Facetten wahrnehmen und trainieren zu können.

Führungskräfte verbringen 80 Prozent ihrer Arbeitszeit mit Gesprächen verschiedener Art, werden aber in ihrer Ausbildung dafür kaum geschult, was zwangsläufig zu einem Defizit führen muss.

Spezifische Mitarbeiterschulungen (für Führungskräfte, Projektleiter, Teams) gewinnen für Unternehmen immer mehr an Bedeutung. Zum großen Teil werden sie aber noch recht unsystematisch ausgewählt oder geplant und auch auf ihren Nutzen hin wenig überprüft.

Hauptziel solcher Schulungsmaßnahmen ist es, die soziale Sensibilität (Gespür für die soziale Situation) zu steigern und zugleich die Fähigkeit zu erhöhen, auf die Situation angemessen und flexibel reagieren zu können.

Beispiele für derartige Schulungen und Seminare:

- Erfolgreich Führen
- Konfliktmanagement
- Miteinander zu einem besseren Ergebnis
- Das Mitarbeitergespräch

Trainingseffekte sind u. a.:

– die Tn lernen, die Konsequenzen ihres eigenen Kommunikationsverhaltens präziser wahrzunehmen

- die Bereitschaft zu kooperativem Verhalten wird erhöht
- das »Zuhören« wird verbessert
- Gefühle und Bedürfnisse des Kommunikationspartners werden besser verstanden
- das Verhalten wird flexibler, d. h., es wird stärker situations- und personangepasst.

Personalauswahl

Ein weiteres wesentliches Kommunikationsfeld für Industrie und Verwaltung ist die Personalauswahl.
Zur Auswahl eines geeigneten Bewerbers kann eine ganze Palette von standardisierten Eignungstests bis zu halb- und nicht-standardisierten Testverfahren herangezogen werden. Neben den spezifischen fachlichen Qualifikationen interessiert bei der Personalauswahl, insbesondere der Selektion von Führungskräften, die Fähigkeit zur sozialen Kompetenz. Gleichzeitig stellt sich die Frage, wie »das Geschick im Umgang mit anderen Menschen« hinreichend valide erhoben und prognostizierbar ist. Hinter den zu beurteilenden Konstrukten Konfliktfähigkeit, Führungsverhalten, Rhetorik und Durchsetzungvermögen werden verhaltensnahe Hinweise gesucht, die diese Begriffe greifbarer machen. Gemeinsame Basis der zu beurteilenden Kriterien ist die Fähigkeit zur Kommunikation. (Erst durch Kommunikation werden die Inhalte dieser Kriterien sichtbar.)

Das **Personalauswahlgespräch** selbst stellt per se eine Interaktion zwischen Bewerber und Personalchef dar. Der Informationsaustausch ist dabei zunächst einseitig durch die gezielten Fragen des Interviewers definiert.
Die »empfangenen« Botschaften werden vom Interviewer gesammelt und in der Beurteilung des Bewerbers ausgewertet. Im Sinne der sozialen Wahrnehmung sind in dieser asymmetrischen Kommunikation den unterschiedlichsten Vorurteilen und Fehlertendenzen Tür und Tor geöffnet. Dies ist allerdings weniger auf die mangelnde psychologische Vorbildung der meisten Vorgesetzten zurückzuführen als auf das Fehlen der geeigneten Kommunikationsmechanismen.

Neben dem klassischen Bewerbungsgespräch gibt es ein weiteres Auswahlverfahren, das zunehmend häufiger, insbesondere bei der Auswahl von Führungskräften, eingesetzt wird: **das Assessment Center.**

Das Assessment Center bietet zusätzlich die tatsächliche Beobachtung des sozial mehr oder weniger kompetenten Verhaltens der Bewerber, da diese verschiedene Aufgabenstellungen vorwiegend in der Kommunikation mit anderen Bewerbern zu bewältigen haben.

Beide Personalauswahlverfahren – das Auswahlgespräch und das Assessment Center – gehören zu den häufigsten und zuverlässigsten Methoden zur Erfassung der sozialen Kompetenz.

Ihre Zuverlässigkeit hängt auf der einen Seite von der Schulung der Interviewer und Beobachter ab, auf der anderen Seite bestimmen die Sicherheit und Erfahrung der Teilnehmer/Bewerber die Bewertung ihrer sozialen Kompetenz.

1.3 In Marketing, Verkauf und Dienstleistung

In Marketing und Verkauf heißt es: Kommunikation ist das, was ankommt. Diese Aussage bedeutet, dass sehr genau und zielorientiert kommuniziert werden muss, um Erfolg garantieren zu können. Viele Faktoren spielen bei erfolgreicher Kommunikation zusammen: Man muss die Zielgruppen kennen und auch deren Wandel zur Kenntnis nehmen. Generell gilt, dass sich die Menschen/Zielgruppen, das Verhalten der Nachfrager, Anbieter und Märkte immer schneller wandeln. Die Veränderungen beeinflussen sich gegenseitig: Das veränderte Freizeitverhalten zieht zusätzlich ein neues Kauf- und Unterhaltungsbedürfnis der Menschen nach sich. Auf der Anbieterseite möchte ein Hersteller oder Händler bei seinen Kunden ein erwünschtes Verhalten (z. B. Kaufen, Verwenden) erzielen. Dabei muss er nach geeigneten Möglichkeiten/Aktivitäten suchen, wie er dieses Verhalten beeinflussen kann.

Die Signale, die von einer Seite gesetzt werden, werden von der anderen entschlüsselt. Nur wenn sich dabei beide Seiten »richtig« verstehen, können Anbieter und Nachfrager auf dem Markt erfolgreich reagieren bzw. interagieren.

Innerhalb der psychologischen **Marktforschung** wird untersucht, welche Kommunikationsmittel für welche Zielgruppe und in welcher Form effektiv eingesetzt werden können. Hierfür typisch sind Fragen wie »Welche Bedürfnisse hat eine bestimmte Zielgruppe?«, »Wie kann die Glaubwürdigkeit des Anbieters erhöht werden?« oder »In welcher Kommunikationsform und mit welchen Mitteln soll die Information am besten gesendet werden?«

Will ein Händler z. B. den Absatz von PCs steigern, so kann er sich verschiedener Marketinginstrumente bedienen:

Innerhalb der Produktlistung wählt er bestimmte Herstellermarken aus, er achtet auf ansprechendes modernes Design, er bietet zusätzliche Serviceleistungen an. Möglicherweise versucht der Händler, mit Sonderpreis-Aktionen potentielle Käufer zu gewinnen. Der Händler setzt also zahlreiche Anreize, um die Nachfrage zu steigern. Jeder Anbieter ist dabei bemüht, diese Informationen für den Nachfrager auf dem Markt sicherzustellen. Dazu betreibt er **Marktkommunikation**.

Beispiele von Aktivitäten der Marktkommunikation:
- persönliche Gespräche, Telefonate
- Anzeigen, Hörfunk-, Werbespots
- Leuchtschriftreklame
- Prospekte, Broschüren, Kataloge, Mailings
- Displaymaterial
- Plakatierung

Die häufigste Kommunikationsaktivität ist sicherlich das persönliche Gespräch. In diesem »Verkaufsgespräch« können verschiedene Inhalte und Absichten mitgeteilt werden: sachliche Informationen über das Produkt oder die Leistung, individuelle Beratung und Überzeugungsarbeit, das Eingehen auf Wünsche der Kunden und – zunehmend wichtiger – der angemessene Umgang mit den Beschwerden der Kunden.

1.4 In der Pädagogik

Direkte Kommunikation zwischen Lehrer, Weiterbilder/Trainer und Schülern oder Studenten ist trotz zunehmend indirekter Kommunikation (Filme, Sprachlabor, Computer, E-Mail, Internet) das wichtigste Medium in der Pädagogik. Idealerweise kann durch die direkte Kommunikation der Lehrer, die Lehrerin gezielt auf die Fragen der Schüler eingehen und adaptiv das Lehrniveau im ständigen Austausch mit dem Schülerfeedback erhöhen. Anders als beim computerunterstützten Lernen erkennt der Lehrer auch die Ängste, Unsicherheiten und die Motivation seiner SchülerInnen. Doch auch Lehren will gelernt sein. Die hohen Anforderungen an die soziale Kompetenz von Lehrern und Ihre Verantwortung den Schülern gegenüber wird allzuoft unterschätzt. Der Unterrichtsstil wird manchmal mit der Definition von Führungsstilen verwechselt, wobei zwischen autoritär und »laisser faire« eine demokratische Grauzone für pädagogische Naturwunder übrig gelassen wird. Den richtigen und authentischen Unterrichtsstil zu finden – das ist die wichtigste Aufgabe eines berufenen Pädagogen. Motivierte Lehrer werden sich mit erfahrenen Kollegen über Schülerkonflikte oder Unterrichtsmethoden austauschen. Eine weitere Chance, den Unterrichtsstil zu verbessern, sind praktische Verhaltenstrainings.

Verhaltenstraining zur Verbesserung kommunikativer Kompetenz der Lehrenden gibt es seit den fünfziger Jahren – wird allerdings von LehrerInnen noch zu wenig wahrgenommen. Möglicherweise ist dieses Defizit in den traditionell hierarchischen Strukturen und der fehlenden »Belohnung« für positives Kommunikationsverhalten unseres Schulsystems begründet. Denn freiberufliche Trainer in der Industrie nutzen mit großem Interesse die Möglichkeit zur Entwicklung ihrer sozialen Kompetenz durch Verhaltenstrainings.

Beispiele von Themen innerhalb der pädagogischen Weiterbildung:
- Mitarbeitergespräch für Führungskräfte (z. B. Rektoren)
- Schüler und Eltern im Gespräch

- Rhetorik und Moderationstechniken für Lehrer
- Projektunterricht: »Miteinander Reden«

Alle Bausteine des hier beschriebenen Kommunikationstrainings sind für schulischen und Weiterbildungsbereich geeignet, sowohl zur Verbesserung der Kompetenz als auch als Techniken zur Unterstützung der Lernenden im Ausbau ihrer kommunikativen Fähigkeiten, beispielsweise sich gegenseitig zuzuhören, nicht zu unterbrechen, Arbeitsstörungen anzusprechen, konstruktive Konfliktlösungsgespräche zu führen, die Geschlechtsrollen zu reflektieren und durch gezielte Verhaltensänderung miteinander (Mädchen/Jungen, Frauen/Männer) zu einem besseren Ergebnis zu kommen.

Verhaltensänderungen der Lehrenden im Schuldienst sind sicher oft für beide Seiten hilfreich.
Voraussetzung für deren sinnvolle Integration in den Lernprozess ist aber auch die gleichzeitige Modernisierung der Lerninhalte und Lernmethoden.
Die Programme von Müller-Wolf, Schulz-Thun, Fittkau, Schwäbisch-Siemens werden diesen Ansprüchen sicher gerecht. Ich verzichte hier auf Beschreibung solcher Trainingsprogramme. Ich lasse aber meine Erfahrungen aus der Arbeit als Trainerausbilderin für Managementtrainings und Stress- und Präventionskursen sowie aus den Multiplikatorentrainings mit Polizeibeamten (für Stress- und Kommunikationstrainer) miteinfließen – speziell in Hinweisen an Tr/Th.

1.5 Zur Erhöhung der persönlichen Kompetenz

Persönliche Kompetenz

Nach Brengelmann (1988) gliedert sich die persönliche Kompetenz in drei aufeinander aufbauende Verhaltensbereiche: Selbstkompetenz, soziale Kompetenz und Führungskompetenz. Kommunikation ist dabei ein wesentliches Element der sozialen Kompetenz, die wiederum auf Selbstkompetenz aufbaut.
Dieses Modell kann durch zusätzliche Aspekte erweitert werden. Persönliche Kompetenz eines Menschen bedeutet demnach die effektive, zufriedenstellende Handhabung seines auf sich selbst gerichteten Verhaltens (Selbstkompetenz), seines sozialen Verhaltens (soziale Kompetenz) und seines Führungsverhaltens bei Führungskräften (Führungskompetenz) oder beruflichen Verhaltens (berufliche Kompetenz) und/oder seines Verhaltens in der Familie (Familienkompetenz).

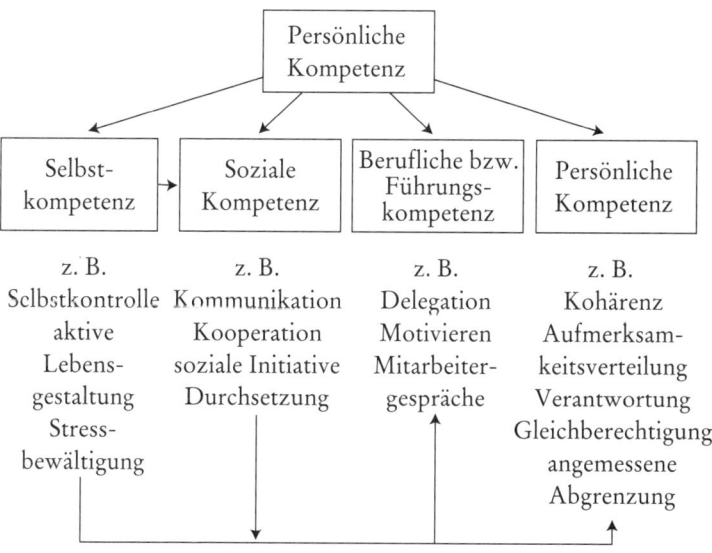

Selbstkompetenz

Sie beinhaltet die (adäquate) Wahrnehmung eigener Fähigkeiten, Fertigkeiten und Potentiale, sich darüber zu freuen und sie gezielt einzusetzen; aber auch eigene Defizite zu erkennen und entsprechende Verhaltensmuster aufzubauen. Das heißt, sich kennen und akzeptieren, die Möglichkeiten persönlicher Weiterentwicklung aufbauen und nutzen sowie das eigene Leben aktiv gestalten.

Selbstkompetenz bedeutet zum Beispiel:

- sich mit den eigenen Motiven und Werten identifizieren,
- eigene Fähigkeiten erkennen, um sie gezielt einsetzen zu können,
- eigene Schwächen erkennen, um sie zu akzeptieren oder um sie zu reduzieren,
- kurz- und langfristige Konsequenzen unterscheiden (Selbstkontrolle),
- mit der eigenen Energie haushalten,
- subjektive Barrieren, die durch eigene oder fremde Vorurteile entstehen, erkennen und abbauen,
- Freiheitsgrade erkennen bzw. sie schaffen und nutzen.

Der positiv fördernde Umgang mit sich selbst ist die Grundlage für erfolgreiches Verhalten in Interaktionen *(soziale Kompetenz)*.

Soziale Kompetenz

Soziale Kompetenz wird als Oberbegriff für Konzepte wie soziale Fertigkeiten (social skills), Selbstvertrauen, Selbstsicherheit, Selbstbehauptung (assertiveness) oder Durchsetzungsvermögen gebraucht. Entsprechend deckt ein Training sozialer Kompetenzen einen größeren Bereich ab als beispielsweise ein Selbstsicherheitstraining.

Soziale Kompetenz bedeutet, erfolgreiches Verhalten in zwischenmenschlichen Interaktionen (privat, beruflich, gesellschaftlich) zu zeigen. Es handelt sich um eine Kombination verschiedener Fähigkeiten, die je nach Verhaltensbereich oder Situation zum Einsatz kommen. Soziale Kompetenz ist keine durchgängige Persönlichkeitseigenschaft, die Kompetenzen beziehen sich immer auf die verschiedenen Aufgabenstellungen, die in bestimmten Situationen für die Person entstehen.

Soziale Kompetenz bedeutet zum Beispiel:

- erfolgreiche soziale Teilnahme und Kommunikation
- effektive Kooperativität
- soziale Initiative
- Durchsetzung
- Problemlösung
- Gewinnung von Lebenszufriedenheit
- die Fähigkeit, Gespräche zu initiieren und aufrechtzuerhalten
- die Fähigkeit, soziale Beziehungen aufzubauen und zu unterhalten
- sicheres Auftreten und Vermitteln der eigenen Selbstsicherheit
- gute Selbstorganisation

Soziale Kompetenz ist ein zentraler Einflussfaktor bei der Verwirklichung aller Bedürfnisse, die für die Interaktionen mit anderen Menschen notwendig sind.

Ein wesentlicher Faktor der sozialen Kompetenz ist erfolgreiche **Kommunikation** in unterschiedlichen Interaktionen. Selbst- und soziale Kompetenz bilden die Grundlage für berufliche, Führungs- und Familienkompetenz.

Berufliche und Führungskompetenz

Berufliche Kompetenz beinhaltet Karriereplanung, effektives Arbeitsverhalten, Kooperation, positiven Umgang mit Konkurrenz. Sachorientierte maskuline Führung erfordert das Einbringen persönlicher kognitiver und Verhaltensfähigkeiten. Für personenorientierte, eher feminine, Führung benötigt man hohes soziales Einfühlungsvermögen und hohe **Kommunikationseffizienz** auf der Beziehungsebene. Führung bedeutet, für andere Personen Verantwortung zu übernehmen und sie zu fördern.

Führungskompetenz äußert sich unter anderem durch:

- Akzeptanz und Durchführung von Initiative und Verantwortlichkeit innerhalb des eigenen Aufgabenfelds,

- die Fähigkeit zu delegieren und Mitarbeiter zu eigenständiger Kooperation zu motivieren,
- Entscheidungsfreude und Umsichtigkeit im Sinne der Unternehmensziele,
- die Fähigkeit, taktisch vorzugehen und das Vertrauen anderen zu vermitteln,
- die Fähigkeit, anderen Leistungs- und Gewinnorientierung zu vermitteln,
- ein positives Arbeitsklima zu schaffen und aufrechtzuerhalten.

Familienkompetenz

Familienkompetenz bedeutet den erfolgreichen Umgang mit der eigenen Herkunftsfamilie, mit dem Partner und/oder den eigenen Kindern, ohne sich selbst dabei aufzugeben. Die Kernbereiche der Familienkompetenz sind Erziehungs-, Beziehungs- und Familienarbeit sowie Haushaltsführung.

Familienkompetenz zeigt sich beispielsweise durch:

- gute Planung, Koordination und Kontrolle der im Rahmen der Familientätigkeit notwendigen Aktivitäten,
- Einbeziehung der Familienmitglieder in wichtige Entscheidungen,
- hohe Integrationsfähigkeit der Interessen, Meinungen und Wünsche der Familienmitglieder,
- die Fähigkeit, Verantwortung für die körperliche und seelische Gesundheit der Kinder zu übernehmen und für diese zu sorgen,
- die Fähigkeit, kompetent die Entwicklung der Kinder, ihre soziale Kompetenz, ihre Interessen und ihr Selbstvertrauen zu fördern.

Der Sachbuchmarkt und das Angebot der Volkshochschulen zeigen, wie groß das allgemeine Interesse des Einzelnen ist, die eigene Fähigkeit zur Kommunikation auszubauen. Sei es, um schnell Erfolg bei einer Bewerbung zu haben, mit den Kindern besser »klarzukommen«, eine kleine Ansprache bei einer Hochzeit zu halten oder aber um schnell und besser hinter die Kulissen schauen zu können: »Warum sagt er/sie das?«

Viele Kurse und Bücher versprechen Unrealistisches. Der Weg, die eigene soziale Kompetenz zu verbessern, erfordert neben einem breiten Verhaltensrepertoire, das flexibles Handeln in verschiedensten Situationen ermöglicht, auch eine Analyse der jeweiligen Kommunikationssituation und Zieldefinition, was man erreichen möchte.

2. Voraussetzungen und Ziele des Kommunikationstrainings

2.1 Ziele und Zielgruppen

Ziele

Ziel dieses Buches bzw. des hier beschriebenen Kommunikationstrainings ist es, Anwendern zu helfen, für ganz unterschiedliche Zielgruppen (Trainer, Referenten, Führungskräfte usw., aber auch sozial unsichere Paare mit Eheproblemen usw.) in verschiedenen Arbeits- und Lebensbereichen (im Betrieb, in der Verwaltung, im Unterricht, im Kundengespräch, in der Familie, in der Freizeit usw.) aus einer Palette von Wissen und Übungen ein maßgeschneidertes Kommunikationstraining zu entwickeln – sei es, um es als Tr oder Th an Tn oder Kl weiterzugeben, sei es, um es für sich selbst anzuwenden.

Kommunikationstrainings sollten von Tr/Th langfristig vorbereitet werden. Probleme, Zielsetzungen, Kommunikationsstil der späteren Tn/Kl sollten – möglichst in einer Pilotstudie – erfasst bzw. gemeinsam mit ihnen bzw. der Organisation festgelegt werden. Trainingsziele (bzw. Therapieziele) müssen konkret festgelegt werden (nicht »Verbesserung der Kommunikationsfähigkeit«, wie das oft in Seminarausschreibungen der Fall ist, sondern zum Beispiel beim Führungsseminar »Die Tn lernen auf der Sach- und Beziehungsebene ihren Mitarbeitern Feedback zu geben«).

Durchführung

Ein Kommunikationstraining darf nicht auf Tip- und Trick-Ebene für die Praxis reduziert werden, wie das in vielen – auch recht populären – Ratgebern der Fall ist. Es kann nicht darum gehen, mit Patentrezepten, Trivialvorschlägen und starren Verhaltensmustern individuelle Verhaltensweisen zu verändern. Zwischenmenschliche Beziehungen sind komplexer und flexibler.

Deshalb wird zunächst Wissen erarbeitet, anschließend ein breites Verhaltensrepertoire im Bausteinverfahren eingeübt, und erst danach werden *individuelle,* für Situation/Person maßgeschneiderte Handlungspläne und -proben entwickelt und durchgeführt.
Nicht nur das konkrete Verhalten, sondern auch die emotionale und die kognitive Ebene sollten langfristig in die Maßnahmen integriert werden, z. B. Einstellungsänderung (überhöhtes Anspruchsniveau an sich selbst, unrealistische Erwartungen und Befürchtungen gegenüber Personen und Situationen usw.), emotional-vegetative Erregungszustände, Insuffizienzgefühle u. a. m.
Auf diese Aspekte wird im vorliegenden Training nur am Rande eingegangen, denn diese Techniken sind ausführlich in »Verhaltenstraining zur Stressbewältigung« beschrieben. Einige Vorschläge zur Kombination beider Kompetenzbereiche folgen in Kap. 11.

Transfer

Das Kursende ist nicht Trainingsende! Tr/Th sollte Selbstverantwortung und Stresskompetenz der Tn/Kl verstärken und alles unterstützen, was eine zielgerichtete weitere Umsetzung des Gelernten fördert, z. B. über den Kurs hinausgehende Lernpartnerschaften; Briefe an sich selbst zu Seminarzielen, die vom Tr/Th zwei bis vier Wochen später nachgeschickt werden, oder das Durchführen von Aufbautrainings und Refreshern.
Das bedeutet, schon bei der Kurs-/Therapie-/Seminarplanung muss Transfer und dessen Kontrollmöglichkeiten eingeplant werden. Spätere Treffen zur Transferbesprechung sollten anhand konkreter Beispiele/Erfahrungen erfolgen: Was konnte ich wo und wie (z. B. Sachvorträge halten, Problemgespräche mit Mitarbeitern führen, mit meinem/meiner EhepartnerIn über Geld reden) umsetzen, wo hatte ich welche Schwierigkeiten?

Zielgruppen

Die Zielgruppen für Kommunikationstraining sind vielfältig. Die meisten wurden bereits erwähnt; hier noch einmal die Zusammenstellung:
Alle Tn/Kl in Einzel- oder Gruppentherapie, für die ein Ausbau der kommunikativen Fertigkeiten wichtig ist und die Interaktions-

und eigene Probleme durch ineffektive Kommunikation vermeiden wollen, z. B.

- sozial Unsichere
- unfreiwillige Singles
- Paare mit Kommunikationsproblemen.

Zur Zielgruppe gehören auch alle Menschen, die ihre Kommunikationsfähigkeit verbessern wollen (oder sollen) und durch ein erweitertes Verhaltensrepertoire flexibel, situations- und personadäquat sein möchten:

- Teilnehmer an Kommunikationskursen
- Führungskräfte
- Lehrer und Trainer
- Dienstleister
- Verkäufer
- Frauen (und Männer), die sich besser durchsetzen möchten
- Männer (und Frauen), die in der Kommunikation besser auf andere eingehen möchten

(siehe hierzu auch die bei den einzelnen Verhaltensbereichen aufgeführten Zielgruppen).

Ein *Ausschlusskriterium* für die Teilnahme an Kommunikationstrainings ist die Sozialphobie. Im ICD 10 wird Sozialphobie definiert als »Angst, in vergleichsweise kleinen Gruppen (im Gegensatz zu Menschenmengen) im Mittelpunkt zu stehen«. Diese Angst tritt also in Situationen auf, in denen eine Person im Mittelpunkt steht und dabei bestimmte Tätigkeiten ausführt, z.B. öffentliches Sprechen, öffentliches Schreiben z. B. an Tafel oder Flipchart, Essen oder Trinken in der Öffentlichkeit.

Sozial ängstliche Personen tendieren zu hohen Werten auf der Dimension Selbstaufmerksamkeit in der Öffentlichkeit. Sie beobachten die eigene kognitive Aktivität extrem. Ängste entstehen aus der Erwartung oder aus dem Erleben negativer sozialer Bewertungen in realen oder in vorgestellten Situationen.

Personen, die unter Angststörungen leiden, handeln im Vulnerabilitätsmodus. Das heißt, sie sehen sich von unkontrollierbaren internen oder externen Gefahren bedrängt, was zu großer Unsicherheit führt. Die Personen lenken ihre Aufmerksamkeit auf ihre

eigenen Schwächen oder auf früheres Versagen.
Dementsprechend sind sie gegenüber sozialen Bedrohungen enorm wachsam, sie kalkulieren ständig die Stärke der Bedrohung ein und die Möglichkeiten, diese zu überwinden. Daraus entstehen kognitive Verzerrungen in Form von unlogischen und negativen Gedanken. Dies wiederum hindert die Person daran, die Bewährungssituationen und die eigenen Fähigkeiten realistisch einzuschätzen. Die angstauslösenden Situationen werden vermieden.
Die im Kommunikationstraining verwendeten Techniken sind für Personen mit einer ausgeprägten Sozialphobie nicht geeignet, da während der Verhaltensübungen der Trainierende im Mittelpunkt des Geschehens steht. Im Verlauf einer therapeutischen Behandlung können jedoch etliche der hier beschriebenen Techniken integriert werden.
Soziale Ängstlichkeit ist gewiss oft ein Mitbedingungsfaktor von Problemen in Kommunikationssituationen, daher sollten zusätzlich zum Kommunikationstraining Techniken zur Erregungskontrolle verwendet werden (siehe Wagner-Link, 1995, Verhaltenstraining zur Stressbewältigung).

2.2 Voraussetzungen für Therapeuten und Trainer

Voraussetzungen für Therapeuten (Th)

Voraussetzung für den Einsatz des hier beschriebenen Kommunikationstrainings im klinischen Bereich sind Wissen und Übung in Verhaltens- und zumindest ansatzweise der Gesprächstherapie (es handelt sich hier zwar um ein verhaltenstherapeutisch orientiertes Programm, allerdings werden auch Empfängerfertigkeiten trainiert, die aus Methoden der Gesprächspsychotherapie nach Rogers abgeleitet wurden, z. B. aktives Zuhören aus der Therapievariable »einfühlendes Verstehen«).

Voraussetzungen für Trainer (Tr)

Tr sollte eine Ausbildung haben, die Grundlagen in Lerntheorie, Psychologie und Pädagogik einschließt, z. B.

- DiplompsychologIn
- PädagogIn mit guten Psychologiekenntnissen (unter anderem über Modell- und Bekräftigungslernen, Gruppenpsychologie, sekundären Krankheitsgewinn, Gesprächsführung)
- SozialpädagogInnen

Tr/Th sollte

- über umfangreiches Verhaltensrepertoire verfügen
- gut organisieren können
- sensibel in der Wahrnehmung von Kommunikationsverhalten sein
- die (verbale und nonverbale) Sprache der Zielgruppe kennen und beherrschen
- motivieren können
- eine Vertrauensbasis für Tn/Kl schaffen können
- gute didaktische Fähigkeiten besitzen
- Rollenspiele beherrschen und als Modell gerne vorführen
- technisch versiert sein (z. B. Videorecorder bedienen können)
- organisationsinterne Kenntnisse haben
- möglichst Therapieausbildung vorweisen können.

Bei zielgruppenspezifischen Seminaren/Trainings (wie z. B. von der Autorin für Führungskräfte, Vertriebsbeauftragte, Polizisten, Lehrer durchgeführt) ist zusätzliches Know-how über Zielgruppe bzw. Betrieb/Organisation, deren Aufgabenfeld, Probleme sowie Habitus und Kommunikationsstil etc. hilfreich.

Als geeignete Weiterbildungsmaßnahme zu den beschriebenen Methoden bieten sich die entsprechenden Kommunikationskurse des BDP, IFT oder bei der Autorin (Institut für Mensch und Management) an.

2.3 Voraussetzungen für das Selbsttraining S

Viele Informationen und Übungen eignen sich auch sehr gut für das Selbsttraining interessierter Leser – ohne Tr/Th. Bei der persönlichen Analyse und Einschätzung des Übungserfolges fehlen allerdings Hilfestellung und Feedback durch einen Profi und/oder die Teilnehmergruppe.
Menschen mit starken Ängsten (siehe Ausschlusskriterium), z. B. Sozialphobien, gravierenden Beziehungsproblemen oder starker sozialer Unsicherheit, sollten professionelle Hilfestellung, z. B. eine Verhaltens-/Gruppentherapie, in Anspruch nehmen.
Die hier für das Selbsttraining als geeignet bezeichneten Bereiche sind als Prävention und Erweiterung des persönlichen Verhaltensrepertoires psychisch Gesunder gedacht.
Alle Bereiche, die für ein Selbsttraining als Wissenshintergrund oder als Verhaltensübung geeignet sind, werden in den einzelnen Kapiteln mit **S** gekennzeichnet.

3. Aufbau des Trainings

3.1 Aufbau

Nach einer Übung zum **Einstieg** in das gesamte Training werden wichtige Informationen über Kommunikation gegeben (**Basiswissen**) und das Fundament für wesentliche Fertigkeiten der Kommunikation (**Basisfertigkeiten**) gelegt. Das darauf aufbauende Training gliedert sich in fünf **Verhaltensbereiche**. In jedem Bereich werden abwechselnd **spezifisches Wissen** (Know-how-Input) vermittelt und entsprechende Verhaltensübungen (**Fertigkeiten**) durchgeführt.

Im Zentrum der Maßnahmen stehen Verhaltensübungen, die entweder als Stegreifübungen, in Realsituationen (In-vivo-Übungen) oder als **Rollenspiele** bzw. persönliche Handlungsproben durchgeführt werden können.

Ablaufschema des Kommunikationstrainings

A. Basiswissen und -fertigkeiten der Kommunikation
B. Training in fünf Verhaltensbereichen nach dem jeweils gleichen Schema
   1. Hintergrundinformationen für Tr/Th
   2. Definition der Lernziele der Tn/Kl
   3. Einführung in die jeweiligen Verhaltensbereiche
      - Einstiegsübung
   4. spezielles Wissen für die Verhaltensbereiche
      - Theorieinput
      - Demonstrationen von Tr/Th
      - Brainstorming der Tn/Kl
      - Übungen von Tr/Th
   5. Fertigkeiten
      - Demonstrationen von Tr/Th
      - Lernpartnerschaften der Tn/Kl
      - Übungen der Tn/Kl

6. individuelle Rollenspiele
   - Einzelarbeit der Tn/Kl
   - Lernpartnerschaft der Tn/Kl
   - Videoanalyse durch Tr/Th und Tn/Kl
   - Feedbackrunden durch Tr/Th und Tn/Kl

Zur besseren Veranschaulichung sind in den hier vorgestellten fünf Verhaltensbereichen die Wissensvermittlung für die Tn/Kl und die auf die jeweiligen Wissensinhalte folgenden Verhaltensübungen der besseren Übersicht wegen in die Kapitel Wissensvermittlung und Fertigkeiten getrennt. In der Praxis wird man nach Erarbeiten von Wissensinhalten sicher oft die passenden Verhaltensübungen direkt folgen lassen oder sie gleich verknüpfen.
Grundprinzip ist das Erkennen von vorhandenen Ressourcen und deren gezielter Ausbau, oft bezeichnet als »Positives Verhaltenstraining«. Wichtig sind Spaß am Lernen und Ausprobieren, konstruktiver Umgang mit dem eigenen Verhaltensrepertoire, Erweitern und Verstärken der vorhandenen Fähigkeiten und Fertigkeiten.

3.2 Verhaltenstraining in fünf Verhaltensbereichen

Ausgewählt wurden hier fünf besonders **häufig einsetzbare** Verhaltensbereiche, sei es für Therapie, Managementseminare oder in der Pädagogik, z. B. Erwachsenenbildung. Der Schwierigkeitsgrad ist aufsteigend (individuell kann das natürlich auch anders gesehen werden, z. B. die eigene Kommunikation in Beziehungen als befriedigend erlebt werden, aber Selbstdarstellung vor einem großen Publikum als überfordernd). Jeder einzelne Verhaltensbereich integriert Wissen und Fertigkeiten aus den vorher trainierten bzw. setzt diese voraus.

Kontakt Kapitel 6
z. B. Kontaktmöglichkeiten und Kontaktthemen kennen

Durchsetzen Kapitel 7
z. B. Fordern, Nein-Sagen, Widersprechen

Selbstdarstellung und Präsentation Kapitel 8
z. B. Sachvorträge halten, Umgang mit Blackout

Kommunikation in Beziehungen Kapitel 9
z. B. positive und negative Gefühle erkennen und äußern

Umgang mit Aggressionen und Konflikten Kapitel 10
z. B. Argumentieren, Konflikte erkennen, gewaltfreie Kommunikation

Abb.: Verhaltensbereiche der sozialen Kompetenz

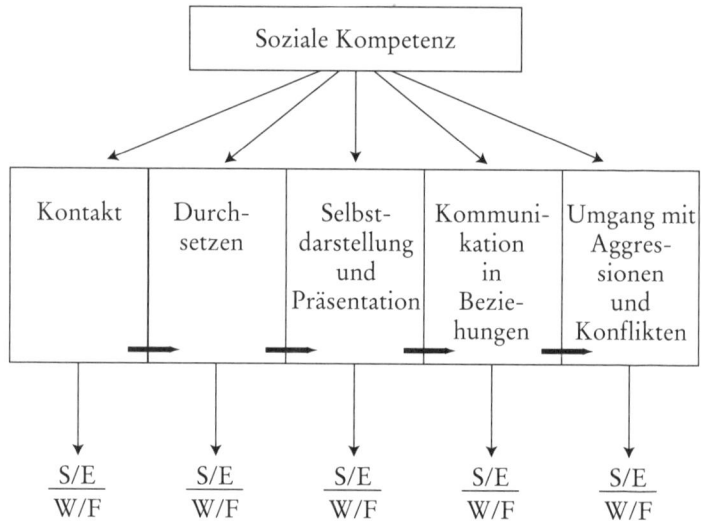

S = Sender, E = Empfänger, W = Wissen, F = Fertigkeiten

Ausgewähltes Wissen und Fertigkeiten sowie der Einsatz im spezifischen »Setting« unterscheiden sich je nach Zielgruppe (Tn, Kl ...).

Bezogen auf unterschiedliche Settings (z. B. Management, Marketing, Therapie) sehen auch Transfer- bzw. Analyse-Situation recht unterschiedlich aus: Betrachten wir z. B. einen Kommunikationsvorgang im **Management**, das **Personalauswahl-Gespräch**, anhand der fünf Verhaltensebenen. Jede Verhaltensebene wird mit Beispielfragen aus der Sicht des Personalchefs verdeutlicht.

1. Kontakt aufnehmen
Wird Blickkontakt gehalten? Wird der Name des Gegenübers laut und deutlich ausgesprochen? Wie fest ist der Händedruck? Weckt der Bewerber Interesse?

2. Durchsetzen
Kann der Bewerber sein Interesse an dem Job klar vermitteln? Wie setzt er seine Gehaltsforderungen durch?

3. Präsentation
Hat der Vortrag des Bewerbers zu seinem Lebenslauf eine klare und logische Struktur? Wie reagiert er auf Nachfragen? Lässt er sich leicht aus seinem Konzept bringen? Unterstreicht seine Gestik die vorgetragenen Äußerungen oder treten hier Widersprüche auf?

4. Kommunikation in Beziehungen
Wie hat sich der Bewerber in früheren Arbeitsteams verhalten? Wie ist seine familiäre Beziehungsfähigkeit?

5. Konflikte
Wie löst der Bewerber eine imaginäre Konfliktsituation? Kann er mit der abweichenden Vorstellung des Personalchefs über seine Arbeitszeit umgehen?

Beispiele aus der **Marktkommunikation**

1. Kontakt aufnehmen
VerkäuferIn spricht einen Kunden an oder weckt dessen Interesse für ein bestimmtes Produkt.

2. Durchsetzen
VerkäuferIn überzeugt mit dem Preisvorteil bei einem Inklusiv-Paket.

3. Präsentation
VerkäuferIn stellt die für den Kunden wichtigsten Informationen prägnant und attraktiv dar.

4. Kommunikation in Beziehungen
VerkäuferIn stellt sich auf die Wünsche des Kunden ein, fördert das Vertrauensverhältnis und die Sympathie.

5. Kommunikation in Konflikten
VerkäuferIn setzt sich mit der Beschwerde des Käufers angemessen auseinander.

Beispiele aus der **Pädagogik**

1. Kontakt aufnehmen
LehrerIn stellt sich der neuen Klasse vor und lässt die SchülerInnen ihre Erwartungen an das Schuljahr formulieren.

2. Durchsetzen
LehrerIn gibt präzise formulierte Hausaufgaben und kontrolliert deren Durchführung.

3. Präsentation
LehrerIn verwendet anschauliche Overhead-Folien.

4. Kommunikation in Beziehungen
LehrerIn ermuntert die Schüler, in Form einer Metakommunikation Störungen anzusprechen.

5. Kommunikation in Konflikten
LehrerIn vermittelt zwischen zwei Konfliktparteien in der Klasse.

Beispiele aus dem **Privatleben**

1. Kontakt aufnehmen
Nach einem Umzug in eine andere Stadt sich gezielt einen neuen Bekanntenkreis aufbauen.

2. Durchsetzen
Sich gegen überzogene Forderungen des Vermieters wehren.

3. Präsentation
Beim Elternabend die eigenen Vorstellungen über eine Privatinitiative zur Hausaufgabenbetreuung der Kinder darlegen.

4. Kommunikation in Beziehungen
Sich mit dem Partner über die Gefühle in der neuen Umgebung austauschen.

5. Kommunikation in Konflikten
Den Konflikt mit dem neuen Nachbarn wegen des von diesem beklagten Kinderlärms durch gute Argumente und Einwandbehandlung zu lösen versuchen.

Je nach Zielgruppe und Aufgabenstellung können auch nur einige Kompetenzbereiche kombiniert werden (z. B. bei sozialer Unsicherheit nur Kontakt und Durchsetzung), oder es wird nur ein Schwerpunkt (z. B. bei Rhetoriktraining) trainiert. Zusätzlich kann das Training auch um weitere für die Zielgruppe wichtige Kompetenzbereiche erweitert werden (z. B. Verhandlungsführung zusätzlich zu Kontakt, Durchsetzung und Selbstdarstellung bei Vertriebstraining).

Ich habe beispielsweise für die Polizei Nordrhein-Westfalens aufbauend auf ein dreiwöchiges Stressverhaltenstraining ein einwöchiges berufsspezifisches Kommunikationstraining durchgeführt. Ziel war, zusätzlich zur Verbesserung der Selbstkompetenz (Stressverhaltenstraining) die spezifische soziale Kompetenz (Umgang mit dem Bürger) weiterzuentwickeln und damit auch die Beziehung zum Bürger zu verbessern.

Beispiel für zielgruppenspezifische Kompetenzbereiche bei einem Training für die Polizei:

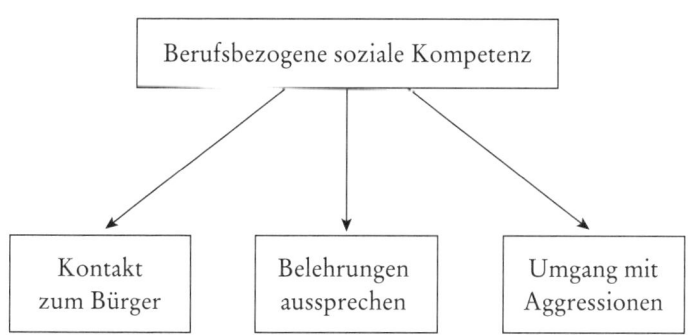

4. Trainerverhalten und Trainingsmethoden

Der zentrale Bestandteil von Kommunikationstrainings sind Verhaltensübungen, Rollenspiele (Handlungsproben) und als Hausaufgaben entsprechende In-vivo-Übungen.

4.1 Trainer-/Therapeutenverhalten

Da es sich um ein verhaltenstherapeutisch orientiertes Programm handelt, ist eine Kombination von freundlich-direktiv-strukturierendem Tr/Th-Verhalten besonders effektiv. Einzelne Bausteine erfordern aber auch non-direktives Verhalten, zum Beispiel aktiv Zuhören oder Spiegeln von Gefühlen.
Wesentlich sind angstreduzierendes und ermunterndes, also konstruktives Vorgehen. Dies bedeutet, dass alle Ansätze im Verhalten der Tn/Kl, die in Richtung Übungsbereitschaft, Kooperation bzw. Unterstützung anderer Tn/Kl gehen, verbal oder nonverbal positiv verstärkt werden. Unerwünschtes Verhalten wird nicht beachtet (gelöscht) oder freundlich-direktiv, aber behutsam modifiziert.
Tr/Th hat immer Modellfunktion – auch in Bezug auf seine eigene Kommunikation und soziale Kompetenz. Deshalb ist es wichtig, dass Tr/Th über einen Kommunikationsstil verfügt, der zu Tn/Kl passt. Die Bereitschaft, selbst Rollenspiele und Übungen vorzuführen, gehört dazu: Auch Vermeidungsverhalten wird imitiert!
Das ist besonders wichtig bei sozial unsicheren Personen, denn diese

- sind besonders empfindlich gegenüber sozialen Misserfolgen (auch in Beziehung zur Gruppe und zu Tr/Th)
- zeigen oft starke Konformitäts- und Harmonietendenzen

- sind stark irritierbar durch Kritik
- haben oft zu hohe Ansprüche an die eigene Person und stellen dann perfektionistische Erwartungen an ihr Zielverhalten
- haben ein ausgeprägtes Bedürfnis nach klaren Aufgabenstellungen und konkretem Feedback.

Tr/Th sollte fragen, sammeln und sichtbar machen (z. B. auf Flipchart), was Tn/Kl vom Training erwarten und was sie lernen wollen. Dies beugt dem Eindruck eines rezeptartigen (standardisierten) Vorgehens vor. Am Ende des Trainings (und auch zwischendurch) sollte ein Abgleich – auch zur Transfersicherung – erfolgen.

4.2 Gruppen- und Einzeltraining

Gruppentraining

Wir kommunizieren selten alleine. Per definitionem ist ein Gruppentraining authentischer. Wir brauchen Feedback, Gesprächspartner usw.
Eine **Gruppe** bietet zahlreiche Vorteile gegenüber Einzeltrainings:

- Für viele soziale Fertigkeiten sind mehrere Partner nötig.
- Die Diskrepanz zwischen Selbst- und Fremdwahrnehmung wird durch das Feedback der Gruppenteilnehmer transparent, steuert damit einer negativen Selbstattribution entgegen und/oder begünstigt Veränderungsprozesse.
- Die Arbeit und das Erlernen von sozialen Fertigkeiten in der Gruppe machen den meisten Tn/Kl mehr Spaß als alleine.
- Die eigenen Probleme relativieren sich, wenn man erkennt, dass andere auch Schwierigkeiten in der Kommunikation haben.
- Die Bereitschaft, die eigenen Bewertungen zu hinterfragen, nimmt zu, da beobachtet wird, dass ähnliche Situationen ganz unterschiedlich wahrgenommen werden.

- Die eigenen Ziele werden auf der Basis der verschiedenen Sichtweisen und Erfahrungen der anderen Tn/Kl diskutiert.
- Speziell bei homogenen Gruppen (bezüglich Beruf, sozialer Stellung) können Tn/Kl einige Verhaltensmuster anderer Tn/Kl übernehmen.
- Heterogene Gruppen (z. B. außerbetriebliche Trainings) lösen eher Hemmungen und geben neue Impulse.
- Die Tn/Kl motivieren und helfen sich gegenseitig, z. B. durch positives Feedback, Lernpartnerschaften und konkrete Unterstützung.
- Die Zahl der zur Verfügung stehenden Übungspartner, z. B. im Rollenspiel, erhöht sich, so kann mehr Feldnähe erzeugt werden, auch dann, wenn mehrere Partner gleichzeitig benötigt werden.
- Es besteht die Möglichkeit, an vielfältigen Modellen zu lernen.
- Die Fixierung auf Tr/Th reduziert sich durch die Vielzahl von Ansprechpartnern.

Tn/Kl

Bewährt hat sich eine Tn/Kl-Zahl von sechs bis zwölf, bei zwei Tr/Th bis 14 Tn/Kl. Bei der Gruppenzusammenstellung müssen die üblichen Kriterien beachtet werden, wie sie auch für Therapiegruppen gelten. Homogene Gruppen sind für konkrete Problemlösungen häufig erfolgreicher, da Kommunikationsstil und sozialer Background sich ähneln. Extreme Minderheitenpositionen hinsichtlich Alter, Geschlecht, Bildungsstand, Hierarchie und Sprachcode sind zu vermeiden. Es sollte sich also beispielsweise nicht ein Abteilungsleiter unter lauter Sachbearbeitern befinden oder ein junger unter vielen erheblich älteren Tn/Kl. Wichtig ist es auch, direkte Abhängigkeiten unter den Tn/Kl zu vermeiden, wie sie etwa bei Vorgesetzten und deren Mitarbeitern gegeben sind. Auch bei (Ehe-)Paaren müssen Vor- und Nachteile reiflich überlegt und mit den Betroffenen besprochen werden. Gruppen, in denen sich ausschließlich Paare (Paargruppen) befinden, sind damit natürlich nicht gemeint. Ebenso Arbeitsteams mit Vorgesetzten, z. B. im Coaching, wenn das Machtgefälle und die daraus entstehenden Interaktionshemmnisse oder Tabus thematisiert werden können bzw. sollen.

Die Seminarräume müssen für Konferenzraum-Medien, Ausstattung, Sitzrunden und Übungen groß genug sein.

Gruppenregeln

Bereits beim ersten Treffen sollten Gruppenregeln (freundlich-direktiv) vereinbart werden, um die beabsichtigte Vorgehensweise transparent zu machen. Am wichtigsten sind:

1. Regelmäßige, pünktliche Teilnahme
2. Schweigepflicht bezüglich aller persönlichen Informationen die Person betreffend (z. B. berufliche Probleme, Ehekrisen etc.)
3. Hausaufgaben sind Transferübungen und deshalb natürliche Konsequenz der Treffen. Sie werden von den Tn/Kl selbst festgelegt.
4. Gegenseitige Unterstützung, d. h.
   - Kommunikationsregeln, wie nicht unterbrechen, zuhören usw., werden eingehalten.
   - Jeder stellt sich bei Übungen/Rollenspielen als Partner zur Verfügung, wenn er dazu aufgefordert wird.
   - Feedback wird konstruktiv formuliert (hier auf Lerngesetze hinweisen, siehe dazu Vorschlag unten): Positives Verhalten wird rückgemeldet, »Fehler« werden weitgehend »gelöscht« bzw. Verbesserungsvorschläge formuliert. Nebeneffekt ist dabei, dass die Beobachter Wahrnehmungslenkung als Stressbewältigungstechnik üben.

Mit **Regelverstößen** wird konstruktiv umgegangen. Beispielsweise kann Tr/Th kurz, aber direkt auf die (sichtbar gemachten) Gruppenregeln hinweisen, nochmals präzise formulieren, warum diese oder jene Gruppenregel notwendig ist, usw. Wichtig ist, dass Regelverstöße nicht unbeabsichtigt verstärkt werden (durch Zuwendung, Wichtignehmen etc.).
Anschauliche Beispiele für konstruktives Feedback und welche Effekte es hat, können je nach Tn/Kl-Gruppe aus den Bereichen Sport, Kindererziehung usw. verwendet und etwa so vermittelt werden:

Vorschlag:
Informationen für Tn/Kl zum konstruktiven Feedback

»Vor einigen Jahren beschloss ich, nach langer Zeit nur sehr sporadischen und entsprechend ineffektiven Tennisspielens zielorientiert vorzugehen und Tennisunterricht zu nehmen. Der erste Trainer schüttelte mir markig die Hand und fragte: »Na, wo hapert´s denn?« Dann spielte er in die Ecken des Spielfeldes scharfe Bälle und erzählte auf der Gegenseite: »Tennis ist ein Bewegungssport.« Nach einiger Zeit brach er das »Spiel« mit einem Stöhnen und der Bemerkung »Das ist ja furchtbar« ab. Daraufhin erklärte er mir, dass ich mit dem Schläger hektisch herumfuchtele wie mit einem Kochlöffel im Topf, aushole wie anno dazumal und den Ball nicht anschaue und wie ein hektisches Huhn über das Feld hüpfe. Zur Verdeutlichung führte er mir meine sinnlosen Bewegungen vor. So gestärkt, ging die Lektion in der Praxis weiter. Bei jedem Ball rief er nun, wenn ich starten wollte, »nicht fuchteln, nicht« … usw. Wen wundert es, dass ich nach einer weiteren Stunde, in der ich kaum einen Ball getroffen hatte, abbrach. Nach kurzer Überlegung, ob ich diese Sportart wohl besser aufgeben sollte, da ich offensichtlich völlig unbegabt sei oder mich vielleicht an meinem Trainer tätlich rächen oder doch noch einen Versuch mit einem neuen Trainer starten sollte, entschied ich mich für letzteres.
Dieser Lehrer arbeitete mit der Methode des »Innercoaching«. Er begrüßte mich freundlich, fragte, was ich denn lernen wolle, und beruhigte mich, als ich ihm mitteilte, ich würde überhaupt keinen Ball mehr treffen. Dann servierte er mir ganz sanft eine Serie Bälle, sagte, es sei völlig egal, wo ich hinspiele, ich solle nur kurz ausholen und den Ball spielen. Laufen sei vorerst völlig unwichtig. Nach dem 15ten (!) getroffenen Ball spielte er etwas schärfer und holte mich dann ans Netz. »Also«, meinte er, »du reagierst ja blitzschnell, bist sehr aufmerksam und kannst ganz schön schnell rennen.« Ich war sehr stolz auf mich. »Damit du den Ball besser anschaust und so sicherer triffst, machen wir jetzt eine kleine Übung. Immer wenn der Ball am Boden aufspringt, sagst du laut ›Hop‹, und immer wenn du ihn mit dem Schläger triffst, ›Hit‹ und atmest dabei aus.« Die Übung funktionierte wunderbar, und im Laufe der Zeit wurden »Hop« und »Hit« systematisch ausgebaut, z. B.

sollte beim T von »Hit« die rechte Hand auf der linken Schulter ankommen. Seither spiele ich sehr gerne Tennis, und das viel besser als früher.«

Was hat der zweite Trainer getan? Er hat mir nicht gesagt, was ich falsch mache, d. h., er hat mir kein **destruktives** Feedback gegeben. Er hat z. B. nicht erwähnt, dass ich den Atem beim Schlagen anhalte und dabei völlig verspannt bin usw. Er hat meine falschen Verhaltensmuster gelöscht.

Stattdessen hat er mir **konstruktiv** aufgezeigt, wie ich mit meinem derzeitigen Können/Nichtkönnen meine Fertigkeiten ausbauen kann. Er hat meine Wahrnehmung auf kleine, für mich maßgeschneiderte Schritte zur Problemlösung gelenkt (**konstruktives Feedback**) und er hat positives Verhalten gelobt (**positives Feedback**, Verstärkung).

Dieser Weg ist nicht nur angstfrei und macht mehr Spaß als Lernen über Ausmerzen und Ausdiskutieren von »Fehlern«, er ist auch nachgewiesenermaßen erheblich **effektiver**.

Genauso werden wir im Kurs vorgehen. Wir werden den anderen Tn/Kl sagen, was wir für sie aus ihrem Verhalten konkret als effektiv erachten und was sie möglicherweise tun können, um ihre Technik weiter zu verbessern.

Sitzordnung ist der offene Kreis. Rollenspiele finden in der Kreismitte statt. Dadurch ist die Übung für die übrigen Kursteilnehmer am besten zu beobachten. Außerdem ist es für die Übenden einfacher, sich in die Übungssituation zu versetzen, wenn sie bewusst ihren normalen Sitzplatz verlassen.

Einzeltraining

Als Bestandteil einer Verhaltenstherapie wird Kommunikationstraining häufig auch mit Einzelklienten oder Paaren (siehe Kap. 9) praktiziert. Bei Einzelklienten spielt meist Tr/Th den Kommunikationspartner. Hier und bei Trainings mit Paaren ist eine Videoaufzeichnung der Übung als Feedback für die Tn/Kl sehr hilfreich.

Auch im Einzelcoaching von Führungskräften werden oft Verhaltensmuster aus dem Berufsalltag im Rollenspiel ausprobiert.

Dauer

Firmenintern sind zwei bis vier Seminartage üblich, mit ein bis zwei Tagen Follow-Up.
Kurse werden meist für ein bis zwei Wochenenden (um einen Verhaltensbereich zu trainieren) oder sechs bis zwölf Abende Einzeltraining angeboten.

4.3 Arbeitsmaterialien

Bei der Arbeit mit Seminaren sollte die Grundausstattung folgendermaßen beschaffen sein:

- Flipchart
- Pinnwände
- Moderationskarten
- Videoausrüstung
- Overheadprojektor
- vorgefertigte Folien (auch Cartoons etc. zur Auflockerung)
- Filmausschnitte, z. B. von Loriot, »Mr. Bean«.

Arbeiten mit Videoaufnahmen

Da bei Kommunikationstrainings detailliertes Feedback wichtig ist, ist die Verwendung von Videoaufnahmen sehr effektiv. Videoaufnahme und -analyse werden nicht lange vorher angekündigt, Tr/Th zögert nicht bei der Anwendung (Vermeidungsverhalten wird auch imitiert!), sondern führt sie ganz selbstverständlich und zügig durch. Das bedeutet, dass die Anlage schon vor dem Training installiert sein sollte und Tr/Th damit vertraut sein muss. »Technische Pausen« produzieren unnötigen Stress für Tn/Kl und Tr/Th.
Wenn Tn/Kl sich selbst nicht vor der Gruppe ansehen und beurteilen lassen will, kann er/sie dies später (z. B. in einer Pause) alleine – oder auch mit Unterstützung von Tr/Th – tun. (Aber Vorsicht: Nicht Vermeidungsverhalten verstärken!)

4.4 Analyse des persönlichen Verhaltens

Videoanalyse kann sehr gut zu einer Art Baseline-Erhebung verwendet werden, was der/die einzelne Tn/Kl gut macht, was er/sie besser machen könnte.

Am Anfang des Seminars beispielsweise erfolgt die Aufnahme eines kurzen Vortrages der Selbstvorstellung der Tn/Kl, eine kurze Rede, eine Anekdote, eine Kontaktaufnahme zu den anderen Tn/Kl o.ä. Danach können diese kurz in drei KG erarbeiten, was bei einem Vortrag oder einer Selbstrepräsentation wichtig ist, bezogen auf Sprache, Körpersprache und Inhalt.

Erst im Anschluss an diese erste Sammlung und kurze Präsentation im Pl werden die Aufnahmen gemeinsam angesehen und konstruktiv analysiert (was war gut?, was möchte ich hier lernen?, welchen Verbesserungsvorschlag haben andere Tn/Kl für mich?) und daraus persönliche Ziele abgeleitet.

Am Ende des Trainings können die Tn/Kl die Aufnahme des ersten Tages mit der ihres Abschlussvortrags vergleichen und sich über ihre Lern- und Veränderungsprozesse freuen.

Zu Beginn des Trainings kann auch eine erste **persönliche Einschätzung** der tatsächlich vorhandenen, also erlebten (nicht phantasierten), bzw. zu erlernenden Fähigkeiten und Fertigkeiten für den jeweiligen Verhaltensbereich vorgenommen werden.

Analyse des persönlichen Verhaltens:
Fähigkeiten und Lernbedarf

Das kann ich

Fähigkeiten (das kann ich)	Konkrete Fertigkeiten (das heißt im Einzelnen)
Beispiel: Interesse an andere. Menschen zeigen..........	Beispiel: zuhören, aufeinander zugehen ....
....	....
....	....
....	....
....	....
....	....
....	....
....	....
....	....

Das will ich lernen

Fähigkeiten	Konkrete Fertigkeiten
Beispiel: mich durchsetzen	Beispiel: Nein sagen, eigene Ziele formulieren
....	....
....	....
....	....
....	....
....	....
....	....
....	....
....	....

4.5 Erarbeiten der Wissensinhalte

Das für eine erfolgreiche Kommunikation erforderliche Wissen als Basis in den einzelnen Verhaltensbereichen wird von Tr/Th in Kurzinfos, unterstützt durch Schilderungen von Fallbeispielen, Visualisierungen und Demonstrationen, vorgetragen; in erster Linie aber wird es in Diskussionen mit den Tn/Kl, durch Brainstorming der Tn/Kl oder in Kleingruppenarbeit bzw. in Lernpartnerschaften (gelegentlich auch in Einzelarbeit der Tn/Kl) erarbeitet.
Eine kurze Übung als Einstieg in den jeweiligen Kompetenzbereich (»Einstiegsübung«) zeigt – und macht erlebbar –, worauf es in diesem Verhaltensbereich ankommt, was an »skills« vorhanden ist, welche Verhaltensmuster bzw. Wissensinhalte fehlen. Diese Einstiegsübung sollte nicht individuell ausgewertet werden, um den Tn/Kl Mut zu machen, ungewöhnliche Verhaltensweisen auszuprobieren, ohne hinterher bloßgestellt zu werden.

4.6 Übungen und Rollenspiele

Übungen

Die einzelnen Fertigkeiten werden in (Mini-)Übungen von ein bis fünf Minuten Dauer – sozusagen als Bausteine für die individuelle Umsetzung (im Rollenspiel bzw. in der Realität als Transferübung) – trainiert. Wenn Übungen z. B. zu einer Kombination von Fertigkeiten mehr Zeit in Anspruch nehmen, wird im Folgenden darauf hingewiesen. Die Umsetzbarkeit in die Realität steht zunächst nicht im Vordergrund, vielmehr soll ein Handlungsspektrum entwickelt werden, das die Tn/Kl dann im Verlauf des Trainings auf ihre eigenen Situationen/Bedürfnisse hin maßschneidern.
Die Übungsanleitungen werden für Gruppen beschrieben, das ist aufgrund der Vielzahl der möglichen Übungspartner ja auch die ideale Voraussetzung.

Leser, die diese Übungen selbst umsetzen wollen, können sich einen (nicht zu sensiblen!) Spielpartner aus dem Freundeskreis suchen, oder vor Spiegel/Video/Tonbandkassette üben. Alle Übungen, die für das Selbsttraining geeignet sind, sind mit S gekennzeichnet.

Rollenspiele

Ein wichtiges Kriterium für den Erfolg von Verhaltentrainings ist der Transfer. Die Umsetzung des Erlernten in das Alltagsgeschehen soll durch Beispiele aus der Praxis im Übungsverlauf immer wieder vorbereitet werden. Rollenspiele sind Transferübungen bzw. Handlungsproben zur konkreten Umsetzung der erlernten Techniken.
Die Vorteile von Rollenspielen sind:

- Es werden konkrete Verhaltensweisen eingeübt, mit deren Hilfe später reale Situationen besser bewältigt werden können.
- Mit Rollenspielen können veränderte Gedanken und Gefühle (interne Regulationsprozesse) eingeübt werden.
- Es wird erlernt, soziale Erfahrungen selbst aktiv zu gestalten, zu analysieren und für weitere Bewältigungsversuche zu nutzen (selbstgesteuerte Erfahrungsbildung).

Besonders wichtig beim Üben sind die detaillierte Beschreibung der individuellen Situation und des konkreten Zielverhaltens sowie die Bestimmung des Interventionszeitpunktes.
Rollenspiele werden jeweils am Schluss eines Verhaltensbereichs durchgeführt. Die Tn/Kl wählen selbst dazu die Situation und das Zielverhalten, das sie in der Situation einsetzen wollen. Tr/Th sollte darauf achten, dass als Rollenspiel nicht solche Verhaltensweisen durchgeführt werden, die der jeweilige Tn/Kl schon vor dem Training gut beherrscht hat. Es sollte also ein neuer Verhaltensbereich eingeübt werden, um das Verhaltensrepertoire zu verbessern. Der Schwierigkeitsgrad von Rollenspielen kann systematisch und gezielt gesteuert werden, indem das Verhalten des Partners (per Instruktion durch Tr/Th) verändert wird. Beispielsweise wird ein Konfliktgespräch mit dem Vorgesetzten in geringem Schwierigkeitsgrad begonnen, indem der (den Chef spielende) Kommunika-

tionspartner sich zunächst nur unfreundlich und forsch verhält. In der Steigerung zu einem hohen Schwierigkeitsgrad wird er aggressiv und beginnt zu schreien. Tn/Kl setzt dennoch sein beabsichtigtes Zielverhalten ein.

Zur Verdeutlichung der Rollenspiele kann der Tr/Th als Modell das erwünschte Zielverhalten an Alltagsbeispielen demonstrieren.

Als Tr/Th sollte man bei den Rollenspielen kein Vermeidungsverhalten der Tn/Kl akzeptieren. Um zu erreichen, dass alle Personen selbst ein Rollenspiel durchführen, kann Tr/Th beim Einstieg beispielsweise betonen, dass es sich um eine kleine Übung oder eine Handlungsprobe handelt, um das eben Besprochene und Trainierte in eigenen Situationen auszuprobieren.

Einflüstern durch Tr/Th, Abbrechen, Unterbrechen und Wiederholen des Rollenspiels sind möglich, wenn der Agierende im Rollenspiel einen Teil seines Zielverhaltens vergisst oder falsch macht.

Lernziele von Rollenspielen

Tn/Kl

- kennen das Rollenspiel als Transfermethode zum Einsatz von Kommunikationsverhalten.
- können Rollenspiele zu ihren persönlichen Situationen erstellen und durchführen.
- entscheiden, welche Fertigkeiten sie selbst in welchen Situationen anwenden möchten.
- können Einsatzpläne für neues Kommunikationsverhalten entwickeln.
- beobachten andere Tn/Kl bei der Durchführung ihrer Rollenspiele.
- können konstruktiv Feedback geben.
- lernen aus den Praxisbeispielen anderer Tn/Kl.

Ablauf von Rollenspielen

Übersichtsschema zum Üben von Rollenspielen

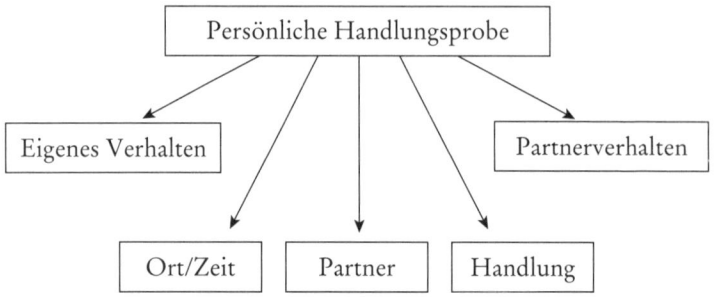

1. Schritt: Drehbuch gestalten

Tr/Th demonstriert mit einem/mehreren von ihr/ihm bestimmten Tn/Kl ein kurzes Rollenspiel aus dem Bereich der Tn/Kl oder auch häufig auftretende und damit vertraute Situationen (Kontaktaufnahme im Zug, sich beim nachts lärmenden Nachbarn beschweren, bei einer Diskussion Dauerredner unterbrechen) (Dauer ca. 1–3 Minuten). Danach wird im Plenum anhand der Bestimmungsstücke ein Tn/Kl-Beispiel erarbeitet und als »Drehbuch« auf dem Flipchart oder an der Tafel festgehalten.

Bestimmungsstücke
- *Situation*
  An dieser Stelle wird nur eine kurze Überschrift für die gewählte Situation notiert.
- *Schwierigkeitsgrad*
  Auf einer Skala von 1–6 legt Tn/Kl fest, wie schwierig die Situation subjektiv ist.
- *Zeit und Ort*
  Hier wird möglichst detailliert bestimmt, wo und wann die Situation spielt. Je genauer dies erfolgt, desto besser kann sich der/die Übende in die Situation versetzen und desto größer ist der Übungsgewinn.
- *Partner*
  Es wird eine kurze Beschreibung des oder der eventuellen Partner gegeben, die namentlich benannt werden, mit dem

oder mit denen der/die Übende in der Situation in Beziehung tritt, z. B. ob es jemand ist, der sehr aufgeregt ist, Verständnis zeigt, aggressiv auftritt usw. Eine möglichst genaue Beschreibung ist hilfreich, damit der Übungspartner sich realitätsnah verhält.
Der Übende wählt sich die Übungspartner unter den übrigen Kursteilnehmern selbst aus, da nur er entscheiden kann, wer dem Partner in der Realität am ähnlichsten ist.
– *Handlung*
Es folgt eine Kurzbeschreibung, was sich in der betreffenden Situation alles ereignet. Wesentliche Dialoge werden in wörtlicher Rede formuliert. Dies bedeutet nicht, dass diese Passagen später im Rollenspiel wörtlich wiedergegeben werden müssen. Geringfügige Änderungen aus der Situation heraus sind manchmal sinnvoll.
– *Partnerverhalten*
Über die allgemeine Beschreibung der Partner hinaus wird genau festgelegt, wie sie sich konkret in der vorliegenden Situation verhalten sollen. Es muss sich dabei nicht um das Verhalten handeln, das der Übende in der betreffenden Situation tatsächlich erlebt hat, sondern um eines, das dem angegebenen Schwierigkeitsgrad entspricht. D. h., man kann sich die Spielpartner auch zunächst weniger stressauslösend konstruieren, z. B. »er bleibt ganz ruhig«, und erst schrittweise an das tatsächliche Verhalten »er schreit los« heranarbeiten. Wesentliche Dialoge werden in direkter Rede vorformuliert.
– *Zielverhalten*
Hier wird konkret festgelegt, welche (Kombination von) Verhaltensweisen Tn/Kl einsetzen möchte.

Um die Wahrnehmung auf die Bewältigung der Situation zu lenken, ist es sinnvoll, die Verhaltensweisen in einer anderen Farbe zu notieren.
Ob die jeweilige Situation in der Realität tatsächlich genau so ablaufen wird, ist zunächst unwesentlich. Erst wenn der Übende sich sicher genug fühlt, soll die Situation so gespielt werden, wie in der Realität erwartet.

2. Schritt: Demo – Rollenspiel – Durchführung

Wenn alle Bestimmungsstücke definiert sind, das Zielverhalten als »Trockenübung« erprobt und die nötigen Partner aus dem Tn-Kreis vom Rollenspieler ausgesucht wurden, werden mögliche Requisiten (Stuhl, Schreibtisch etc.) bereitgestellt. Tr/Th liest nochmals das »Drehbuch« vor, Tn/Kl (und eventuelle Partner) spielt die Situation in der Mitte des Tn-Kreises. Tn/Kl führt beim vorher von ihm/ihr festgelegten Interventionszeitpunkt die gewählte Verhaltensweise (laut gesprochen und deutlich demonstriert) durch.

Tr/Th fungiert notfalls als »Souffleur« und hält sich zur eventuellen Hilfestellung in der Nähe von Tn/Kl auf. Direkt nach Einsatz des Zielverhaltens wird durch Klatschen abgebrochen, und es folgt die Feedback-Runde.

3. Schritt: Feedback-Runde – Konstruktive Kritik geben

Die Spieler setzen sich in die Tn-Runden zurück. Der/Die SpielerIn selbst, danach die Gruppenteilnehmer und zuletzt Tr/Th geben konstruktive Rückmeldung für die Durchführung des Verhaltens (nicht für Partnerverhalten etc.).

Danach wird das Rollenspiel entweder einigen Vorschlägen entsprechend modifiziert oder aber unverändert zur Etablierung des Verhaltens wiederholt. Wichtig ist hier, dass keine Verzögerungen durch langfristige Feedback-Runden oder Kaffeepausen entstehen. Insgesamt sollte die gesamte Sequenz zwischen einer halben und maximal einer Stunde dauern.

4. Schritt: Persönliche Situation auswählen
(Transfer vorbereiten)

Für die Erarbeitung von persönlichen Rollenspielen in individueller Einzelarbeit oder Lernpartnerschaft suchen die Tn/Kl je eine persönliche Situation aus, in der sie eine oder mehrere der kurzfristigen Techniken einsetzen wollen. Endziel ist jeweils ein fertiges Drehbuch.

5. Schritt: Individuelle Rollenspiele durchführen

Die Rollenspiele werden nacheinander (bei größeren Gruppen parallel in zwei begleiteten Kleingruppen) durchgeführt.

6. Schritt: (Hausaufgabe) Erlerntes Verhalten anwenden

Als Hausaufgabe soll das erlernte Verhalten – evtl. auch in ähnlichen Situationen (Generalisierung) – erprobt werden = Transfer.

Umgang mit Schwierigkeiten bei Rollenspielen

Unklare Zielvorstellung

Manche Tn/Kl versuchen, zu viele Lernziele in ein Rollenspiel zu »packen«, wichtig ist es, sich auf kleine, konkrete Ziele im Kommunikationsverhalten zu begrenzen.
Das Zielverhalten lässt sich auch zunächst als Trockenübung (nicht in der Gesamtsituation) trainieren, dann erfolgt erst das konkrete Rollenspiel (z. B. wenn Tn seine Verhaltensweisen, die er/sie anwenden will, nicht klar beschreiben kann).

Angst

Rollenspiele sind bei vielen Menschen angstauslösend. Deshalb ist es wichtig, selbst angstfrei, souverän und zügig das erste Rollenspiel zu demonstrieren. Bei einer Gruppe mit ausgeprägtem Vermeidungsverhalten empfiehlt es sich, die Übung nicht als Rollenspiel, sondern beispielsweise als Handlungsprobe, Übung etc. zu bezeichnen. Die Rollenspiele sollen einfach durchführbar sein. Dazu sind eine klare Struktur und Regieanweisung wichtig.

Situationskomik

Manche Handlungsabläufe sind für die Beobachter recht amüsant. Da der/die Betroffene die Situation meist als wichtig oder schwierig definiert, sollten Lachen und witzige Bemerkungen (konstruktiv) unterbrochen werden.

Schwierigkeitsgrad

Bei zu hohem Schwierigkeitsgrad von Rollenspielsituationen sind zunächst Manipulationen an Situation, den Handlungspartnern und deren Verhalten sinnvoll, im zweiten Schritt wird die Situation dann realistischer dargestellt.

Anspruchsniveau

Gelegentlich verharren Tn/Kl in der Schilderung der Situation und/oder beim Rollenspiel bei der für sie schwierigen Situation und eigenem »Fehl«-Verhalten. Dann bricht Tr/Th das Spiel durch Klatschen ab und strukturiert die (unangenehme) Situation um, etwa durch einen Kommentar wie z. B. »Genau so läuft es oft ab, aber jetzt üben wir es nochmals anders.«
Bei der Erarbeitung von Kriterien streben manche Tr/Th möglichst perfekte Lösungen an. Dieses überhöhte Anspruchsniveau kann beim Tn/Kl das Gefühl erzeugen, das Zielverhalten sei äußerst kompliziert, und in der Folge Vermeidungsverhalten hervorrufen. Hier empfiehlt es sich, selbst positiv vorzugehen und Tn/Kl konstruktiv zu unterstützen. Sicher bieten viele Rollenspielsituationen genügend Ansatzpunkte zu zusätzlicher langfristiger Veränderung (z. B. Einstellungsänderung, Problemlösung). Das soll an dieser Stelle jedoch nicht berücksichtigt werden. Tr/Th kann allerdings darauf und auf das entsprechende langfristige Zielverhalten hinweisen.

Feedback

Bei der Feedback-Runde sollte auf konstruktive Rückmeldungen geachtet und auf die Unterschiedlichkeit von Interaktionssituationen hingewiesen werden, wenn die Beobachter ihre eigenen Erfahrungen mit ähnlichen Situationen einbringen (hier unerwünscht!).

Vermeidung

Tn/Kl mit ausgeprägtem Vermeidungsverhalten versuchen meist, sich dezent um die Handlungsprobe/das Rollenspiel »herumzumogeln«, zum Teil mit »guten Argumenten«. Tr/Th sollte darauf achten, dass alle Tn/Kl – und sei es auch nur sehr kurz – ein Rollenspiel durchführen. Ansonsten wird das Vermeidungsverhalten verstärkt (siehe hierzu »Trainer als Modell«).

Handlungsproben

Situation	
Schwierig-keitsgrad 1–6	
Zeit/Ort	
Partner	
Handlung	
Partner-verhalten	
Zielverhalten	

Rollenspiele im Selbsttraining

Im Selbsttraining können auch nach diesem Muster persönliche Handlungsabläufe konstruiert und mit vorinformierten Personen (Handlungspartnern) ausprobiert werden. Wenn diese nicht verfügbar sind, können Sie auch vor dem Spiegel (Video) die wichtigsten Rollen selbst durchspielen oder Ihre eigene Rolle und die der Partner im Geist ablaufen lassen. Einfache Handlungsabläufe können Sie auch gleich in Realsituationen (mehrfach) durchführen.

5. Grundlegende Fähigkeiten in der Kommunikation

Unabhängig davon, welcher Verhaltensbereich trainiert werden soll, sind Basiswissen über Kommunikation und daraus abgeleitete Basisfertigkeiten wesentliche Grundlagen. Daraus ergeben sich ein besseres Verständnis für die Komplexität der Situation und die Fähigkeit, Hintergründe für Missverständnisse, Konflikte etc. zu erkennen. Die Tn/Kl können ihre Fertigkeiten, ihren Lernbedarf überprüfen und in einfachen Übungen ihr Verhaltensrepertoire erweitern. Auch das Training/Seminar/die Therapiegruppe selbst ist eine Kommunikationssituation und liefert zahlreiche Anreize zur Analyse (zur spielerischen Veränderung) der Interaktion.
Die hier als Basiswissen und -fertigkeiten vorgestellten Inhalte können vor dem praktischen Training als gemeinsame Grundlage erarbeitet werden oder (z. B. wenn nur ein oder zwei Verhaltensbereiche geübt werden sollen) diesen Verhaltensbereichen zugeordnet werden.

5.1 Einstieg in das Training

Übung: Vorstellung und Erwartungscheck

a) Vorstellungsrunde Tn/Kl

Tn/Kl stellen sich kurz vor und erzählen bereits jetzt eine kleine persönliche Kommunikationsgeschichte, wo sie Missverständnisse erlebt oder beobachtet haben. Bei Therapiegruppen muss man möglicherweise auf diese Kommunikationsgeschichte verzichten, falls das als zu hoher Schwierigkeitsgrad empfunden werden könnte.

Tr/Th kann die Beispiele der Tn/Kl für die im Verlauf des Trainings folgende Kommunikationsanalyse bzw. -definition notieren und den Tn/Kl zur späteren Identifizierung vorlesen, z. B.:Aneinander vorbeireden, zweideutige Formulierungen. Wenn die Beispiele zu klischeehaft sind, sollte Tr/Th nachfragen und die persönliche Bewertung der Tn/Kl erarbeiten.

b) Vorstellung vor Video

Tn/Kl bekommen die Aufgabe, sich nach zehn Minuten Vorbereitungszeit vorzustellen, und zwar möglichst der Zielgruppe (also dem Pl) entsprechend anschaulich und interessant. Vorstellungszeit sind drei bis fünf Minuten. Die Auswertung erfolgt erst, wenn alle Tn/Kl diese Übung absolviert und in KG die wesentlichen Kriterien für einen guten Vortrag (Körpersprache, Sprache, Inhalt) erarbeitet haben (siehe auch 4.4).

Erwartungscheck

Tn/Kl werden aufgefordert, ihre Erwartungen zu nennen, z. B. indem sie den Satz »Dieses Seminar wäre ein Gewinn für mich, wenn ...« beenden und auf eine Karte notieren. Pro Erwartung sollten Tn/Kl je eine Extrakarte verwenden. Dann werden die einzelnen Erwartungen, z. B. der Metaplanmethode entsprechend, in Erwartungsfelder/-wolken geordnet. Erwartungen, die im Seminar sicher nicht erfüllt werden können, nimmt Tr/Th ab und begründet, warum diese Erwartung nicht realisiert werden kann (z. B. » ... wenn ich nie mehr Konflikte haben werde«).

Transparenz

Anschließend kann Tr/Th eine Kurzübersicht über Inhalt, Methoden und Vorgehensweise des Kurses geben, um gleich zu Beginn Transparenz für Tn/Kl zu schaffen.

5.2 Basiswissen

5.2.1 Kommunikationsmodelle

Kommunikation bedeutet Informationsaustausch zwischen Menschen, der in Form aller möglichen verbalen und nonverbalen Signale stattfinden kann. Diese Informationen beziehen sich sowohl auf sachliche Mitteilungen als auch auf das Offenlegen beziehungsweise Interpretieren der Gedanken, Gefühle und Meinungen des Sprechers. Die Signale (Reize) für den Einzelnen bestehen damit in Reaktionen des anderen.
Kommunikation ist ein Interaktionsprozess, der bei vorhandener Kommunikationskompetenz erst abgeschlossen ist, wenn der Sender überprüft hat, wie er verstanden wurden (Feedback).
Nach Watzlawick verläuft jede Kommunikation auf zwei Ebenen, der Inhalts- und der Beziehungsebene, wobei letztere die erste definiert. Die *Inhaltsebene* liefert Informationen, die *Beziehungsebene* interpretiert diese. Ist die Beziehung (momentan) negativ, beeinträchtigt sie die Aufnahmefähigkeit von Inhalten.

Beispiel:

Ein Vortragender, der das Publikum als feindselig, ablehnend erlebt, wird Zwischenfragen inhaltlich kaum aufnehmen, sie stattdessen als Bedrohung und Kritik auffassen.

Medien der Kommunikation sind die Sprache (*digitale* Information), nonverbales Verhalten wie Mimik, Gestik, Körperhaltung usw. und paraverbale Signale wie Sprechtempo, Tonfall (*analoge* Information).
Die Beziehung zwischen Kommunikationspartnern ist abhängig von der wechselseitigen generellen Einstellung (Sympathie, Ähnlichkeit etc.) zueinander. Diese Einstellung wirkt sich auf die Verarbeitung der Mitteilungen aus. Eine Einstellung wiederum setzt sich aus Erfahrungen, Gefühlen, Motiven, Normen (z. B. Ideale), Geschlechtsrollen und Verhaltensweisen zusammen.

Beispiel:
Wenn sich zwei Personen sympathisch sind, werden sie inhaltlich zweideutige Informationen gegenseitig tendenziell positiv interpretieren (»Sind Sie schon fertig?« als Erstaunen, Lob, Interesse und nicht als Kritik oder Spott).

Kommunikation kann
- **symmetrisch** sein: Ihre Kennzeichen sind reversible (umkehrbare) Formulierungen, Streben nach Gleichheit.

Beispiel:
»Können Sie mir mal eben die Akte rüberreichen (unter Kollegen)?«

- **asymmetrisch** sein, d. h. komplementär (sich ergänzend): Kennzeichen sind irreversible Formulierungen, Streben nach Unterschiedlichkeit, Über- und Unterordnungsregulation.

Beispiel:
»Machen Sie mir einen Termin mit Herrn M. (Vorgesetzter zur Sekretärin).«

5.2.2 Codierung – Decodierung

R. Ullrich gibt eine treffende Beschreibung der beiden Vorgänge: »Die Begriffe Codieren und Decodieren wurden aus der Nachrichtentechnik übernommen. Codieren bedeutet die Verschlüsselung einer Nachricht. In der Kommunikation wird häufig das Gemeinte, etwa eine Aussage zur Beziehung, nicht so mitgeteilt, dass die Botschaft aus den Worten allein verständlich werden kann.
Wenn wir uns die mannigfaltigen Möglichkeiten unserer sprachlichen Selbstschutz- und Vermeidungs- oder Tarnstrategien anschauen, so erscheint der Vergleich zur Nachrichtenverschlüsselung in den Geheimdiensten sehr zutreffend. Die Kunst etwas so zu sagen, dass nur bestimmte Zuhörer die Anspielung verstehen, die unzähligen aversiven Übergriffe anderer gegenüber, ohne dafür persönliche Verantwortung übernehmen zu müssen, oder der notwendige Schutz vor Ablehnung und Verurteilung durch indirekte Mitteilungen stellen den wesentlichen Freiheitsspielraum unterdrückter und abhängiger Menschen dar.

Die Entschlüsselung von Botschaften, das Decodieren, ist je nach der Wichtigkeit der Mitteilung dem Enträtseln von Geheimschriften durchaus vergleichbar.«

Codierung ist die Art und Weise, wie die Signale vom Sender »gemeint« sind.

Beispiel:
Wenn eine Frau zu ihrem Mann sagt: »Wir waren schon lange nicht mehr bei meinen Eltern zu Besuch«, verkleidet (codiert) sie ihren Wunsch/Appell, er (nach dem die Eltern schon mehrfach gefragt haben) möge sie begleiten, aus der Sorge heraus, er könne einen klar geäußerten Appell ablehnen oder als Vorwurf vielleicht sogar als Disziplinierung interpretieren.

Decodierung beschreibt, wie die Signale vom Empfänger verstanden werden.

Beispiel:
Wenn der Ehemann nun versteht, dass seine Frau es vorzieht, ihre Eltern zu besuchen, anstatt mit ihm gemeinsam das Wochenende zu Hause zu verbringen, vermutlich weil sie einfach keine Lust hat, mit ihm zusammen zu sein, dann ist das seine (in diesem Fall falsche) Decodierung.

In der Interpretation der Botschaft ergeben sich oft Differenzen. Die jeweils individuelle Interpretation (Codierung und Decodierung) ist geprägt durch

- die persönliche Lerngeschichte
- die individuelle Einstellung
- die momentane Stimmung
- persönliche Bedürfnisse
- die Gesamtsituation
- die Beziehung zwischen Sender und Empfänger usw.

und lässt daher für Sender und Empfänger verschiedene Aspekte der Signale in den Vordergrund treten.

Beispiele können das vermutlich besser veranschaulichen:

- **Persönliche Lerngeschichte**

Welchen Umgangston bin ich durch meine Erziehung gewohnt: autoritär, bestimmend, wertschätzend usw.?

- **Individuelle Einstellung**

Worüber und wie kann ich hier mit wem in welcher Situation meiner Überzeugung nach sprechen (mit Kollegen über persönliche Probleme)?

- **Momentane Stimmung**

Wie geht es mir als Sender/Empfänger gerade? Bin ich schlecht gelaunt, verärgert und gestalte/interpretiere ich die Interaktion entsprechend »Der will mich provozieren«?

- **Persönliche Bedürfnisse**

Was beschäftigt mich? Was wünsche ich zu hören/senden? Will ich ein Lob? Befürchte ich Kritik? Will ich mein Gegenüber verletzen, verärgern?

- **Gesamtsituation**

Stören Umweltbedingungen (Lärm) die Interaktion? Wie ist die Situation (Krise, Feier usw.) für die Kommunikationspartner?

- **Beziehung zwischen Sender und Empfänger**

Welche Rollen spielen die Interaktionspartner (Partner, Kollege, Vorgesetzter)?
Wie verstehen sie sich?

Eine Verknüpfung von Mitteilungen hat eine Struktur, die **Interpunktion** genannt wird und die von jedem Kommunikationspartner subjektiv als Ursache-Wirkungs-Zusammenhang gesehen wird (siehe die Geschichte von der Henne und dem Ei, wer/was war zuerst?).

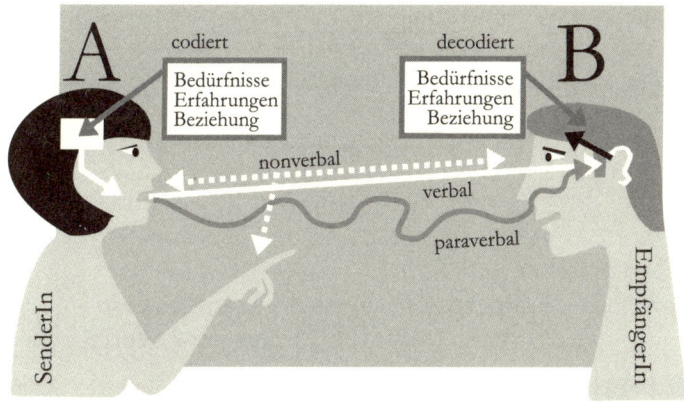

Wenn verbale, paraverbale und nonverbale Signale sich widersprechen, bewertet der Empfänger im Allgemeinen die nonverbalen und paraverbalen Signale stärker als das gesprochene Wort.

5.2.3 Vier Seiten einer Botschaft

Friedemann Schulz von Thun hat das Modell von Watzlawick zu den »vier Seiten einer Botschaft« weiterentwickelt. Es soll helfen, zwischenmenschliche Interaktion durch genauere Codierung und Decodierung besser zu verstehen.
Bei jeder Botschaft werden Informationen auf allen vier Ebenen gesendet und empfangen, wobei eine Bedeutungsebene deutlich im Vordergrund stehen kann. Wenn wir nur eine Seite interpretieren oder die falsche Informationsebene als die wesentliche auslegen, kommt es zu **Missverständnissen**. Ursachen können beim **Sender** und/oder beim **Empfänger** liegen.

Abb.: Vier Seiten einer Botschaft

```
                    Sachinhalt

Selbstoffenbarung │ Nachricht │   Appell

                    Beziehung      (Schulz von Thun)
```

Der Sachinhaltsaspekt: Es geht um die Tatsache selbst.
> **Worüber** man neutral informiert.

Der Beziehungsaspekt: Mehr oder weniger sichtbare, verbale oder nonverbale Hinweise oder Aussagen darüber, wie der/die Sender/in die Beziehung erlebt.
> **Wie** man die Beziehung zum/zur Empfänger/in erlebt.

Der Appellaspekt: Der/Die Sender/in einer Botschaft will auf den/die Empfänger/in Einfluss nehmen.
> **Wozu** man andere veranlassen möchte, z. B. zu einer bestimmten Haltung.

Der Selbstoffenbarungsaspekt: Verbale oder nonverbale Signale, mit denen sich der/die Sender/in selbst darstellt und damit über sich selbst etwas aussagt, z. B. über die eigene Stimmung.
> **Was** man von sich selbst preisgibt.

Je nach Situation kann der eine oder andere Aspekt im Vordergrund der Kommunikation stehen. Die jeweiligen Aspekte und Ebenen stehen nicht in einer eindeutigen Zuordnung zueinander. In Abhängigkeit von vielen Faktoren (Personen, individuelle Bevorzugung, Lebensgeschichte, äußere Umstände, Training, Einschätzung des Gegenübers usw.) kann jeder Aspekt der Kommunikation (fast) ausschließlich oder überwiegend auf der einen oder anderen Ebene übermittelt werden. Dadurch wird der Kommunikationsprozess kompliziert und schwer durchschaubar.

So können sich widersprüchliche Botschaften auf verschiedenen Ebenen gleichzeitig abspielen. Zum Beispiel kann Person A verbale Wertschätzung ausdrücken, während sie gleichzeitig aufgrund ihrer Mimik und ihres Tonfalls dem Gesprächspartner B gegenüber Kühle, Herablassung und Kritik signalisiert. Es hängt von den Umständen ab, inwieweit solche widersprüchlichen Botschaften zu mehr oder weniger starken Problemen führen können: z. B. mangelnde Kooperation, psychische Beeinträchtigung von Personen. Sachprobleme können nicht mehr geklärt werden, weil sich Beziehungsprobleme als Hindernisse eingeschlichen haben usw.

Beispiel:

Vier Seiten einer Nachricht

Sender Günter sagt zu Empfänger Herbert: »Ob ich am Samstag zu deiner Geburtstagseinladung kommen kann, weiß ich noch nicht genau. Du musst akzeptieren, dass ich mich jetzt nicht festlegen kann, vielleicht gehe ich mit Veronika aus.«
Situation: Aus Anlass seines 30. Geburtstags hat Günter seinen Freund Herbert letzte Woche zu einem Brunch am kommenden Sonntag bei ihm zu Hause eingeladen. Es werden etwa zehn weitere Gäste kommen, und Herbert hatte zugesagt. Bei einem Telefongespräch mit Herbert erinnert Günter ihn nochmals an seine Einladung und sagt: »Wir sehen uns ja dann sowieso am Sonntag. Ich freue mich schon.« Herbert, der zur Zeit Single ist, hat vor kurzem Veronika kennen gelernt, an der er großes Interesse hat.

	Sender G *will sagen*	Empfänger H *hört/sieht*
Art des Inhalts	Ich werde am Sonntag wahrscheinlich nicht zu deinem Fest kommen.	Günter wird am Sonntag wahrscheinlich nicht zu meinem Fest kommen.
Selbstoffenbarung	Es ist mir unheimlich wichtig, mich mit Veronika zu treffen.	Es ist Günter nicht wichtig, zu meiner Einladung zu kommen.
Appell	Bitte verstehe, dass ich diese interessante Beziehung vertiefen möchte.	Er sagt, ich soll meinen 30. Geburtstag nicht so überbewerten.
Beziehung	Herbert ist ein guter Freund, er wird meine Motive nachfühlen können.	Ich bin ihm nicht wichtig genug, dass er seine Zusage einhält.

Weitere typische Beispiele aus dem Alltag für Botschaften, die ganz unterschiedlich decodiert werden können:
- Wer hat zuletzt die Zahnpasta benutzt?
- Spülst du heute?
- Kannst du mir mal helfen?
- Jetzt wär' ein Kaffee schön!
- Können Sie mir noch folgen?
- Darüber gibt es ja wohl keine Diskussion!
- Schmeckt interessant.
- Wo hast du die Wurst gekauft?

Indirekte Botschaften können auch Untertöne (signalisiert durch Modulation, Pausen, Körpersprache, Mimik und Gestik) sein. Das eigentlich Wichtige oder Informationen über den emotionalen Zustand der Person werden häufig zwischen den Zeilen gesagt, während nur relativ sachlich und neutral formulierte Feststellungen geäußert werden. Auf diese Weise kann man im Zweifelsfall immer behaupten, die Botschaft wäre nicht so gemeint gewesen oder der Empfänger habe sie nicht richtig interpretiert.

Besonders häufig sind die folgenden **Missverständnisse:**

Durch Sender:

- **Sachebene:** Eine Botschaft wirkt wenig verständlich durch unklare Sprache, z. B. Nuscheln, Flüstern, Dialekt.
- **Appellebene:** Verworrene, komplizierte Botschaften, die schwer zu entschlüsseln sind (um den heißen Brei herumreden), werden gesendet.
  Beispielsweise werden Sachinformationen übermittelt,
  z. B.: »Zur Zeit läuft der Film XY – er soll eine sehr gute Kritik haben«,
  hinter denen ein Wunsch/Appell verborgen ist → »Ich möchte heute gerne mit dir ins Kino.«
  Wenn der Empfänger nicht zwischen den Zeilen liest, hört er nur die sachliche Aussage: Film XY hat eine gute Kritik und er beginnt eine Diskussion über die Qualität des Films oder über die Berechtigung von Kritiken und wundert sich, wenn sich daraufhin der Gesprächspartner beleidigt zurückzieht.
- **Beziehungsebene:** Kommunikationsstörungen auf der Beziehungsebene treten vermutlich am häufigsten auf und führen am schnellsten zu negativen Konsequenzen.
  Beispielsweise wird der Person des Empfängers geringe Wertschätzung gezeigt (Akzeptieren und Respektieren des anderen, unabhängig von den Bewertungen seiner Meinungen, Leistungen, Fähigkeiten).
  z. B. »Von einer Ehefrau kann man doch wohl erwarten, dass sie auch Lebensmittel kauft, die ihrem Mann schmecken.« statt
  → »Ich fühle mich von dir missachtet.«

Selbstoffenbarung: Selbstdarstellung bezieht sich auf das, was wir von uns zeigen wollen, Selbstenthüllung darauf, was wir ungewollt über uns verraten, Imponiertechniken dienen der gezielten Selbstpräsentation.

Fassadentechniken sind der Versuch, zu verbergen, zu verschleiern usw. Dies betrifft häufig Gefühle, und zwar dann, wenn man glaubt, es sei gefährlich, diese zu zeigen.

z. B.: »Derartige Diskussionen führen zu nichts« statt »Ich bin enttäuscht, dass du mich nicht verstehst.«

Durch Empfänger:

- Einseitiges Wahrnehmen; der Empfänger benutzt nur einen Empfängerkanal (den falschen) und interpretiert alle Botschaften dementsprechend (besonders, wenn die Beziehungsebene gestört ist):
- hört hinter einer Sachbotschaft einen Appell,
  z. B. »Das ist sehr teuer« → »Zahle bitte du.«
- hört statt Selbstoffenbarung den Beziehungsaspekt,
  z. B. »Ich bin jetzt müde und will nach Hause« → »Wir verstehen uns nicht mehr und langweilen uns miteinander.«
- hört hinter einer Beziehungsbotschaft die Sache,
  z. B.: »Du liebst mich nicht mehr, nie schenkst du mir Blumen.« »›Nie‹ ist sachlich falsch, da ich in den letzten sieben Jahren zweimal Blumen gebracht habe.«
- hört mit dem Beziehungsohr eine Selbstoffenbarung,
  z. B. der Vorgesetzte sagt: »Mich ärgert, dass das Projekt x/y noch nicht abgeschlossen ist« – »Es ist Ihre Schuld, dass der Termin nicht eingehalten werden konnte.«

Übung

Die vier Seiten einer Nachricht

Tn/Kl werden aufgefordert, eine eigene Situation, in der es zu Missverständnissen gekommen ist, zu schildern und diese entsprechend dem vorherigen Beispiel zu analysieren.

Sender X sagt zu Empfänger Y: ....
Situation: ....
....
....

(möglicherweise)	Sender will (vielleicht) sagen	Empfänger hört/sieht
Art des Inhalts		
Selbstoffenbarung		
Appell		
Beziehung		

Diese Übung ist auch gut für 5.3.2 Empfängerfertigkeiten (Zuhören) geeignet.

5.2.4 Geschlechtsrollen und Kommunikation

Frauen und Männer sind durch ihre Sozialisation in Verhaltensregeln, Normen und Tabus in ihrem Handlungsspielraum oft so stark festgelegt, dass eine verständnisvolle, effektive Kommunikation zwischen ihnen sehr schwierig sein kann. Eine gemeinsame Kommunikationsbasis durch Körpersprache und Sprache wird durch einen »Geschlechterdialekt« ersetzt.
Oft können beide Geschlechter keine umfassende Körpersprache entwickeln, sondern nur einen Kommunikationsmodus, der jeweils den Vorschriften und Regeln der eigenen Geschlechtsrolle entspricht. Geschlechtsspezifisch unterschiedliche Bewertungsstandards führen dazu, dass identische Verhaltensweisen je nach dem Geschlecht der handelnden Person unterschiedlich interpretiert werden. So wird beispielsweise eine laute, erregte Stimme beim Mann als Ausdruck von Aggression oder Wut, bei der Frau als Hysterie gedeutet.
Die geschlechtsspezifischen Kommunikationsweisen tendieren dazu, alle Kommunikationskanäle zu durchdringen: Gestik, Mimik, Blickkontakt, Körperhaltung und Bewegung sowie Sprechverhalten und Rhetorik (siehe auch 5.2.1). Frauen wird dabei meist eine untergeordnete Rolle zugewiesen.

Sender – Empfänger

Die männliche Geschlechtsrolle beinhaltet sozialisationsbedingt eher Senderverhalten. Das bedeutet aber nicht, dass Männer mehr Senderfertigkeiten haben. Sie zeigen oft »Sach-Senden« oder raum-/zeitgreifende Selbstdarstellung. Männer sprechen mehr in sachlich klingenden, knappen Äußerungen. Untersuchungen zeigen, dass Männer auch dann noch versuchen, sachlich zu wirken, wenn sie innerlich hochgradig erregt sind.
In der weiblichen Geschlechtsrolle fahren viele Frauen sozusagen ihre »Empfängerantennen« aus, d. h., sie versuchen zu verstehen, was der »Sender« mitteilen will, allerdings allzu oft auf der Beziehungs- oder Appellebene.

Beispiel in Diskussionen: Frauen versuchen oft zu hören (herauszuhören), was die Sender wirklich mitteilen wollen, z. B. welche

Bedürfnisse die Sender haben – während Männer meist weniger zuhören und in der Zeit, in der der Sender spricht, die eigenen Argumente vorbereiten. Das heißt nun nicht, dass Frauen alles empfangen, was in Gesprächen gesendet wird. Oft sind sie zu intensiv mit ihrem »Beziehungsohr« beschäftigt und vor allem mit den anderen »Sendern«. (Sie verlieren den roten Faden und verzetteln sich.)

Zahlreiche Experimente beweisen, dass Frauen bei Diskussionen deutlich weniger Chancen haben, angehört zu werden (sowohl von Männern als auch von Frauen), auch wenn sie das Gleiche sagen wie Männer. Das bedeutet, Frauen haben bei Diskussionen stark reduzierte Chancen, sich verbal durchzusetzen oder sich zu präsentieren. Sie werden häufiger unterbrochen und haben Hemmungen, die gleichen Argumente mehrfach zu wiederholen. Frauen hören gut zu und verstärken im Gespräch durch Lächeln, Anschauen (Blickkontakt), Nicken und ähnliche Minimalreaktionen. Männer zeigen solche Verstärker seltener.

Frauen umschreiben lieber, sind indirekter oder kommen nicht direkt auf den Kern ihrer Aussage zu sprechen (»Blümchensprache«).

Resultate einer Untersuchung von Deborah Tannen zum Sprechverhalten von Männern und Frauen in gemischten Gruppen zeigen, dass die Redebeiträge der Frauen kürzer (3–10 Sekunden) sind als die der Männer (11–17 Sekunden). Selbst die längsten Wortbeiträge der Frauen waren kürzer als die kürzesten der Männer.

Frauen bekommen in der Öffentlichkeit weniger Antwort und werden weniger angehört. Bezeichnend schildert ein Comic zum Psychologenkongress diese Situation: Es zeigt einen Redner und zwei männliche Zuhörer. Der eine sagt zu seinem Nachbarn: »Interessant, was er sagt.« In der nächsten Zeichnung steht eine Frau am Rednerpult und spricht. Der gleiche Zuhörer teilt nun seinem Kollegen mit: »Ich finde, die Brille steht ihr nicht.«

**Analyse des persönlichen Verhaltens:
Codierungs-/Decodierungsfallen**

Als Sender

*Ich neige dazu, als
Sender ...*

d. h. konkret ...

besser wäre ...

(Beispiel:
Appelle als Sachbotschaften zu verkleiden)

(Beispiel:
Ich sage: »Heute ist ein schöner Tag«)

(Beispiel:
Ich sage: »Fahr' doch mit mir Rad bei diesem schönen Wetter«)

....
....
....
....
....
....
....

Als Empfänger

*Ich neige dazu, als
Empfänger ...*

d. h. konkret ...

besser wäre ...

(Beispiel:
Anderen, speziell Kollegin S., wenig zuzuhören)

(Beispiel:
Wenn S. bei einer Konferenz das Wort ergreift, unterbreche ich sie häufig)

(Beispiel:
Ich lasse sie ausreden und verstärke sie durch Nicken)

....
....
....
....
....
....
....

5.3 Basisfertigkeiten

Im Folgenden werden Kommunikationsfertigkeiten dargestellt, die für alle hier aufgeführten Verhaltensbereiche eine wichtige Grundlage bilden.

5.3.1 Senderfertigkeiten

In diesem Teil werden Senderfertigkeiten detailliert auf der nonverbalen, der paraverbalen und der verbalen (inhaltlichen) Ebene beschrieben.

Nonverbale Senderfertigkeiten

Untersuchungen zeigen, dass nonverbale Verhaltensweisen in der rechten Gehirnhemisphäre gesteuert werden. Der Aufbau und die Funktionsweise scheinen dabei der Organisation der verbalen Sprachzentren in der rechten Hemisphäre stark zu ähneln (Ross, 1993).
Eine Studie beweist, dass in der Fernsehwerbung 72 Prozent des Gesamtnutzens eines Werbefilms auf nonverbale Kommunikationsanteile zurückgeführt werden können (Bekmeier, 1989).
Nonverbale Signale sind auch für jede andere Kommunikationssituation bedeutsam. Schon der Volksmund scheint das zu wissen.

Körpersprache im Volksmund:

Mund

- eine Lippe riskieren
- lachhaft
- zähneknirschend
- sich die Zähne an etwas ausbeißen
- die Lippen zusammenkneifen
- es liegt einem auf der Zunge

Beine

- die Beine in die Hand nehmen
- sich ein Bein für etwas ausreißen

Rücken/Wirbelsäule

- Buckel runterrutschen
- mit dem Rücken an der Wand stehen
- den Rücken stärken
- jemanden in den Rücken fallen
- Rückenstärkung bekommen
- den Feind im Rücken haben
- die Faust im Nacken haben

Arme/Hände

- handfest
- die Handhabung
- griffbereit
- die Hände über den Kopf zusammenschlagen
- die Hände vor das Gesicht schlagen
- abtasten/vortasten
- etwas hat Hand und Fuß
- etwas im Griff haben
- händeringend
- mit der Faust auf den Tisch schlagen
- sich die Hände reiben
- es juckt einem in den Fingern
- sich durchboxen
- Händchen halten
- die Hände in den Schoß legen
- zufassen
- Fingerspitzengefühl
- auf Händen tragen
- die Hände sind einem gebunden
- es ist nicht zu fassen
- die Arme verschränken
- sich auf den Arm genommen fühlen

Füße

- Standfestigkeit haben
- bodenständig sein
- standhaft sein
- gangbarer Weg
- auf- und abtänzeln
- Hand und Fuß haben
- auf glühenden Kohlen laufen
- die Hacken zusammenschlagen/ablaufen
- den Standpunkt vertreten
- in die Fußstapfen treten
- gut zu Fuß sein
- Fuß fassen

Sitzen

- es sich bequem machen
- eine gute Position haben
- Besitz ergreifen
- etwas besetzen
- anlehnen

Blickkontakt

Blickkontakt stellt die Verbindung zum Kommunikationspartner her. Schon bevor man zu sprechen beginnt, nimmt man meist mit dem Gesprächspartner Blickkontakt auf. Je mehr Personen zuhören, desto größer sollte auch die Distanz zu den Zuhörern sein, damit man alle Zuhörer im Blickfeld hat.
Blickkontakt ist proportional zur Distanz, siehe die gemeinsame Fahrt im Fahrstuhl: Die aufgedrängte Nähe wird subjektiv reduziert durch das gesenkte Haupt.
Wir alle kennen aus unserer Kindheit das Anstarr-Spiel, z. B. in öffentlichen Verkehrsmitteln. Wer hält den Blickkontakt länger aus, kann besser fixieren und damit Macht und Aggression – wie im Tierreich – ausdrücken? Männer starren sehr viel häufiger andere Menschen – besonders Frauen – an als umgekehrt.
Blickkontakt bedeutet also nicht immer Anziehung und Intimität, sondern kann je nach Kontext auch Aggression zum Ausdruck bringen.

Blickkontakt signalisiert Selbstsicherheit und zeigt gleichzeitig, dass man sich für sein Gegenüber interessiert. Untersuchungen belegen, dass Frauen andere Frauen öfter und länger ansehen als Männer, allerdings ohne sie zu fixieren; Männer beobachten und betrachten dafür Frauen mehr, ohne jedoch direkten Blickkontakt aufzunehmen.

Wer bei Gesprächen zu schnell hin und her blickt (»Scheibenwischer«), also zwischen dem Blick zu den Augen des Gesprächspartners und einem entfernteren Punkt wechselt, erweckt einen unbeständigen Eindruck (z. B. als ob er/sie einen Fluchtweg suchen würde, etwas zu verbergen habe).

Der ausweichende Blick: Eine Person starrt in die Luft oder auf den Boden und hält nicht für längere Zeit dem Blick des Kommunikationspartners stand. Das vermittelt den Eindruck, die andere Person wäre irgendwo weit weg.

Der Blick von unten nach oben, wie er oft bei unsicheren Menschen beobachtet werden kann, signalisiert Unterwürfigkeit. Eine weibliche Besonderheit ist der stereotype Bewunderungsblick, gepaart mit beifälligem Lächeln.

Übung: Blickkontakt variieren

Diese Übung findet in zwei Gruppen statt. Eine Gruppe wird über die Übung instruiert, die andere nicht. Die instruierten Tn/Kl suchen sich jeweils einen Partner und beginnen ein Gespräch über irgendein Thema. Dabei nehmen sie Blickkontakt auf zwei Weisen auf: Sie starren ihren Partner zuerst unablässig an, später reduzieren sie den Blickkontakt, sehen dann ihr Gegenüber so gut wie gar nicht an. Die Tn/Kl sollten bei der Veränderung ihres Blickkontakts darauf achten, dass ihr sonstiges Verhalten so normal und unverändert wie möglich bleibt. Früher oder später sind von den Gesprächspartnern Reaktionen wie etwa Verwirrung oder Irritiert-Sein zu erwarten.

Wenn Sie geduldige, verständnisvolle Freunde oder Bekannte haben, können Sie diese Übung mit ihnen ausprobieren und diese danach über ihr »merkwürdiges Verhalten« aufklären.

Mimik

Der verlorenste aller Tage ist der, an dem man nicht gelacht hat.
Nicolas Chamfort

Im Allgemeinen hält man Menschen mit bewegtem und ausdruckstarkem Gesicht für interessanter, auf alle Fälle aber sympathischer als Personen mit starrer und unergründlicher Miene (»Pokerface«).

Grundsätzlich muss man vor der Annahme einer allzu einfachen und direkten Beziehung zwischen Mimik und dem emotionalen Zustand warnen. Es lassen sich zwar bestimmte Emotionen spezifischen und typischen mimischen Ausdrucksmustern zuordnen, aber nur das Auftreten einer bestimmten Mimik lässt noch nicht mit Sicherheit auf dahinterliegende Emotionen schließen. Es muss eine Vielzahl intervenierender Faktoren berücksichtigt werden, beispielsweise soziale Regeln zur Selbstdarstellung, Prozesse der mimischen Rückmeldung in der Kommunikation, die individuelle Lerngeschichte und die Geschlechtszugehörigkeit.

Lächeln ist eine weibliche Domäne. In allen Kulturen lächeln Frauen mehr als Männer.

Da lächende Personen verbindlicher und abhängiger wirken, gelten sie eher als feminin. Lächelnde Männer sind weniger anziehend auf Frauen als ernst blickende, wie eine Untersuchung der Universität Rochester (USA) belegt.

Zur Technik der Machtausübung gehört es, das Lachen eines Untergebenen nicht zu erwidern. Dieses Gesetz gilt auch im traditionellen »Gelächterkampf« zwischen Mann und Frau. 93 Prozent der Frauen, aber nur 67 Prozent der Männer erwidern ein Lachen. Diese Lachbereitschaft der Frauen wird oft als ritualisierte Demuts- und Beschwichtigungsgeste gedeutet.

Übung: Grimassen

Tn/Kl probieren der Reihe nach Gefühlszustände mimisch auszudrücken oder zu überzeichnen (Ekel, Freude, Überraschung usw.). Der Rest des Pl versucht zu erraten, um welche Gefühle es sich handelt.

Damit es nicht zu viele Wiederholungen gibt, kann Tr/Th auf Karten diese Gefühlszustände notieren und verteilen.

Das können Sie gut vor dem Spiegel machen.

Gestik

Unter Gestik versteht man die Ausdrucksbewegungen des Körpers, besonders der Arme und Hände, also eine spezielle Kategorie von Körperbewegungen. Sie sind in hohem Maße kulturabhängig. Je nach Kulturzugehörigkeit verwenden Personen verschiedene Gesten, oder gleiche Gesten haben eine unterschiedliche Bedeutung.

Gesten von oben, z. B. mit dem Finger zeigen, werden vom Gegenüber meist als belehrend, normativ empfunden. Gesten unterhalb des Bauchnabels kennzeichnen negative Aussagen. Beides kann aber auch ganz gezielt eingesetzt werden, um das Gesagte oder Gezeigte zu unterstreichen (z. B. bei einer Rede).

Wie Gesten häufig vom Empfänger interpretiert werden:

- Beim Sprechen fest zusammengepresste Handflächen können auf Anspannung hinweisen.
- Fingerspitzen und Daumen der Hände aufeinandergelegt und auf den Kommunikationspartner gerichtet, signalisieren oft Aggression und Überlegenheitsgefühl.
- Vor der Brust verschränkte Arme können auf Verteidigungsbereitschaft und das Bedürfnis nach Schutz hinweisen.
- Wenn der Kopf mit der Hand gestützt wird, deutet dies häufig auf Langeweile oder Ermüdung hin.
- Das Kinn zu reiben, kann bedeuten, dass Aussagen des Kommunikationspartners angezweifelt werden.
- Beide Hände hinter dem Kopf zu verschränken, signalisiert oft Selbstprofilierung und -bewusstsein.
- Sich am Kopf zu kratzen, deutet auf Verwirrung oder Unsicherheit hin.
- Mit dem Finger auf jemanden zu zeigen, wird vom Empfänger als Dominanz und Aggression interpretiert.
- Wenn beim Sprechen die geballten Fäuste bewegt werden, dann signalisiert dies entweder Aggression und Bedrohung,

oder der Sprecher will seinen Aussagen energisch Nachdruck verleihen.

Aber diese Interpretationen können durchaus falsch sein: Vielleicht kratzt sich jemand am Kinn, weil er dort einen Mückenstich hat, und er zweifelt keineswegs die Aussage des Senders an. Also Vorsicht vor vorschnellen Schlüssen!

Übung: Mit den Händen sprechen

Je ein Tn/Kl versucht, nur mit den Händen und Fingern, ohne Worte und ohne weitere Körpersprache wie Mimik (hilfreich ist, wenn sich der jeweilige Sender ein Handtuch etc. über den Kopf hängt), Aussagen oder Ausrufesätze zu beschreiben. Exempel dafür können sich Tn/Kl selbst überlegen oder Tr/Th gibt sie vor.
Beispiele:

– Du bist schuld!
– Nein!
– Komm doch!
– Das ist recht diffus!
– Eine schwierige Sache!

Der Rest des Pl rät, worum es sich handelt.

Haltung

Eine entspannte aufrechte Haltung wird als Selbstvertrauen interpretiert: »Kopf hoch!« bedeutet, dass man sich in einer bestimmten Lage optimistisch und sicher zeigen soll. Dagegen weist »er/sie hat kein Rückgrat« auf ein Gefühl der Schwäche hin. Der gerade Rücken resultiert ja aus einer aufrechten Haltung und Grundspannung der Rückenmuskulatur.
Das Kinn vorstrecken, signalisiert Angst oder Aggression. Der Nacken wird nach hinten gedrückt, gleichzeitig springt das Kinn vor. Ein vorspringendes Kinn kann aber auch auf Hartnäckigkeit und Entschlossenheit hinweisen. Ein steifer Nacken ist oft ein Anzeichen für Stress. Er zeigt sich meist dann, wenn man sich überfordert fühlt.

Ein gesenkter Kopf kann Zeichen der Unterwerfung sein, die formelle Verbeugung ist das offensichtlichste Beispiel dafür. Ist diese Haltung jedoch habituell, kann man davon ausgehen, dass die betreffende Person aus anderen Gründen den Kopf hängen lässt. Scham und Trauer sind typische Auslöser für einen zeitweilig gesenkten Kopf.

Übung: Statue

Tn/Kl nehmen nacheinander verschiedene Haltungen – unterstützt durch in der Bewegung »eingefrorene« Gesten – ein. Der Rest versucht die Aussage der jeweiligen Statue zu erraten. Das darzustellende Thema können Tn/Kl sich selbst überlegen oder von Tr/Th bekommen.
Beispiele: Freude, Mut, Stärke, Angst, Verzweiflung, Arroganz.

Wenn Sie vor einem Spiegel verschiedene Haltungen ausprobieren, werden Sie feststellen, was für eine starke Botschaft sie allein durch die Haltung selbst vermittelt.

Distanz

Im Allgemeinen lassen sich vier Bereiche persönlicher Distanzen voneinander unterscheiden, die kulturell, aber auch je nach situativem Kontext variieren können:

- Der **intime** Nahbereich von 0 bis 60 Zentimeter
  Enge Bekannte, Freunde und Verwandte dürfen sich normalerweise der äußeren Grenze dieses Bereichs nähern. Eltern, Partner und sehr enge Freunde dürfen in diesen Bereich sogar eindringen und die Person berühren.
- Der engere **persönliche** Bereich von 60 bis 120 Zentimeter
  Dieser Bereich ist die Distanz, die man üblicherweise bei gesellschaftlichen Anlässen einhält. In dieser Entfernung kann man normalerweise gut miteinander kommunizieren, ohne sich bedroht zu fühlen. Das ist auch die Distanz, die man einhält, wenn man einer Person vorgestellt wird, die man nicht oder nur schlecht kennt.
- Der **gesellschaftliche** Bereich von 1,20 bis 3,30 Meter
  In diesen Bereich können Fremde eindringen, zu denen aus

formellen oder zweckorientierten Gründen eine zeitweise Kommunikationsbeziehung aufgenommen wird, beispielsweise Verkäufer, Handwerker oder Kunden.
- Der **öffentliche** Bereich über 3,30 Meter Entfernung
In diesem Bereich findet Kommunikation bei Anlässen vor einer größeren Öffentlichkeit statt wie etwa bei Vorträgen oder Theaterveranstaltungen. Die räumliche Bewegungsfreiheit von Männern ist dabei größer als die von Frauen.

Übung: Sich zu nahe kommen

Tr/Th oder auch ein instruierter Tn/Kl können die Bedeutung der Distanz in der Kommunikation demonstrieren. Man fängt mit einem Gesprächspartner einen Dialog an, dabei rückt man in kleinen Schritten (nicht zu auffällig) immer näher an ihn heran. Man sollte darauf achten, dass dem Gesprächspartner genügend Raum zum Ausweichen bleibt. Ist dies der Fall, so lässt sich gut zeigen, wie wir immer versuchen, den für uns angenehmen Abstand einzuhalten.

Im Selbsttraining nur mit guten, vorher nicht instruierten Freunden machen und diese hinterher über deren Part und Ihr Verhalten aufklären.

Die richtige Sitzposition
Verschiedene Studien zeigen, dass frontal einander gegenüberzusitzen Konkurrenzgefühle fördert und die Kommunikation hemmt. Wenn man erreichen möchte, dass Kommunikationspartner schneller eine Beziehung miteinander aufnehmen und sich kooperativ verhalten, dann sollte man eine solche Sitzposition vermeiden.
Personen, die eine enge persönliche Beziehung zueinander haben, fühlen sich auch in geringer räumlicher Distanz wohl, etwa auf einem engen Sofa. Kommunikationsfördernd ist eine Sitzordnung am Tisch über einen Winkel von 90° oder diagonal. Hier können Aggressionen aufgrund direkter räumlicher Konfrontation vermieden werden.

Bewegung

Übung: Pantomime (Stegreifübung)

Tn/Kl ziehen jeweils verdeckt eine Karte, auf der eine darzustellende Aussage (gut lesbar in Druckbuchstaben) notiert ist. Ein/e Tn/Kl beginnt, er/sie liest die Karte (leise für sich), klatscht in die Hände (»die Klappe«) und beginnt sofort pantomimisch die Aussage auf der Karte darzustellen. Die anderen Tn/Kl raten laut, worum es sich handelt.

Wenn (nahezu) richtig geraten wurde, wird applaudiert, und es folgt vom Darsteller zusätzlich die verbale Darstellung. Dann folgt der/die nächste Tn/Kl.

Beispiele:

- »Das hast du gut gemacht.«
- »Die Bahn hat schon wieder Verspätung.«
- »Wir müssen das Übel an der Wurzel packen«.
- »Irgendwie kann ich mich nicht entscheiden.«
- »Oh, wie lecker.«
- »Ich bin der/die Größte.«
- »Ist das ein öder Vortrag.«
- »Hurra, ich habe gewonnen.«
- »Wie schön, dich zu sehen.«
- »Ich liebe alle Frauen.«
- »Mir sitzt der Schalk im Nacken.«
- »Ach, bist du ein süßes Kind.«
- »Oje, ich hab' den Schlüssel verloren.«
- »Ich glaub', ich steh' im Wald.«
- »I feel good.«
- »Bin heute Morgen mit dem linken Fuß aufgestanden.«
- »Schönheit kommt von innen.«
- »Igitt, wie eklig.«
- »Irgendwie habe ich mir den Magen verdorben.«
- »Dir werd ich's zeigen.«
- »Du hast mich sehr enttäuscht.«
- »Das ist ja zum Totlachen.«
- »Warum bist du so gemein zu mir?«

- »Ich bin sehr enttäuscht von Ihnen.«
- »Das hätte ich nie gedacht.«
- »Das ist wie auf hoher See – mir ist so schwindlig.«
- »Herrlich, diese Weite.«
- »Bin total erschöpft.«

Bei dieser Übung sollte man möglichst mit vorgefertigten Beispielen arbeiten, da den Tn/Kl spontan meist zu schwierige oder auch zu einfache (phantasielose) Statements einfallen.

Im Selbsttraining können Sie – ohne lange zu überlegen – die oben genannten Beispiele spontan vor dem Spiegel/Video ausführen oder mit Freunden ein Ratespiel veranstalten.

Berührungen

Körperliche Berührungen können als Ausdruck psychischer Nähe verstanden werden. Berührungen sind der ausdrucksstärkste, aber auch der am meisten reglementierte und kontrollierte Kommunikationskanal.
Berührungen haben in den meisten Fällen rituellen Charakter. Vor allem Männer und ältere Leute tendierten mehr zu rituellen Berührungen als Frauen und jüngere Personen.
Sie können auch Überlegenheit und Dominanz signalisieren. Rangniedrigere Menschen sind körperlich verfügbarer, also berührbarer als dominante. Das zeigt sich auch zwischen den Geschlechtern. Männer ergreifen oft in der Öffentlichkeit die Berührungsinitiative gegenüber Frauen. Man kann dies als »Politik des Berührens« bezeichnen, die zwischen den Geschlechtern genauso stattfindet wie zwischen Statusgruppen und Klassen.
Hierzu gehören Händedruck, Schulterklopfen, Streicheln, Anstupsen usw.
Frauen bevorzugen sanfte Berührungen (Umarmen, Streicheln), Männer hingegen kräftige Berührungen (auf die Schulter klopfen, anrempeln). Frauen untereinander berühren sich wesentlich häufiger als Männer untereinander.

Übung

Tn/Kl spielen zunächst Männer, die sich engagiert unterhalten, diskutieren, verabreden, dann Frauen, danach jeweils ein Tn/Kl eine Frau, der/die andere einen Mann und beobachten, ob und in welcher Art sie sich berühren (auf die Schulter klopfen, am Ärmel zupfen etc.). Variiert werden kann die Übung durch von Tr/Th vorgegebene Infos zu Über- und Unterordnung (Vorgesetzte/r – Mitarbeiter/in). Der Rest der Tn/Kl beobachtet und berichtet über seine Wahrnehmungen.

Analyse des persönlichen Verhaltens: Körpersprache

	Meine Fertigkeiten: das kann ich	Mein Lernbedarf: das will ich lernen
Blickkontakt		
Mimik		
Gestik		
Haltung		
Distanz		
Bewegung		
Berührung		

Paraverbale Senderfertigkeiten

Paralinguistik untersucht alle nichtverbalen Einflüsse des Sprechens auf die Kommunikation wie etwa Lautstärke, Sprechtempo, Tonhöhe, Modulation, Artikulation, Sprachfehler und -störungen (z. B. Stottern).

Was wir sagen, ist die **verbale** Information, **wie** wir es sagen, ist die **paraverbale** Information. Die paraverbalen Botschaften Intonation, Rhythmus, Lautstärke und Sprechtempo stehen in einem sehr engen Zusammenhang mit dem verbalen Gehalt. Andere stimmliche Reize wie Akzent, individuelle Stimmqualität, Lautstärke oder Tonfall sind meist überdauernde Persönlichkeitsmerkmale des Sprechers und weitgehend unabhängig von der verbalen Botschaft.

Artikulation

Eine deutliche Aussprache ist wichtig, um verstanden zu werden. Typische Schwachstellen in der Artikulation sind Nuscheln, Endsilben Verschlucken, monotones Herunterleiern oder ausgeprägter Dialekt. Dadurch wirkt das Gesagte unwichtig oder der Empfänger muss sich stark konzentrieren, wenn er den Sender verstehen will, und schaltet meist nach einiger Zeit ab oder wird ärgerlich.
Das heißt also, Vokale und Konsonanten deutlich (stimmhaft) sprechen und Endsilben gut hörbar betonen.

Übung: Buchstaben sprechen

Tn/Kl sprechen überdeutlich und laut: a – e – i – o – u; ta – te – ti – to – tu; be – pe; summen: mmm, nnn, sss (scharf), sss (weich) usw.

Modulation

Der Ton macht die Musik.
französisches Sprichwort

Modulation ist die wechselseitige Aufeinanderfolge von Tonstärke, -höhe und Klangfarbe.
Der Klang einer Stimme entsteht physisch durch verschiedene

Komponenten. Der Luftstrom aus der Lunge bringt die Stimmbänder in Schwingung, dieser Ton wird durch die Klanghöhlen im Kopf verstärkt. Ist man beispielsweise stark erregt, spannt sich das Zwerchfell und verzerrt die Stimme, was Tonhöhe und Lautstärke verändert. Sehr starke Anspannung oder Anstrengung zeigt sich in einer heiseren Stimme, denn die Muskelspannung in Hals- und Kehlkopfmuskeln steuert die Stimmresonanz. Emotionen drücken sich so auch in der Stimmlage aus: Zorn lässt die Stimme schärfer werden, im Schreck schreit man auf, und bei Trauer ist die Stimme dünn und verzerrt.
Die Stimme der Autorität ist tief. Für unsichere Menschen ist sie zudem mit Sicherheit gekoppelt, mit Schutz und Mitgefühl (Moses, 1956).
Stimmuntersuchungen aus den USA haben die Grundtonhöhe mit der sozialen Schicht in Verbindung gebracht. Danach haben leistungsorientierte, dominante und kompetente männliche US-Bürger eine höhere Grundtonhöhe als nicht leistungsorientierte. Bei Frauen ist das genau umgekehrt: Hohe Stimmen werden als kindisch-hysterisch deklariert, tiefere als souverän (oder aber derb), sehr tiefe als erotisch.
Akademisch erfolgreiche Studenten aus niedrigeren sozialen Schichten unterscheiden sich (nach einer Studie von Robinson) von ihren erfolglosen Kommilitonen dadurch, dass sie eine höhere Tonlage, weniger Lautstärke und angemessenere Intonation gebrauchen. Die größere, mit Leistungsdruck verbundene Anspannung führt zu insgesamt erhöhtem Muskeltonus mit Auswirkungen auch im Bereich des Kehlkopfs. Die Stimme der deutschen Mittelstandsfrau beispielsweise ist höher als die von Arbeiterinnen oder Bäuerinnen.
Männer nutzen zum hörbaren Ausdrücken von Autorität nur etwa drei Töne ihres Normalsprechbereichs. Dadurch entsteht der Eindruck von emotional ausdrucksarmem (monotonem) Sprechen. Dies löst den Eindruck von Sachlichkeit aus – mit Stereotypen wie »informieren« oder »objektiv«. Frauen benutzen üblicherweise vier bis fünf Töne, das verleiht ihrem Sprechen eine gefühlsmäßige Färbung bzw. wird so interpretiert.
Man rät Frauen heute oft, das Sprechen mit tieferer Stimme zu üben, um dadurch ihrem stimmlichen Ausdruck Autorität zu ver-

leihen. Dies aber widerspricht der weiblichen Erziehung in der Mittelschicht. Weibliche Perfektion setzt dort voraus, dass »freundliche Wesen« ruhig und gelassen sind, sich nicht in Szene setzen, sich nicht profilieren und aus der Menge herausstechen.

Mit Hilfe der Modulation kann auch Dynamik in der Sprechweise erzeugt werden. Dies bedeutet eine Verdeutlichung des Gesagten durch Betonung, Lautstärke und Sprechtempo, durch Variation von laut versus leise, langsam versus schnell, hoch versus tief.

Übung: Märchenonkel/-tante

Tn/Kl lesen oder rezitieren mit extremer Modulation und deutlicher Artikulation (und am besten mit der entsprechenden Körpersprache) Auszüge von Märchen, Gedichte (z. B. Wilhelm Busch). Sie sollen ruhig übertreiben, das ist eine gute Übung und macht vermutlich auch den Zuhörern Spaß.

Im Selbsttraining können Sie beispielsweise Kindern Märchen oder Ähnliches vorlesen. Sie können natürlich auch Balladen, Liebesgedichte oder humorvolle Kurzgeschichten deutlich und angemessen auf Band sprechen und hinterher anhören.

Übung: NachrichtensprecherIn

Tn/Kl sprechen (als Frau mit etwas tieferer Stimme, als Mann nicht zu tief) einen Nachrichtentext aus einer Tageszeitung oder einen wissenschaftlichen Bericht. Wesentliche Aspekte betonen sie, benutzen aber eine geringere Variationsbreite in der Stimmhöhe als bei der obigen Übung.

Auch diese Sprechübung wird auf Band aufgenommen. Falls außerdem die Körpersprache analysiert werden soll, macht man am besten eine Videoaufnahme. Wenn man beim Abspielen zuerst den Ton leise stellt, kann man sich ganz auf die Beobachtung der Körpersprache und anschließend bei Dunkelstellen des Bildes auf die Sprache konzentrieren.

Sprechtempo

Das Sprechtempo entscheidet über den Eindruck, ob eine Person ruhig, selbstsicher und überlegt erscheint oder ob sie einen unsicheren, gehetzten und diffusen Eindruck macht. Hohes Tempo mit gleichzeitig starker Variation der Modulation wird mit eher positiven Gefühlen assoziiert (z. B. Heiterkeit). Ein zu hohes Sprechtempo kann das Gesagte für die Zuhörer unverständlich machen. Zu langsames Tempo wirkt langweilig, ängstlich oder traurig, insbesonders wenn die Tonhöhenvariation gering ist. Der Effekt ist bei beiden Sprecharten derselbe: Die Zuhörer schalten nach einiger Zeit ab, der Sender wird zunehmend nervös und spricht noch schneller.

Übung: Zungenbrecher (Stegreifübung)

Tn/Kl bekommen je einen Zungenbrecher und sollen sie so schnell wie möglich sprechen (sie versprechen sich dabei natürlich oft) und sie danach in dem Tempo, in dem sie damit gut zurechtkommen, wiederholen.

- Kleinkind kann keinen Kirschkern knacken.
- Meister Müller, mahl mir meine Metze Mehl.
- Violett steht recht nett, recht nett steht violett.
- Morgen muss mir meine Mutter Milchmus machen.
- Große Krebse krabbeln in dem Kober.
- Der Kutscher putzt den Postkutschkasten.
- Brauchbare Bierbrauerburschen brauen brausendes Bier.
- Blaukraut bleibt Blaukraut, und Brautkleid bleibt Brautkleid.
- Fischers Fritze fischte frische Fische, frische Fische fischte Fischers Fritze.

Pausen

Wer nicht zu schweigen weiß, der weiß auch nicht zu reden.
Seneca

Pausen machen, heißt sich Zeit und Raum nehmen und damit den eigenen Worten Bedeutung verleihen. Vor und/oder nach einem Satz eine kurze Pause einzulegen, erhöht die Spannung und Aufmerksamkeit der Zuhörer. Zusätzlich werden durch gezielte Pausen die Aussagen, z. B. bei einem Vortrag, strukturiert und betont.

Übung: Pausen

Tn/Kl sprechen je einen Satz und variieren die Betonung und damit die Aussage durch gezielte Pausen.
z. B.
- Alle Mitarbeiter sollten über unsere Unternehmensziele Bescheid wissen.
- Meine Freundin ist gestern sehr spät nach Hause gekommen usw.

Lautstärke

Zu leises Sprechen in der Öffentlichkeit ist besonders häufig bei Frauen zu beobachten. Wenn Frauen das Sprechen mit lauter Stimme üben, empfinden sie sich selbst häufig als überzogen laut. Um das erforderliche Stimmvolumen (und gleichzeitig Modulation) zu trainieren, kann man zur Unterstützung Atemübungen praktizieren.

- $2/3$ des gesamten Atemvorgangs werden für (bewusstes) Ausatmen benötigt, $1/3$ für Einatmen.
- Vor Redebeginn sollte man ausatmen.
- Ein Gedankengang wird innerhalb eines Atemvorgangs ausgesprochen.

Ruhige Atmung wirkt entspannend auf den ganzen Körper, ist also eine gute Vorbereitung für Vorträge, Präsentationen und Bewerbungsgespräche.

Übung: Dreistufige Atmung

Dauer: 5–10 Minuten

Jede der nachfolgenden Übungen wird fünf- bis zehnmal wiederholt.

1. Stufe: Schlüsselbeinatmung

Einatmen Tn/Kl/S legen die Hände auf den oberen Teil des Brustkorbs, atmen aus und atmen dann langsam ein, so dass sich der Brustkorb leicht hebt.
Ausatmen Tn/Kl/S achten beim Ausatmen darauf, dass die ge-

samte Luft ausgestoßen wird, um genug Raum für die frische, sauerstoffreiche Luft zu schaffen. Die Hände bleiben dabei passiv, sie liegen einfach auf der Brust und fühlen das Heben und Senken der Brust.

2. Stufe: Brustatmung

Einatmen Tn/Kl atmen normal aus. Dann legen sie die Hände beiderseits des Brustbeins auf die unteren Rippen, so dass sich die Fingerspitzen fast berühren. Beim Einatmen fühlen sie, wie sich die Rippen weit nach außen dehnen und die Hände sich voneinander entfernen.

Ausatmen Beim Ausatmen nähern sich dann die Fingerspitzen wieder einander.

3. Stufe: Bauchatmung

Einatmen Tn/Kl/S legen die Hände in Höhe des Nabels auf den Bauch, atmen zunächst aus. Beim Einatmen hebt sich der Bauch, und damit senkt sich das Zwerchfell, und die unteren Lungenklappen füllen sich mit Luft. Die Hände werden dadurch nach oben gedrückt.

Ausatmen Beim Ausatmen kehrt das Zwerchfell in seine kuppelförmige Position zurück. Der Bauch wird flach, und die Hände kommen in ihre Ausgangslage zurück.

Übung: Rhythmische Vollatmung

Wirkung:
– Entspannung
– Verbesserung der Blutzirkulation
– Aktivierung
– auch Lungenabschnitte werden belüftet, die bei flacher Atmung nicht erreicht werden.
– Verbesserung der Stimmresonanz.

Bei dieser Übung werden die drei Atemstufen aufeinanderfolgend geübt. Das Einatmen soll durch die Nase erfolgen, das Ausatmen durch den Mund.

Einatmen Tn/Kl/S beginnen mit der Stufe 3 der dreistufigen Atmung, gehen dann – ohne vorher auszuatmen – weiter zu Stufe 2 und füllen zuletzt den oberen Brustkorb und Schlüsselbeinbereich mit Sauerstoff.

Ausatmen Das Ausatmen erfolgt in umgekehrter Richtung. Sie beginnen mit Stufe 1 und gehen über Stufe 2 zum Bauchbereich – also von oben nach unten. Die letzte Luft stoßen sie durch leichtes Zusammenziehen der Bauchmuskulatur aus.

Tn/Kl machen jetzt ohne Luft in den Lungen eine kurze Pause (2–3 Sekunden), bevor sie wieder mit dem Einatmen beginnen.
Beim erneuten Einatmen füllen sich die Lungen dann fast automatisch, weil die Luft in das entstandene Vakuum einströmt.
Ein- und Ausatmen sollen ungefähr gleich lang andauern. Anfangs ist es ratsam, bei jeder Stufe 21/22 zu zählen.
Diese Übung ist auch sehr gut geeignet zur Unterstützung der Modulation (und natürlich zur Entspannung!).

Verbale Senderfertigkeiten

Der Unterschied zwischen dem richtigen Wort und dem fast richtigen ist derselbe wie zwischen Blitz und Glühwürmchen.
Mark Twain

Sprachstil

Wortschatz, Wortwahl, Dialekt und Formulierung sind die wesentlichen Aspekte des persönlichen Sprachstils.
Männliche Sprache klingt oft wie die eines sportlichen Wettbewerbes (»Er spielt mit vollem Einsatz.« »Sind Sie bereit, dafür auf die Matte zu gehen?«) und enthält zahlreiche militärische Begriffe wie »oberste Heeresleitung«, »ausknocken« oder »messerscharfe Argumente«. Frauen richten ihren Kommunikationsstil eher auf die Stabilisierung und Harmonisierung ihrer Beziehungen aus, relativieren viel (vielleicht, eventuell), sprechen im Konjunktiv (würde es Ihnen etwas ausmachen …), verwenden schmückende Adjektive (»Blümchensprache«) und verpacken ihre Aussagen (reden um den heißen Brei herum). Bezogen auf die vier Seiten einer Bot-

schaft, ist es wichtig, die Appellebene nicht zu verschleiern oder zu verkleiden: Äußern Sie direkt, was Sie wollen. Verstecken Sie sich nicht hinter Andeutungen; erwarten Sie nicht, dass jemand errät, was Sie möchten. Geben Sie auch den Grund einer Frage mit an, um das Dekodieren für den Empfänger zu erleichtern. »Wie lange hast du heute Zeit? ..., ich würde heute gerne länger arbeiten.«
Weiteres Wissen und Übungen zum Sprachstil werden detailliert in Kap. 7 (Durchsetzen) und in Kap. 8 (Selbstdarstellung und Präsentation) dargestellt.

Übung: Wortschatz

Tn/Kl erarbeiten in Kleingruppen mögliche Synonymbegriffe für vorgegebene Wörter in unterschiedlichem Kontext, z. B. leben, arbeiten, trainieren, studieren usw. (am besten Begriffe, die sie besonders häufig in ihrem [beruflichen oder privaten] Umfeld benötigen).

Beispiel: »arbeiten«
Die Schüler lernen (statt arbeiten)
Die Bauarbeiter schuften
Wir mühen uns ...
usw.

Analyse des persönlichen Verhaltens: Sprache

	Meine Fertigkeiten: das kann ich	Mein Lernbedarf: das will ich lernen
paraverbal Artikulation	....	....
Modulation	....	....
Sprechtempo und Pausen	....	....
Lautstärke	....	....
verbal Sprachstil	....	....

5.3.2 Empfängerfertigkeiten

Bei Empfängerfertigkeiten wird hier nicht zwischen nonverbal, paraverbal und verbal gegliedert. Ein guter »Empfänger« muss alle bei Senderfertigkeiten ausführlich beschriebenen Kriterien in diesen drei Bereichen kennen und erkennen. Deshalb wird im Folgenden meist nur auf komplexe Empfängerfertigkeiten eingegangen.

Zuhören und Decodieren

Nachrichten sind recht komplexe Informationspakete, die gegenseitig ausgetauscht werden. Nur der Oberflächenaspekt »Sachinhalt« lässt sich relativ leicht objektivieren, während Selbstoffenbarung, Beziehung und Appell subtile Anteile sind. Wir sind dort deshalb auf Vermutungen angewiesen, haben meist mehrere Möglichkeiten des Verstehens, missverstehen den Sender leichter.
Zuhören ist eine Domäne der Frauen. Sie hören nicht nur mehr, sondern auch intensiver, interessierter und aufmerksamer zu als Männer und achten überdies mehr auf Zwischentöne. Dies gilt sowohl für berufliche als auch private Belange.
Vielleicht verfügen Frauen auch deshalb über diese Fertigkeit, weil Zuhören eine typische Überlebensstrategie der »Beherrschten« (Bedienstete, Untergebene) ist, die darauf angewiesen sind, dass sie zum einen dadurch Informationen erhalten und zum anderen die Emotionen ihrer »Herrscher« sicher erspüren. So manche Frau vergisst jedoch ihre eigenen Anliegen und Bedürfnisse, weil sie mit Einfühlen, Interpretieren, Erahnen beschäftigt ist.
Männer und Frauen interpretieren Botschaften tendenziell unterschiedlich. Männer nehmen besonders häufig den Sach-, Beziehungsaspekt, Frauen eher den Appellaspekt in Nachrichten wahr. Sie hören Wünsche, Bitten, Aufforderungen oft auch da, wo der Sender dies gar nicht intendiert. Sachlich gemeinte Aussagen, insbesondere von Männern, werden nicht selten umgedeutet. Konflikte entstehen häufig auch deshalb, weil man Bemerkungen auf sich selber bezieht und diese als Vorwurf oder Kritik empfindet. Stattdessen wollte der andere vielleicht vorrangig etwas von sich preisgeben (Selbstoffenbarung).

Einfühlsamkeit und Achten auf Appelle anderer Personen ist bei Männern wenig, oft zu wenig ausgeprägt. Bereits kleine Jungen können Gemütszustände, die sich in Gesichtern auf Fotos widerspiegeln, schlechter unterscheiden als Mädchen.

Zuhören kann man zunächst sehr gut auf der Sachebene trainieren. Eine Übung, an der man sich die Fähigkeit, auf der Sachebene zuzuhören und den eigenen Dialogstil verdeutlichen kann, ist der sogenannte Kontrollierte Dialog (nach Antons, 1973; modifiziert und gekürzt). In dieser künstlich reglementierten Gesprächssituation wird der natürliche Gesprächsfluss absichtlich verhindert, um die Bedingungen für Zuhören und Verstehen um so deutlicher hervorzuheben. Anstelle von Verständigungssignalen (nicken, nachfragen usw.) tritt die systematische gegenseitige Rückkopplung, die eine Kontrolle darüber ermöglicht, was wirklich und vollständig angekommen ist.

Übung: Kontrollierter Dialog

Dauer: ca. 30–40 Minuten

Der Kontrollierte Dialog ist eine Technik, die sicherstellt, dass der Zuhörer den Sender auf der Sachebene wirklich verstanden hat und so verhindert, dass man aneinander vorbeiredet.

Ablauf: Tn/Kl A spricht einige Sätze über ein selbstgewähltes Thema.

Tn/Kl B wiederholt das von A Gesagte sinngemäß aus der Erinnerung (keine Notizen, während A spricht).

Bei Nichtübereinstimmung wird ein zweiter Versuch von B unternommen. Weist dieser ebenfalls Abweichungen auf, wiederholt A nochmals seine ursprüngliche Darstellung.

Tn/Kl C kontrolliert und bestätigt die Übereinstimmung (dann erfolgt Phase 3) des Gesagten bzw. weist auf Abweichungen hin und veranlasst erneute Wiederholung des Gesagten durch A oder B (Phase 1 oder 2).

Sobald Übereinstimmung erzielt wird, spricht wieder A, und B muss erneut wiederholen.

	Phase 1	Phase 2	Phase 3
A	spricht	kontrolliert	A spricht weiter
B	hört zu	gibt wieder	B hört zu
C	hört zu (macht evtl. Notizen)	kontrolliert	C hört zu (macht evtl. Notizen)

Nach ca. 10 Minuten wird abgebrochen und Tn/Kl sammeln: »Was macht Zuhören schwer«, unterteilt in Sender (z. B. spricht zu schnell) und Empfänger (z. B. interessiert sich nicht für das Thema). Danach werden die Rollen getauscht.

Vorteile des Kontrollierten Dialogs:

Der Sprecher lernt:

- die Gedanken zu organisieren
- sich genau auszudrücken
- kurze, treffende Aussagen zu machen
- die Auffassungskapazität des Zuhörers zu berücksichtigen
- auf die Argumente des Partners einzugehen
- genau auf das zu antworten, was vorher gesagt wurde

Der Zuhörer wird veranlasst

- aufmerksam zuzuhören, anstatt sich bereits eine Antwort zu überlegen
- den ganzen Sinn zu erfassen, statt nur auf Details zu achten
- auf das tatsächlich Gesagte des anderen einzugehen, statt ihn weiter zu interpretieren

Die praktische Anwendung des Kontrollierten Dialogs sollte nur in einer entscheidenden Phase eines Gesprächs erfolgen, um sicherzugehen, dass man die Meinung und Absicht des Partners genau verstanden hat.

Fragen

Zuhören (und Hinsehen) und Wiedergeben dessen, was man verstanden hat, reicht meist als Information zur richtigen Decodierung nicht aus. Deshalb stellt man Fragen.

Übung: Fragen

Das Pl wird in 5er-KG eingeteilt: Ein Tn/Kl soll zu einem Sach- oder Meinungsthema befragt werden. Drei Tn/Kl stellen unterschiedliche Fragen, die entsprechend (kooperativ oder abwehrend) beantwortet werden, je nachdem, wie der/die Befragte die Frage empfindet. Ein Tn/Kl beobachtet:
- Welche Fragearten wurden benutzt?
- Was führt weiter etc.?
- Was blockiert?
- usw.

Es gibt sehr unterschiedliche Arten von Fragen. Je nach beabsichtigter Zielsetzung sind sie geeignet oder führen am persönlichen Ziel vorbei.

Im Folgenden eine Kurzübersicht über die wichtigsten Fragearten:

- **Die offene Frage**

    - beginnt mit einem Fragewort: Was? Wer? Wo? Wann? Wie kam es dazu? Vorsicht bei warum, wirkt oft inquisitorisch!
    - ist eine aufschließende Frage
    - ist günstig zu Beginn eines Gesprächs
    - fördert einen Dialog
    - gibt dem Partner die Chance, sich umfassender zu äußern

- **Die geschlossene Frage**

    - lässt als Antwort nur »ja« oder »nein« zu
    - legt den Partner fest
    - bestätigt Zusammenfassungen

- **Die Alternativfrage**

    - stellt zwei Möglichkeiten zur Auswahl

- **Die Bestätigungsfrage**
  - legt die Aussage fest / lässt bestätigen
- **Die Stimulierungsfrage**
  - stimuliert durch Motivansprache
- **Die Suggestivfrage**
  - ist richtungsweisend
  - unterstellt eine Meinung
  - versucht zu beeinflussen
- **Die indirekte Frage**
  - ruft die Information nicht direkt ab
- **Die rhetorische Frage**
  - erwartet keine Antwort
  - ist ein rhetorisches Stilmittel
- **Die Kontrollfrage**
  - erfragt Verstehen und Einverständnis
- **Die Isolationsfrage**
  - isoliert ein Problem
- **Die »Ja«-Frage**
  - holt Zustimmung ein.

Die *Trichtermethode* kann als Gesprächsstrategie verwendet werden. Man beginnt mit offenen Fragen, kommt dann über geschlossene Fragen zum Gesprächsziel.

Empathie

Empathie (Einfühlen) ist eine weitere wichtige Empfängerfertigkeit. Viele der hier beschriebenen Übungen (z. B. die Pantomimeübung – siehe Seite 57) trainieren gleichzeitig die Empathie der ratenden Beobachter.

Auch Fernsehen ohne Ton bietet eine hervorragende Möglichkeit, die eigene Wahrnehmung zumindest für Körpersprache zu trainieren und das Zuhören ohne Bild die Wahrnehmung der paraverbalen und verbalen Signale.

Verstärkungsmöglichkeiten

Sowohl verbal als auch nonverbal kann der Gesprächspartner gezielt verstärkt werden. Durch Zeigen von Aufmerksamkeit, Nicken, Äußern von Kurzfloskeln (aha, mhm, aja, interessant) wie beim Aktiven Zuhören kann entweder der Gesprächspartner bestätigt und damit ermuntert werden, überhaupt zu sprechen, ausführlicher zu erzählen, oder aber diskriminativ für bestimmte Themeninhalte (z. B. das Äußern von Gefühlen, Wünschen, Befürchtungen) verstärkt werden. Auf diese Weise wird das Gespräch gesteuert.

Übung: Sender verstärken

Dauer: ca. 10 Minuten

Tn/Kl setzen sich zu zweit gegenüber. Eine(r) ist Empfänger, eine(r) Sender. Der Sender erzählt über ein beliebiges, ihn interessierendes Thema. Der Empfänger verstärkt nonverbal und verbal. Dann werden die Rollen getauscht.

Das können Sie hervorragend phasenweise mit allen möglichen Personen durchführen, sei es mit Familienangehörigen, Freunden, Kollegen oder fremden Personen. Fast jeder freut sich, wenn ihm/ihr zugehört wird und der Empfänger Interesse und Wertschätzung zeigt.

B Kommunikationstraining in fünf Verhaltensbereichen

Im Folgenden werden fünf typische Verhaltensbereiche vorgestellt, für die sich ein Kommunikationstraining anbietet:

- Kontakt
- Durchsetzen
- Selbstdarstellung und Präsentation
- Kommunikation in Beziehungen
- Umgang mit Aggressionen und Konflikten

Zunächst werden jeweils kurz theoretische Aspekte als **Hintergrundinformationen** speziell für Tr/Th referiert.
Dann folgt die Definition der **Lernziele** für Tn/Kl und zum Selbsttraining (S).
Zum Warming-Up wird zu jedem Verhaltensbereich eine »**Einstiegsübung**« vorgeschlagen.
Die **Wissensvermittlung** an Tn/Kl und zum Selbsttraining ist direkt an die Anwender formuliert und kann so oder ähnlich an Tn/Kl von Tr/Th weitergegeben werden oder für interessierte Leser als Grundlage des Selbsttrainings (S) verwendet werden.
Darauf aufbauend werden konkrete **Fertigkeiten** (im nonverbalen, paraverbalen und verbalen Bereich) für Sender und Empfänger und komplexe Fertigkeiten, die Sender- und Empfängerfertigkeiten kombinieren, vorgestellt und Übungen für Tn/Kl und S angeboten.
Die Wissens- und Verhaltenstechniken, die bereits als **Basiswissen** und **-fertigkeiten** (5.2/5.3) erarbeitet wurden, können – je nach Aufbau des Trainings – auch erst hier eingeübt werden. Bei den verschiedenen Verhaltensbereichen werden nur noch **die** nonverbalen, paraverbalen und verbalen Bereiche genannt, für die spezifisches Wissen oder spezielle praktische Übungen wichtig sind. Jedes Kapitel führt zu Entwicklung und Durchführung **individueller Rollenspiele** in Form von für Tn/Kl maßgeschneiderten Handlungsproben.

6. Kontakt

6.1 Hintergrundinformationen für Trainer und Therapeuten

Zielgruppen

- Sozial Unsichere
- Personen in einem neuen sozialen oder räumlichen Umfeld, z. B. Studenten im ersten Semester
- Alleinerziehende
- Ältere Menschen
- Menschen nach Trennung (Scheidung, Tod)
- Außendienstmitarbeiter, Verkäufer
- Dienstleister (z. B. Empfangsdamen, Telefonauskunft, Zugbegleiter)

- Psychotherapeuten
- Trainer, Seminarleiter
- Lehrer
- Führungskräfte

Kontakt als soziale Kompetenz beinhaltet die Fähigkeit, Kontakte mit mehr oder weniger unbekannten Personen aufzunehmen und zu gestalten, Menschen für sich einzunehmen und um Sympathie zu werben (Typ K nach Pfingsten).
Kontakttraining ist als Grundfertigkeit für sozial unsichere Menschen, aber auch als spezifisches Training für Menschen in Berufen, in denen die Herstellung eines guten Kontakts zur Berufskompetenz gehört, sinnvoll, beispielsweise für Vertriebsbeauftragte, Führungskräfte, Dienstleiter usw. In diesen Fällen beinhaltet das Training einen erheblich höheren Schwierigkeitsgrad.
Im VTP (Feldhege & Krauthan, 1979) wird im Verhaltensbereich Kontakttraining ein Programm speziell für junge suchtgefährdete Erwachsene beschrieben, im SKK [Anneken et al. 1978] wird Kontakt ebenso trainiert.
In den USA sind Trainingsprogramme für Männer speziell für heterosexuelle Kompetenzen entwickelt worden. Sie beziehen sich auf die Fähigkeiten, die man benötigt, um mit Angehörigen des anderen Geschlechts Beziehungen zu knüpfen, aufrechtzuerhalten oder zu beenden. Einen Überblick über diese Trainings geben Curran et al. (1985).

6.2 Lernziele für Tn/Kl und zum Selbsttraining

- Kontaktmöglichkeiten kennen
- Kontaktthemen kennen
- Kontakt aufnehmen
- Kontaktangebote annehmen
- Kontakt aufrechterhalten

6.3 Einstiegsübung: stumme Kontaktaufnahme

Tn/Kl gehen stumm im Kreis herum und versuchen, zu beliebig vielen anderen Tn/Kl nonverbal Kontakt aufzunehmen. Alles ist erlaubt, Umarmen, Händeschütteln, Winken, Anlächeln usw. Danach sammeln die Tn/Kl, welche Formen der Kontaktaufnahme sie beobachtet und erlebt haben und wie es ihnen damit erging.

6.4 Spezifische Wissensvermittlung

Der Mensch ist von Natur ein geselliges Wesen.
Aristoteles

Soziale Kontakte und Gesundheit

Eine immer größer werdende Anzahl von freiwilligen und unfreiwilligen Singles, steigenden Scheidungsraten, kinderlosen Doppelverdienern und Nur-ein-Kind-Familien, Arbeitslosen in der Isolation, vereinsamten älteren Mitmenschen, dazu stetige Automatisierung und Technisierung, eine Überdosis an Informationen durch die Medien – das alles sind Belege dafür, dass die Menschen sich eher auseinanderentwickeln anstatt näher zueinander zu kommen. Raum für Gemeinsamkeit, Miteinander und Geborgenheit scheint knapp.
Gerade da, wo Menschen sehr dicht beieinander wohnen, z. B. in Trabantenstädten, finden sich viele Alleinstehende mit Kontaktproblemen. Bevölkerungsdichte führt obendrein zu dem Bedürfnis, sich abzugrenzen.

Soziales Netzwerk

Die Gesamtheit der Beziehungen, die eine Person zu anderen unterhält, bildet ihr soziales Netzwerk. Auch im übertragenen Sinne kann man von einem Netz sprechen, denn es fängt einen auf,

wenn man fällt. Die Qualität eines solchen sozialen Netzwerks – vor allem das Vorhandensein einer oder mehrerer guter, enger Beziehungen – bestimmt das Ausmaß an **sozialer Geborgenheit**. Untersuchungen zu sozialen Netzwerken haben deren Auswirkungen auf Lebenserwartung und Krankheitsanfälligkeit belegt. Personen mit einem intakten sozialen Netzwerk, d. h. vor allem mit guten Beziehungen im Bereich der Familie, im Freundeskreis oder am Arbeitsplatz, erkranken insgesamt nur mit 30–50 Prozent der Wahrscheinlichkeit körperlich oder psychisch und leben länger als Personen ohne entsprechende soziale Geborgenheit.
Besonders verheiratete Männer sind gesünder und werden meist älter als Singles. Bei Frauen ist dieser Zusammenhang zwischen physisch/psychischer Gesundheit und Ehe geringer oder sogar entgegengesetzt: Seltener depressiv sind z. B. Single-Frauen (Wittchen).

Prinzipien sozialer Unterstützung:

Grundformen sozialer Unterstützung sind:
- emotionale Unterstützung
  (Verständnis, Zuneigung etc.)
- informative Unterstützung
  (Hinweise zur Problembewältigung, Rat, Hinweise auf Möglichkeiten, sich Hilfe zu verschaffen)
- praktische Unterstützung
  (Hilfe bei einer Arbeit, Versorgungstätigkeiten, finanzielle Unterstützung)
- bewertende Unterstützung
  (Anerkennung, Wertschätzung)

Quellen sozialer Unterstützung sind Familie, Freunde, Bekannte, Arbeitskollegen Vereinsmitglieder, Nachbarn, (ehrenamtliche und professionelle) Helfer, Selbsthilfegruppen u. v. a. m.
Das Reziprozitätsprinzip ist der angemessene Maßstab für die Beziehungen unter Erwachsenen. Eine altbekannte Formel für dieses Prinzip der Gegenseitigkeit lautet: »Wie du mir, so ich dir«.
Das Ideal selbstaufopfernder Liebe führt meist dazu, dass man mehr für andere tut, als es für einen selbst gut ist. Hinzu kommt,

dass Opfer selten gebührend gewürdigt werden. Besonders Frauen mit stark weiblicher Geschlechtsrollenausprägung sind gefährdet. Die Rollenverpflichtungen der Frau, z. B. für andere zu sorgen, können Stressbelastung und Depressionsrisiko erhöhen.

Männer in unserer Gesellschaft haben nur selten außerhalb ihrer Ehe/Partnerschaft enge soziale Beziehungen: der Kontakt zur Herkunftsfamilie, zu Freunden von früher, zum Teil auch zu den eigenen Kindern, nimmt mit zunehmendem Alter (und Eingebundensein in den Job) ab.

Tn/Kl reflektieren ihr eigenes soziales Netzwerk:

Analyse des persönlichen Verhaltens: Soziales Netz

Mein enges soziales Umfeld

Person(en)	Qualität der Beziehung und Ziel (→)
Beispiel: meine Mutter	zu eng, zu einseitig → will mich abnabeln (Durchsetzung)
....	....
....	....
....	....
....	....
....	....
....	....

Welche Person will ich kennen lernen	Wofür: Qualität der Beziehung und Ziel
Beispiel: einen neuen Partner	für eine Partnerschaft mit genügend Freiraum
....	....
....	....
....	....
....	....
....	....

Mein weiteres soziales Umfeld

Person(en)	Qualität der Beziehung und Ziel (➔)
Beispiel: Kollege S.	distanziert – freundlich ➔ ich will mich verabreden
....	....
....	....
....	....
....	....
....	....
....	....

Welche Personen (Kreise) möchte ich kennen lernen	Wofür: Qualität des Kontakts und Ziel
Beispiel: Tennispartner	lockeres Spiel und Plauschen
....	....
....	....
....	....
....	....
....	....
....	....

Für Probleme in engen Beziehungen verweise ich auf Verhaltensbereich »Kommunikation in Beziehungen« = Kap. 9, für Auflösen, Lockern zu enger, unbefriedigender Kontakte auf Verhaltensbereich »Durchsetzen« = Kap. 7.

Kontaktaufnahme

Für ein erfolgreiches und erfreuliches Herstellen von Kontakten sind einige Aspekte wichtig.
Kontakt aufzunehmen und fortzusetzen, setzt folgende Fähigkeiten voraus:

1. Wissen, wo, wann und mit wem kann man Kontakt aufnehmen
   - Kontaktorte und -zeiten kennen
   - Zielgruppen/-personen wissen
2. Kontaktbereitschaft nonverbal signalisieren, durch
   - Mimik
   - Gestik
   - Haltung
   - Distanz/Nähe
   - (Berührung)
3. Kontaktgespräch aufnehmen und durchführen können
   - Redewendungen kennen, mit denen man Kontakt aufnehmen kann
   - Bedürfnisse und Interessen der möglichen Kontaktpartner erkennen
   - Komplimente machen
   - Themen wissen, über die man länger reden kann
4. Gespräch steuern
   - verbale Verstärkung (aha, interessant)
   - nonverbale Verstärkung (nicken, lächeln)
   - Löschen unerwünschter Inhalte (nicht darauf eingehen)
   - Umgang mit Floskeln (weiterführen, Gespräch anknüpfen)
   - weiterführende Maßnahmen einleiten (Verabredungen)
5. Reflektion über die eigene Einstellung
   - Welche Einstellung erhöht die Kontaktbereitschaft?
   - Welche Einstellung behindert die Kontaktbereitschaft?

Für den ersten Eindruck gibt es keine zweite Chance

Alles, was in den ersten Minuten des Zusammenseins geschieht, entscheidet über den weiteren Verlauf der zwischenmenschlichen Begegnung.
So sind die ersten drei Minuten in Personalauswahlgesprächen entscheidend.
Für Trainer, Vortragende usw. ist das ein elementarer Aspekt: Gerade dann, wenn sie selbst möglicherweise noch mit der Anreise,

sich selbst, den Medien, dem Warmwerden, mit den Örtlichkeiten beschäftigt sind, also eigentlich noch gar nicht »da sind«, setzen sie die deutlichsten Akzente. Deshalb empfiehlt es sich, bei wichtigen Interaktionssituationen so frühzeitig anzukommen, dass man sich in Ruhe auf die Umgebung den/die GesprächspartnerIn und auf die erwünschte Eigenwirkung konzentrieren kann.

Kontaktorte kennen:

Zur Aufnahme von Kontakten ist es wichtig zu wissen, an welchen Orten sich gewöhnlich die Personen aufhalten, zu denen man vielleicht Kontakt aufnehmen möchte. Tn/Kl sollen sich zunächst solche Kontaktorte überlegen, wo sie Personen treffen können, die ihren Kontaktwünschen am ehesten entsprechen.
Schlüsselfragen dazu sind z. B.:

- Wo überall kann ich Leute treffen und kennen lernen?
- Wo gehe ich normalerweise hin, wenn ich das Bedürfnis habe, unter Menschen zu gehen?
- Wo und wann kann ich die Personengruppen am ehesten treffen, die ich kennen lernen will?

Kontaktorte für unterschiedliche Settings:
Sport

- Sportverein
- Schwimmbad
- Segelschule
- Fußballstadion
- Berghütte
- Eisstadion
- ....

Kultur

- Theater/Oper
- Open-air-Festivals
- Vernissagen
- Ausstellungen
- Museen
- Kino
- ....

Gaststätten

- Feinschmeckertheke im Feinkostladen
- Restaurant
- Café
- Biergarten
- ....

Freizeitaktivitäten

- Flohmarkt
- Spielplatz
- mit Hund Gassi gehen
- Stadtbummel
- ....

Gesellschaftspolitische Aktionen

- Mieter-/Eigentümerversammlungen
- Bürgerinitiativen
- Elternbeirat
- ....

Schulungen

- Weiterbildungskurse
- Seminare
- Volkshochschulprogramme
- Vorträge
- ....

Wartesituationen

- Bahnhof
- Bushaltestelle
- Wartezimmer (z. B. beim Arzt)
- ....

Reisen

- Im Zug, im Flugzeug
- Cluburlaub
- Abenteuer-Urlaub

- Busreisen
- Single-Urlaub
- ....

Büro

- Arbeitsplatz
- Kopierer
- Kantine/Cafeteria
- Betriebsfeiern
- Tagungen
- Messen
- Freizeitprogramm
- ....

Weitere Bereiche und Orte:
....
....

Die Kontaktorte sollen möglichst konkret genannt werden, also nicht »ein Café«, sondern »Café Müller, ab 16 Uhr«.

Fallbeispiel: Eine Frau kennen lernen

Ein 42jähriger Abteilungsleiter, Herr M., arbeitet fünf Jahre in Südfrankreich und Spanien. Dabei lernt er eine Französin (Sekretärin in der gleichen Firma) kennen und lieben. Diese wird in eine süddeutsche Großstadt versetzt. Herr M. folgt ihr nach und nimmt dadurch einen »Karriereknick« in Kauf. Kaum zurück im Mutterland, trennt sich seine Freundin von ihm und heiratet einige Monate später seinen Kollegen. Herr M. ist sehr verletzt und will nun – in der ihm fremden Stadt – eine Freundin kennen lernen. Als mögliche Kontaktorte fallen ihm nur zwei typische Touristenlokale ein, in denen er sicher keine Einheimische kennen lernen wird, sowie Oldtimer-Treffen (er ist Fan alter Autos), die fast nur von Männern besucht werden. Als Kontaktthemen schlägt er vor, über Autos, die spießige deutsche Gesellschaft oder die berechnende Art von Frauen zu reden.
Randbemerkung: Es handelt sich bei Herrn M. um einen intelligenten Mann!

6.5 Fertigkeiten

Senderfertigkeiten

Nonverbal

In einer empirischen Studie wurden nonverbales und verbales Verhalten von Verkäufern sowie das Kaufverhalten von Kunden untersucht. Die Ergebnisse zeigen, dass eine positive Beurteilung durch den Kunden mit einem ausgeprägten positiven nonverbalen Verhalten des Verkäufers verbunden ist (Klammer, 1989).

Übung

Tn/Kl soll vom letzten Urlaub (Sender) erzählen, ein(e) andere(r) Tn/Kl (Empfänger) wurde von Tr/Th angewiesen, gegensinniges nonverbales Kommunikationsverhalten zu zeigen, z. B.
Keinen Blickkontakt aufzunehmen, kein »Mmmh« – Verstärken des Sprechens,
kein Nachfragen.
Das führt meist dazu, dass der Sender aufhört zu erzählen, sich verletzt oder irritiert fühlt.
Der Kommunikationsprozess gerät ins Stocken bis hin zum Abbruch.
Im Selbsttraining bitte nur mit guten, verständnisvollen Freunden praktizieren, die Sie nach der Übung über Ihr Vorhaben aufklären sollten.

Diese Übung zeigt, wie wichtig die Beziehung zwischen Sender und Empfänger ist. Zeigt der Empfänger Desinteresse, Gleichgültigkeit oder sogar Abneigung, ist der Fluss der Kommunikation gestört, bzw. es kann sich keine Beziehung zwischen Sender und Empfänger entwickeln – es entsteht kein Kontakt.
Das Neuro-linguistische-Programmieren (NLP) hat diese Erkenntnisse schon vor zwei Jahrzehnten mit einem praktischen Ansatz und den dazu passenden Begriffen aufgegriffen:

- Rapport meint den aktuellen guten Kontakt.
- Pacing wird als »im gleichen Schritt gehen« oder Spiegeln bezeichnet.
- Leading heißt »Führen«.

Kontakte zwischen Menschen entstehen um so leichter, je sympathischer sie sich sind. Die Sympathie zwischen Menschen ist wiederum abhängig von deren Einstellungsähnlichkeit (Forgas).
Je ähnlicher sich die Menschen in Sprache, Körpersprache, Denkweise und ihren Entscheidungsstrategien sind, desto einfacher ist es für sie, einen fruchtbaren Kontakt herzustellen.
Der vielleicht wichtigste Faktor im frühen Stadium einer Beziehung ist die Ähnlichkeit der Einstellungen.
Hat eine Beziehung zumindest die Ebene oberflächlichen Kontaktes erreicht, bietet das die Gelegenheit, persönliche Merkmale ins Spiel zu bringen und das Gespräch/die Beziehung zu steuern (leading).

»Das sind Freunde, die dieselben Dinge für gut halten ...«
»Am meisten mögen wir die, die uns ähnlich sind und die sich für dieselben Ziele einsetzen wie wir ...«
Aristoteles

Blickkontakt

Blickkontakt soll die Verbindung zum Kommunikationspartner herstellen. Schon bevor man auf den anderen zugeht oder zu sprechen beginnt, sollte man mit der Kontaktperson Blickkontakt aufnehmen. Das gilt natürlich auch für Empfänger von »Kontaktangeboten«.

Übung: Zwinkern

Tn/Kl sitzen im offenen Kreis. Ein(e) vorher festgelegte(r) Tn/Kl beginnt, in irgendeiner Form Blickkontakt, z. B. Zwinkern, zu irgendeiner anderen Person aufzunehmen. Sobald diese das erkannt hat, nickt sie und macht weiter mit weiteren Tn/Kl.

Mimik

Ein freundlicher, entspannter Gesichtsausdruck, ein leichtes Lächeln – angepasst an das Gegenüber – sind ein guter Türöffner.

Als **Übung** empfiehlt sich eine Variation der Übung oben zum Blickkontakt mit Einbeziehen des ganzen Gesichts.

Gestik

Die Arme sind offen (nicht verschränkt), die Distanz zum Gegenüber wird etwas verringert, die Handflächen zeigen nach oben (Hände nicht verstecken).

 Übung: Eingefrorene Gesten

Tn/Kl beschreiben nonverbal verschiedene Begrüßungsgesten. Bei Klatschen durch Tr/Th frieren sie ihre Bewegung ein, und die anderen Tn/Kl versuchen zu erraten, wer hier wen begrüßt, z. B. zwei Freunde sich, ein Mann seine Geliebte, zwei Kollegen sich, ein Vertriebsbeauftragter den Kunden, ein Staatspräsident eine Königin, ein »Herrchen« seinen Hund usw.

Haltung

Kopf und Oberkörper sind leicht schräg und etwas vorgebeugt. Der Sender steht/sitzt nicht frontal und schulterbreit, sondern schräg versetzt.

 Übung: Begrüßung (Mimik, Gestik, Haltung kombiniert)

Tn/Kl probieren verschiedene Arten von Begrüßungsritualen für unterschiedliche Settings aus, z. B. Freunde im Urlaub in Italien, nach dem Urlaub die Kollegen, Chefs, Mitarbeiter, an der Rezeption die Kunden, als Tr die Tn usw. (siehe auch Übung »eingefrorene Gesten«). Die Körpersprache wird dabei nicht »eingefroren«, bleibt in Bewegung. Tn/Kl können von Tr/Th durch Klatschen aus einem Setting ins nächste geschickt werden.

Distanz

Am günstigsten ist im direkten Gespräch eine Armlänge Entfernung, das heißt, je größer der Sender ist, desto weiter muss er/sie vom Empfänger entfernt stehen, um diesen nicht zu bedrängen. Geht man auf jemanden zu, so wird zunächst über Blickkontakt,

Mimik, Gestik Kontakt hergestellt – aus größerer Distanz und erst, wenn das Gegenüber auch Kontaktbereitschaft zeigt, mehr Nähe herstellen.

Übung: Fahrstuhl

Tn/Kl stellen sich eng zusammen, wie fremde Personen in einem vollbesetzten imaginären Fahrstuhl. Ein Tn/Kl bekommt die Instruktion, nach einiger Zeit die künstlich hergestellte Distanz (abweisende Schulter, zur Decke schauen) zu durchbrechen (durch Blickkontakt, zuwenden). Tn/Kl berichten, wie es ihnen ergangen ist und wie sie versucht haben, die Peinlichkeit der Situation zu reduzieren (z. B. Gespräch beginnen, unwillkürliche Bewegungen nach hinten usw.).
Im Selbsttraining kann man das als sog. »Peinlichkeitsübung« mit fremden Personen im Aufzug ausprobieren. Kontaktfördernd ist das sicher nicht, aber als Selbstsicherheitstraining (»ich weiß, dass ich okay bin, was andere von mir denken, ist mir nicht so wichtig!«) einen Versuch wert.

Bewegung

Zielstrebig langsam mit zurückgenommener Schulter, nicht frontal, auf den/die anderen zubewegen.

Zusammenfassende Übung: Kontakt aufnehmen

Tn/Kl üben in verschiedenen Kontaktsituationen:
a) Auf einen anderen Tn/Kl zugehen, der z. B. am Tresen einer Bar sitzt
   oder auf einen Kunden am Empfang
   und nonverbal Kontakt aufnehmen.
b) Zu einer Person, die einem (z. B. im Zug) gegenüber sitzt, nonverbal Kontakt aufnehmen.
c) Zu einem Seminarteilnehmer in einer Stuhlrunde Kontakt aufnehmen.

Die andere Person kann als Empfänger Kontaktbereitschaft signalisieren.

Kleidung

Wichtig ist es, Nähe zu schaffen durch für die Zielgruppe passende Kleidung, also keinen deutlich abweichenden Kleidungsstil, der von der Zielgruppe vermutlich als »unpassend« bewertet würde.

Paraverbal

Beim Hinschauen hört man gleichzeitig zu und sammelt dabei Informationen über die Stimme. Der Inhalt von Aussagen ist beim ersten Treffen von wesentlich geringerer Bedeutung als Tonfall, Lautstärke und Modulation. Man kann daraus wichtige Informationen beziehen, beispielsweise über Alter, Geschlecht, Nationalität oder Selbstsicherheit einer Person.

Artikulation

Sprechen Sie deutlich, Dialekt nur, wenn der/die Kontaktpartner diesen auch beherrscht und schätzt.

Modulation

Kontaktfördernd ist eher die Moll-Lage, da sie die Gefühlsebene anspricht. Dabei länger zu verharren, wirkt allerdings zu entspannend (einschläfernd). Auch hier können Nähe und Sympathie im gleichgeschlechtlichen Bereich durch eine ähnliche Stimmlage hergestellt werden. Gegengeschlechtlich kann man variieren: bei einer Extremausprägung (als Frau sehr hoch – unsicher) das andere Extrem wählen (als Mann sehr tief – das signalisiert Väterlichkeit oder Erotik) oder androgyn beide aneinander angepasst: Frau etwas tiefer, Mann etwas höher als der Durchschnitt.

Sprechtempo und Pausen

Sprechen Sie langsam, angepasst an das Tempo des anderen. Ausreichend Pausen machen, dabei nonverbal Kontakt behalten. Ermöglichen Sie dem Gegenüber, sich auf Sie einzustellen und/oder sich selbst einzubringen.

Lautstärke

Sprechen Sie laut genug, um gehört zu werden, an Situation angemessen (öffentlich oder privat). In manchen Situationen passt auch ein erfreutes Rufen (Hallo, schön, Sie zu sehen!).

Kombinierte Übung: Begrüßen

Tn/Kl spielen eine kurze Kontaktsituation aus ihrem beruflichen oder privaten Bereich und versuchen einen einfachen Begrüßungssatz, wie »Guten Morgen!« ... »Was kann ich für Sie tun?« ... »Guten Tag, meine Damen und Herren!« unterschiedlich in Modulation, Sprechtempo, Lautstärke zu gestalten.

Verbal

Sprachstil

Der Sprachstil sollte ebenso der Zielperson/-gruppe (Sympathie), aber auch der eigenen Person (Authentizität) entsprechend, also eventuell den gleichen Dialekt, eine ähnliche Ausdrucksweise nutzen oder eben bewusst der Zielgruppe bekannte Fremdwörter einbauen.

Redewendungen zur Kontaktaufnahme

In Verhaltenstrainings wurden lange Zeit mit Tn/Kl zur Kontaktaufnahme Redewendungen wie »Können Sie mir bitte die Uhrzeit sagen«, »Ist der Platz noch frei« und Ähnliches mehr geübt. Wichtig ist aber, dass man nach einer Begrüßung (»guten Morgen« usw.) mit einer Redewendung beginnt, die die Chance bietet, weiter ins Gespräch zu kommen, mit einem »Türöffner« startet. Typische Türöffner können je nach Situation sein(Bsp. Zugfahrt): »Wissen Sie, ob der Schaffner schon da war?«, »Zum Glück hab' ich noch einen Platz bekommen.«, »Zum Glück gibt es ein Bordrestaurant, wissen Sie, wie die Küche ist?«

Türöffner

Weitere Beispiele für die Situation »Seminar oder Vortrag«: Teilnehmer/Zuhörer treffen sich vor dem Seminarraum/Hörsaal.

- Offene Fragen (siehe auch 5.2)
  - Wie sind Sie hierher gekommen?
- Ähnlichkeit herstellen
  - Gehen Sie auch zum Seminar/Vortrag? Na, mal sehen, was uns da erwartet.
- dezent Sympathie bekunden
  - Schön, dass Sie auch das Seminar/den Vortrag besuchen, da ...
- ein Kompliment machen
  - Ah ja, Sie haben schon herausgefunden, wo es Getränke gibt, ganz schön clever!
- Situationsbezug herstellen
  - In diesem Hotel mit solch umfangreichen Freizeitangeboten wird es wohl nicht einfach, sich auf Arbeit einzustellen ...

Übung: Türöffner

Tn/Kl sammeln eigene Redewendungen, mit denen sie in von ihnen ausgewählten Situationen Kontakt aufnehmen können.

Situation	Redewendungen
Bsp.: Bei einer Einladung einen anderen Gast ansprechen	Bsp.: Ich bin ein ehemaliger Schulfreund unseres Gastgebers, woher kennen Sie ihn?

Übung: Jemanden ansprechen

Tn/Kl üben in vorgegebenen Situationen andere Tn/Kl mit von ihnen vorher kurz überlegten Redewendungen anzusprechen. Beispielsituationen können sein: Auf der Straße, im Geschäft, vor dem Kino, im Hotel.

Kontaktgespräch

Ein Türöffner reicht nicht aus. Nun kommt es darauf an, das Gespräch weiterzuführen.
Schlüsselfragen hierzu sind:

- Über welche Inhalte kann ich sprechen?
- Worüber kann ich selbst ausführlich und interessant reden?
- Welche Interessen hat die Zielperson vermutlich?

Tn/Kl sammeln in Einzelarbeit/Lernpartnerschaften oder KG Themen, worüber sie gerne, ansprechend und ausführlich reden.

Kontaktthemen

Beispiele:

- Wetter
- Gemeinsamkeiten (z. B. im Zug das gleiche Fahrziel)
- Situatives (z. B. der stolpernde Kellner im Restaurant)
- Aktuelles (z. B. aus den Nachrichten, Headline einer Tageszeitung)
- eigene Hobbys, die das Gegenüber vermutlich teilt oder sich dafür interessiert (z. B. das Vis-à-vis liest ein Schach-Magazin, strickt, trägt einen Squashschläger)
- in Begleitung befindliche Kinder oder Tiere

Eigene Beispiele:

....
....
....
....
....
....

Übung: Über ein eigenes Thema sprechen

Jede(r) Tn/Kl überlegt sich ein Thema, über das er/sie anschaulich und interessant erzählen kann, und legt fest, welche fiktive Person aus welcher Zielgruppe er/sie damit unterhalten will: Ein anderer Tn/Kl spielt das Gegenüber. Tn/Kl erzählt zwei bis drei Minuten ohne Unterbrechung. Das Gegenüber verstärkt nonverbal durch Nicken, Lächeln, wenn die Geschichte für ihn/sie als Vertreter der Zielgruppe ankommt oder unterbricht, zeigt Desinteresse, wenn das Gegenteil der Fall ist.

Empfängerfertigkeiten

Bei allen Übungen zu den Senderfertigkeiten trainiert der jeweilige Übungspartner Empfängerfertigkeiten.

Zuhören auf den vier Ebenen

Durch die Art, wie wir zuhören, können wir Annahme und Nichtannahme des Gesprächspartners ausdrücken. Nicken signalisiert zum Beispiel dem Sprechenden Aufmerksamkeit und Zustimmung.
Die Sprache der Nichtannahme äußert sich in: Abwertung, Vorurteil, Kritik, Predigen, Moralisieren, Ermahnen, Kommandieren, Sich-Einmischen, Stören, Eindringen, Unterbrechen, Kontrollieren.
Eine wesentliche Empfängerfertigkeit, mit der Kontakt, Beziehung, Kohärenz hergestellt werden können, ist die Methode des aktiven Zuhörens.

Aktives Zuhören

Die Methode des aktiven Zuhörens stammt aus der klientenzentrierten (nondirektiven) Gesprächsführung, die von Rogers (ab 1957) entwickelt wurde. Sie hilft beim Erkennen und Erfragen von Motiven oder Konflikten und bei der Klärung persönlicher Probleme des Gesprächspartners. Im Zentrum steht dabei das Zuhören.
Aktives Zuhören heißt,

- dem Gesprächspartner volle Aufmerksamkeit zuzuwenden und zu signalisieren;
- auf alles zu verzichten, was den Gesprächspartner von sich und der Darstellung seiner Vorstellung abbringen könnte;
- dem Gesprächspartner mitzuteilen, wie man seine Botschaft verstanden hat.

Aktives Zuhören ist geeignet für/bei

- unsicheren, vorsichtigen, verschlossenen Gesprächspartnern
- zum Warming-Up
- zur Klärung einer Sachlage
- zur Entspannung der Atmosphäre
- um dem Gesprächspartner Wertschätzung zu zeigen
- zur Motivanalyse
- bei Beschwerdegesprächen/Reklamationen
- zur Selbstklärung der Gesprächspartner

Regeln für das aktive Zuhören:
- Steuern Sie das Gespräch nicht direkt, sondern lassen Sie dem Gesprächspartner viel Raum zum Darlegen seiner Themen.
- Greifen Sie nur Themen auf, die vom Gesprächspartner angeschnitten wurden.
- Geben Sie keine Werturteile ab, und halten Sie Ihre Meinung zurück.
- Stellen Sie keine Suggestivfragen.
- Widersprechen Sie nicht.
- Akzeptieren Sie längere Gesprächspausen, ohne die Initiative zu ergreifen.
- Lassen Sie Ihren Gesprächspartner ausreden.
- Stellen Sie offene Fragen.
- Halten Sie Blickkontakt zum Gesprächspartner und widmen Sie ihm/ihr Ihre ganze Aufmerksamkeit.
- Wiederholen Sie, was Ihr Gesprächspartner gesagt hat, in kurzen Worten und enden Sie mit einer Pause.
- Unterstützen Sie Ihren Gesprächspartner durch Gestik, Mimik und verbale Ermunterung (mhm …).
- Verstärken Sie Ihren Gesprächspartner bei Ihnen wichtig erscheinenden Themen.

- Geben Sie mit eigenen Worten wieder, was Sie verstanden haben.
- Spiegeln Sie Ihrem Gesprächspartner, was diesem Ihrer Beobachtung nach wichtig ist (z. B. auf der Gefühlsebene).

Die entscheidenden Kriterien im Einzelnen sind:

1. Aufmerksamkeit, Interesse und Wertschätzung zeigen

z. B. durch:
- Körpersprache
  - Blickkontakt
  - angemessene Distanz
  - leicht schräg versetzt sitzen oder stehen
  - lächeln
  - dem Gesprächspartner angeglichene Mimik
  - offene Gestik
  - nicken
  - Kopf zur Seite neigen

- Sprache
  - Stimmführung eher leise, weich
  - Sprachstil an das Gegenüber angepasst
  - verbale Verstärker einsetzen

- Einstellung
  - Zeit nehmen
  - Zuhören wollen
  - sich für den anderen interessieren

2. Richtig fragen

- offene Fragen
  - wie? ⇨ zur Klärung der persönlichen Einstellung, der Beziehungen
  - was? wodurch? ⇨ zur Klärung der Sachlage
  - warum? ⇨ zur Klärung des Hintergrunds (analytisch – theoretisch)

- gezielte Nachfragen
  - was bedeutet ...
  - wie sehen Sie ...
  - welche Ursache ...

3. Paraphrasieren

- Zusammenfassende Fragen
  - »Habe ich Sie richtig verstanden, dass ...?«
- mit eigenen Worten die gesendete Nachricht wiedergeben
  - »Darf ich noch einmal wiederholen«
  - »Sie wollen also wissen ...«

4. Spiegeln

- die herausgehörten, beobachteten Motive, Gefühle spiegeln
  - »Es ist Ihnen also wichtig, dass ...«
  - »Sie befürchten also, dass ...«
  - »Ich habe den Eindruck, das ... belastet Sie sehr.«
  - »Man sieht Ihnen richtig an, wie sehr Sie sich freuen. Sie strahlen richtig!«

Übung: Paraphrasieren und Spiegeln

Dauer: 30–45 Minuten
Jeweils drei Tn/Kl üben zusammen ähnlich wie beim »Kontrollierten Dialog«. Ein Tn/Kl (A) berichtet über etwas, das ihm/ihr wichtig ist (eine persönliche Einstellung, ein Motiv, ein Konflikt ...). B paraphrasiert und spiegelt, C kontrolliert.
(siehe hierzu Kap. 5.2)

Komplexe Fertigkeiten

Übung: Kontaktgespräch

Dauer: ca. 10 Minuten
Zwei Tn/Kl üben zusammen. Ein Kontaktort wird vorher festgelegt (z. B. im Zug, in der Kneipe). Ein Tn/Kl nimmt nonverbalen Kontakt auf und beginnt ein Gespräch. Der/die andere Tn/Kl geht darauf ein und übt Empfängerfertigkeiten (verstärken, nach-

fragen, paraphrasieren usw.). Das Gespräch soll mit einer Verabredung enden.

Übung: Cocktailparty

Dauer: ca. 5 Minuten pro Dreiergruppe
Tn/Kl spielen, dass sie auf eine Party kommen und nur den Gastgeber kennen. Dieser ist aber mit Essens- und Getränkebeschaffung völlig ausgelastet.
Tn/Kl werden in Dreiergruppen aufgeteilt. Zwei Tn/Kl unterhalten sich über ein beliebiges Thema, der/die dritte Tn/Kl versucht, sich in das Gespräch einzuschalten. Die beiden anderen Tn/Kl sind zunächst abweisend und uninteressiert, erschweren dem Neuling den Einstieg, zeigen sich dann zunehmend kontaktbereit, wenn er/sie sich kontaktfördernd verhält. Nach ca. fünf Minuten wird gewechselt. Eine(r) aus der Dreiergruppe geht auf eine neue Dreiergruppe zu; das Spiel beginnt »von vorne«.
Die Tn/Kl können sich in der Übung energischer, »aufdringlicher« in das Gespräch einschalten, als sie das in der realen Situation tun würden.

Übung: Kundengespräch

Dauer: ca. 30 Minuten
Zwei KG werden gebildet. Eine Gruppe bereitet den Kunden (Hotelgast, Seminarteilnehmer usw.) vor, eine den Verkäufer (oder den Vertriebsbeauftragten, die Rezeptionsdame, den Seminarleiter usw.) je nach vorgegebenem (möglichst der Zielgruppe entsprechendem) Setting. Die Situation wird vorher gemeinsam definiert (Erstkontakt, Kontaktort, Kontaktpersonen usw.).
Die Verkäufer-KG überlegt, wie sie den Kontakt beginnt und weiterführt, wie sie zu einem Abschluss kommt. Die Kunden-KG überlegt, wie sie sich als Kunde in diesem Setting fühlt, verhält, wie sie sich den Verkäufer wünscht. Nach 15 Minuten Vorbereitungszeit wird die Übung durchgespielt, wobei die Rollenspieler immer wieder ausgetauscht werden können. Die Nichtspieler beobachten jeweils (gut geeignet für Videoanalyse).

6.6 Individuelle Rollenspiele

Handlungsprobe: Beispiel privates Setting

Situation	Fest zur Wohnungseinweihung
Schwierigkeitsgrad 1–6	3
Zeit/Ort	5. Mai ab 21.00 Uhr, neue Wohnung von B.
Partner	mir sympathischer Mann, ca. 40 Jahre, alleine
Handlung	ich gehe vom leeren Tisch weg zum Buffet, spreche ihn an, verwickele ihn in ein längeres Gespräch über Singles und bitte ihn dann an meinen Tisch
Partnerverhalten	steht am Buffet, schaut freundlich, signalisiert Kontaktbereitschaft, geht auf mein Gespräch ein, erzählt, dass er gerade eine Partnerschaft beendet hat, und tauscht sich mit mir über »Beziehungskisten« aus
Zielverhalten	lächeln/ansprechen »Ach, Sie haben ja fast das Gleiche auf dem Teller wie ich«, erzähle dann von den vielen Wohnungseinweihungsfesten, die ich in letzter Zeit besucht habe – lauter »frische Singles«.

Handlungsprobe: Beispiel betriebliches/berufliches Setting

Situation	Seminareröffnung
Schwierigkeitsgrad 1–6	4
Zeit/Ort	Montag, 9.00 Uhr / im Seminarraum in der Stuhlrunde
Partner	14 Seminarteilnehmer, Führungskräfte der Firma X
Handlung	Nachdem ich meine Seminarunterlagen ausgepackt habe und die Teilnehmer ihre Namenskärtchen geschrieben haben, setze ich mich auf meinen Stuhl und begrüße die Gruppe laut: »Guten Morgen, meine Herren, schön, dass alle schon da sind. Die Anfahrt war ja ganz schön abenteuerlich bei diesem Wetter.« Ich notiere meinen Namen und erzähle vom Kommunikationsmissverständnis zwischen meiner Kollegin und mir heute Morgen.
Partnerverhalten	Fast alle der Herren erwidern meinen Blickkontakt und meinen freundlichen Gesichtsausdruck. Einer schaut in die Unterlagen, zwei unterhalten sich.
Zielverhalten	Ich stelle Gemeinsamkeiten zwischen uns heraus (stressige Anfahrt bei winterlichen Straßenverhältnissen, …), schreibe deutlich sichtbar meinen Namen auf Flipchart und erzähle humorvoll eine kleine persönliche Geschichte (zur Distanzverringerung) über meinen Beruf KommunikationstrainerIn und ein kommunikatives Missverständnis heute Morgen.

Persönliche Handlungsprobe: Verhaltensbereich Kontakt

Situation	
Schwierig-keitsgrad 1–6	
Zeit/Ort	
Partner	
Handlung	
Partner-verhalten	
Zielverhalten	

7. Durchsetzen

7.1 Hintergrundinformationen für Tr/Th

Zielgruppen:

- Sozial Unsichere
- Frauen und Mädchen
- Schüler

- Berufseinsteiger
- Führungskräfte
- Freiberufler
- Menschen, die Verhandlungen führen müssen

Durchsetzen und Fordern als Form der sozialen Kompeten beinhaltet die Fähigkeiten, eigene Rechte und persönliche Interessen zu kennen und zu realisieren (gegenüber Behörden, fremden Personen, in der Arbeit, in der Öffentlichkeit usw.), Forderungen zu stellen und unberechtigte Forderungen anderer zurückzuweisen (Pfingsten, 1996).
Ein strukturiertes Trainingsprogramm für Klienten bieten die drei Bände von R. Ullrich und Rita de Muynck: Assertiveness-Training-Programm 1–3 (6. erw. bzw. 7. erw. Aufl. 1998). Bereiche, die trainiert werden, sind: Bedürfnisse zulassen und vertreten (Fordern) sowie Abgrenzung und Konfliktaustragen, in den Bereichen »Arbeit«, »Freunde«, »Partner und Familie« (Durchsetzen, Fehlschlagangst und Kontaktangst).
Es existieren zahlreiche Trainingsprogramme zur Verbesserung des Durchsetzungsverhaltens für spezielle Zielgruppen. Auch für transsexuelle Menschen, blinde Kinder und Jugendliche, Diabetiker und magersüchtige Mädchen und Frauen gibt es Selbstsicherheitstrainings (Hollin, 1986). Ebenso für aggressive Personen ist ein derartiges Programm wichtig. Petermann & Petermann (u. a. 1984) haben beispielsweise Trainingsprogramme für aggressive und für unsichere Kinder entwickelt.
Dieser Verhaltensbereich ist auch wesentlicher Bestandteil von Frauenförderungsmaßnahmen. Der weiblichen Geschlechtsrolle entsprechend ist Durchsetzung bei vielen Frauen defizitär bzw. wird von der Umwelt sanktioniert.
Bei meiner Arbeit mit weiblichen Führungskräften und mit gemischtgeschlechtlichen Gruppen wurde dieses Thema zunächst wenig oder gar nicht verbalisiert. Erst im Verlauf, wenn ich bei gemischten Gruppen beispielsweise Videoaufnahmen von Diskussionen gemacht und vorgeführt hatte oder aber in reinen Frauengruppen die Probleme und Defizite in der Kommunikation aus der derzeit gesellschaftlichen Situation der Frau mit Daten und Zahlen beleuchtet hatte, wurde die Notwendigkeit, das eigene Durchsetzungsverhalten zu trainieren, gesehen.

7.2 Lernziele für Tn/Kl und zum Selbsttraining

- Sich adäquat durchsetzen
- Fordern
- Nein-Sagen
- »Harmoniefallen« erkennen
- Versuchungen zurückweisen
- Widerspruch äußern
- Komplimente machen und annehmen
- Um Gefallen bitten
- Unerwünschte Kontakte beenden

7.3 Einstiegsübung: Ja – Nein

Übung: Ja – Nein

Je zwei Tn/Kl bilden ein Paar und stehen sich gegenüber. Eine Person beginnt leise mit Ja. Der/die Partner(in) erwidert ebenso leise Nein. Dann steigern sie sich wechselseitig in der Lautstärke. Die Tn/Kl beobachten, wie sie sich dabei fühlen, ob es Ihnen gelingt, ihre Lautstärke systematisch zu steigern – ohne zu kreischen.

7.4 Spezifische Wissensvermittlung

Jeder Mensch ist in der Befriedigung vieler seiner Bedürfnisse, Absichten und Interessen auf die Bereitschaft der sozialen Umwelt angewiesen, diese zu akzeptieren. Wer sich durchsetzen will, muss aber auch wissen, was er/sie will und ihm/ihr zusteht (Selbstkompetenz), z. B. die persönlichen Rechte kennen. Aber auch die

Fallen, die man sich selbst baut, um dann hineinzufallen, die Einschränkungen, die man sich selbst auferlegt (z. B. niemanden vor den Kopf zu stoßen), und die eigenen Zielvorstellungen muss man wahrhaben, damit man sich adäquat behaupten kann.
Ein Sprichwort sagt:
»*Wer nicht weiß, wohin er will, braucht sich nicht wundern, wenn er nicht ankommt. Und wer weiß, was er will, muss wissen, wie man zum eigenen Ziel kommt.*«
Durchsetzung bedeutet:
- eine Vorstellung vom eigenen Weg haben
- unmissverständliche Forderungen stellen
- deutlich Nein sagen können
- sich Erfolgserlebnisse verschaffen
- stolz auf Erfolge sein
- Komplimente annehmen
- nicht allen gefallen wollen
- Kritik akzeptieren
- auf ausreichender Sprechzeit bestehen
- akzeptieren, dass es ohne Risiko keinen Gewinn gibt

Durchsetzung entspricht der männlichen Geschlechtsrolle. Dementsprechend haben Männer, die dem Klischeebild des harten, aggressiven Mannes (männliche Geschlechtsrolle) nachstreben, weniger Probleme, sich adäquat oder unangemessen (aggressiv) durchzusetzen als Frauen, ganz besonders als solche, die der weiblichen Geschlechtsrolle entsprechen wollen (nachgiebig, verständnisvoll, sanft).
Auch heute noch wird die gleiche Körpersprache bei Frauen und Männern unterschiedlich gewertet. Nach wie vor haben Männer Verhaltensprivilegien, wenn es um Dominanz und Machtsignale geht. Wenn z. B. Frauen im Film als dominant dargestellt werden sollen, geschieht dies mit männlicher Körpersprache. Im allgemeinen haben Frauen eine bessere Wahrnehmung für Körpersprache. Und sie nutzen diesen Vorteil auch – aber leider allzu oft, um sich anzupassen und es allen recht zu machen!
Aggressive Formen der Durchsetzung sind jedoch genauso wenig adäquat wie unsichere Ausdrucksformen. Deshalb ist es auch für aggressive Menschen wichtig, sicheres Verhalten zu erlernen.

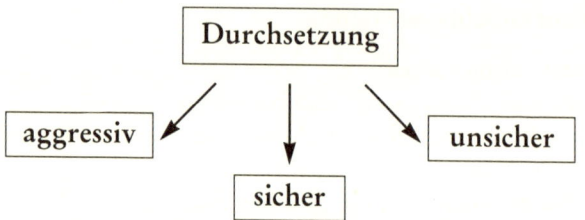

Persönliche Rechte und Benachteiligungen kennen
Um sich durchsetzen zu können, muss man wissen, welche Rechte man hat (z. B. Grundrechte, als Mieter, am Arbeitsplatz), wo aufgrund des Geschlechts, der persönlichen Situation etc. Benachteiligungen entstehen.
Schlüsselfragen dazu sind:

- Welche Grundrechte hat jeder Bürger?
- Was sind meine Rechte als Arbeitnehmer, Arbeitgeber, Mieter, Ehemann, -frau usw.?

Grundrechte sind z. B.:

1. **Recht auf Menschenwürde**

Das bedeutet beispielsweise:
- Die eigene Person muss von anderen geachtet und respektiert werden.
- Die eigene Person darf nicht von anderen verleumdet oder lächerlich gemacht werden.

2. **Recht auf freie Entfaltung der Persönlichkeit**

Das bedeutet beispielsweise:
- Man kann seinen persönlichen Interessen, Hobbies und Neigungen nachgehen.
- Man kann sein Verhalten oder seine Gewohnheiten verändern oder auch nicht.
- Man hat Recht auf individuelle Gedanken, Wünsche oder Gefühle, ohne sich dafür rechtfertigen zu müssen.
- Man hat das Recht, Fehler zu begehen und die Konsequenzen dafür selbst zu tragen.
- Andere Personen dürfen einen nicht psychisch oder körperlich verletzen.

3. **Recht auf Gleichberechtigung**

Das bedeutet beispielsweise:
- Frauen und Männer sind gleichberechtigt.
- Frauen haben bei gleicher Arbeit das Recht auf gleichen Lohn wie Männer.
- Alle haben das Recht, die gleichen Bildungschancen zu bekommen.

4. **Recht auf Glaubens-, Gewissens- und Bekenntnisfreiheit**

Das bedeutet beispielsweise:
- Man kann seinen Glauben oder seine Religion selbst frei wählen.
- Man kann seine Meinung ändern, auch wenn man zu einem anderen Zeitpunkt einen anderen Standpunkt vertreten hat.

Persönlich wichtige, weitere **Rechte:**

Genauso wesentlich wie die Kenntnis für die jeweilige Person relevanter Grundrechte ist das Wissen über spezifische Rechte (und Pflichten) am Arbeitsplatz, als Mieter, als Hauseigentümer, als Ehemann, -frau, Kind, als Wähler usw.

Tn/Kl/S sammeln für sie relevante Rechte:
....
....
....
....

Persönliche Ziele definieren

Neben dem Wissen, was einem zusteht und welche Pflichten man hat, ist es bedeutsam, die eigenen Ziele zu reflektieren: im Privatleben, am Arbeitsplatz, in der Gesellschaft usw.
Unterscheiden kann man zwischen *kurzfristigen* Zielen:
z. B. bezogen auf eine konkrete Situation (»ich möchte mich heute nicht überreden lassen, Überstunden zu machen – es wäre das dritte Mal in dieser Woche, ich will beharrlich bleiben«)
und *langfristigen* Zielen:
»Ich möchte mich – ohne schlechtes Gewissen – von meinem Elternhaus abnabeln, ich bin alt genug«.

Tn/Kl überlegen im KG oder LP eigene kurzfristige und langfristige Ziele und tauschen sich im Pl darüber aus.

Kurzfristige Ziele:
....
....
....
....

Langfristige Ziele:
....
....
....
....

7.5 Fertigkeiten

Übung: Körpersprache

Pl wird in zwei KG eingeteilt. Eine KG überlegt, welche Körpersprache für unsicheres, sicheres oder aggressives Verhalten typisch ist, und bekommt einen Lehrauftrag, d. h., Tn/Kl sollen der anderen KG vermitteln (auf Flipchart) und pantomimisch vorführen, was sie erarbeitet haben. Tr/Th unterstützt und ergänzt. (Die zweite KG bereitet inzwischen das Thema Sprache, (Sprechweise und Inhalt) vor, das später in der gleichen Prozedur an die erste KG vermittelt werden soll.)

Zum Selbsttraining können Sie die Tabelle alleine ausfüllen und auf den nächsten Seiten vergleichen bzw. ihre Ausführungen ergänzen.

	unsicher	sicher	aggressiv
Blickkontakt	abgewandt, …	vorhanden, …	anstarren, …
Mimik	starr, …	angemessen, …	verzerrt, …
Gestik	hektischer Wechsel, …	das Gesagte wird visualisiert, …	auf Menschen zeigen, …
Haltung	klein machen, …	entspannt, …	sich größer machen, …
Distanz	Vergrößerung der Distanz, …	Distanz variabel halten, …	Verringern der Distanz, …

Blickkontakt

Blickkontakt signalisiert Selbstsicherheit. Der Blick von unten nach oben demonstriert Unsicherheit, Unterwürfigkeit. Der ausweichende Blick beruht meist auf Unsicherheit (oder Mogeln), wird vom Gegenüber aber leicht als Desinteresse gewertet.
D. h., wenn die Absicht, sich durchzusetzen, besteht: Den/die GesprächspartnerIn direkt anschauen (nicht anstarren!). Der Blick ist dabei ruhig.

Übung: Blickkontakt halten

Je ein Tn/Kl diskutiert mit einem anderen Tn/Kl heftig über ein Thema oder befindet sich in einer anderen Konfrontationssituation, Tn/Kl soll versuchen, dabei – ganz besonders, wenn er/sie Infos sendet – Blickkontakt zu halten.
Im Selbsttraining können Sie das in Konfrontationssituationen ausprobieren.

Mimik

Der Gesichtsausdruck unterstreicht das Gesagte, sichere Mimik ist ausgeprägt. Beim Neinsagen ist sie beispielsweise ernst, eventuell bildet sich eine Stirnfalte, das Kinn zeigt nach oben. Beim-Um-Hilfe-Bitten ist sie freundlich, eventuell leichtes Lächeln, der Kopf bleibt dabei gerade.

Oft wird das Gesicht zur Grimasse oder Maske, wenn man sich unsicher fühlt. Die Gesichtsmuskulatur ist stressbedingt verspannt; ein weicher, lockerer Gesichtsausdruck ist nicht mehr möglich. Viele Menschen frieren ihr Lächeln ein oder versuchen, durch einen besonders ernsthaften Gesichtsausdruck seriös und ernst zu nehmend zu wirken, ihre Unsicherheit zu kaschieren.

Lächeln kann Kontaktbereitschaft, aber auch Unterwürfigkeit signalisieren, wenn eine Frau (ein Mann) sich gleichzeitig damit klein, unsicher und harmlos macht.

Ein Problem, speziell für viele Frauen, ist das **Erröten**, besonders in disponierten Situationen, also zum Beispiel als Vortragende, in Konferenzen etc. Frauen haben in jeder Hinsicht eine »dünnere Haut«, und deshalb sieht man ihnen die bei Stress automatisch erfolgende stärkere Gesichtsdurchblutung deutlicher an als Männern mit dickerer Haut. Je mehr »frau« sich über das Erröten ärgert, desto stärker wird die Durchblutung gefördert, weil die sympathikotone Erregung zunimmt.

Hinweis

Nehmen Sie es gelassen, wenn Sie spüren, dass Sie rot werden. Freuen Sie sich, dass Ihr vielleicht vorsorglich aufgetragenes Make-up dadurch einen frischen Rouge-Effekt bekommt. Tragen Sie ein Halstuch, wenn Sie Ihren errötenden Hals vor Blicken schützen wollen.

Übung: Röte abfließen lassen

Tn/Kl sollen sich vorstellen, wie das Blut von ihrem Gesicht in die rechte Schulter, den Arm, die Hand fließt und wie sie sich dabei entspannen.

Gestik

Sicherheit wird durch klare, energische Gesten unterstrichen. Fahrige Bewegungen und Übersprunghandlungen, z. B. am Kopf kratzen, Knöpfe am Mantel drehen, sowie völlig fehlende Gestik wirken unsicher. Typische Merkmale von Unsicherheit sind außerdem die Hände hinter dem Rücken zu verstecken, in den Hosentaschen zu vergraben, an irgendwas (z. B. Manuskript) festklammern oder die Hände verschränken bzw. zusammenpressen.
Frauen zeigen mehr Gestik; allerdings eher reduziert: kleine Bewegungen oft mit geringem Muskeltonus und dadurch ausdrucksschwach und wenig energisch. Speziell mit Fingern und Händen untermalen sie ihre Worte, beanspruchen dabei aber weniger Raum als Männer. Sie berühren sich selbst viel mehr, als Männer das tun.

Übung: Ablehnen

Tn/Kl üben in Lernpartnerschaften wechselweise auf eine unangemessene Anforderung (z. B. Drängler am Skilift vorzulassen) mit Mimik und Gestik Ablehnung zu zeigen.
Solche Situationen gibt es im Alltag zur Genüge. Schärfen Sie Ihre Wahrnehmung, z. B. bei Vordränglern in Geschäften oder wenn Sie mit dem Kinderwagen unterwegs sind und rücksichtslosen Zeitgenossen begegnen.
Es gibt also ausreichend Gelegenheit zum Selbsttraining.

Haltung

Viele unsichere Menschen machen sich klein und schmal: Sie stehen oft leicht versetzt, sitzen über Eck und nicht frontal. Mit eng angedrückten Armen, zusammengepressten Knien; die Füße nach innen gerichtet oder eng beieinander stehend oder überkreuzten Beinen vermitteln sie das Bild eines unsicheren Menschen.
Im Sitzen kreuzen sie häufig die Beine, haben sie eng geschlossen und schräg gestellt.
Ein zum Hals hin eingezogenes Kinn lässt ebenso auf fehlendes Selbstvertrauen schließen. Es zeigt sich bei Menschen, die sich hilflos (und ausgeliefert) fühlen.

Unsichere Menschen haben eine geschlossene Haltung und benötigen damit wenig Platz. Aber Durchsetzung heißt auch Raum beanspruchen. Eine entspannte, aufrechte Haltung gibt Sicherheit und wird von der Umwelt auch so interpretiert.

Übung: Mann – Frau

Tn/Kl versuchen zu sitzen wie ein »echter« Mann: platzraubend, gespreizte Oberschenkel, ausladende Arme evtl. aufgestützt auf die Beine.
Danach versuchen sie zu sitzen wie eine Frau: eng, abgewandt.

Fallbeispiel: »Zeigt mal dem Kleinen die große Welt«

Neugierig schlendert A. (Frau, 23) mit ihren beiden Freunden (28 und 29) in St. Pauli über die Reeperbahn. Die musternden Blicke von Frauen in eindeutiger Kleidung streifen die Gesichter und Körper der männlichen Begleiter. A. hat eine Idee: Ich werde mich verkleiden. Weite Hosen, große Schuhe, Flieger-Jacke und Käppi. Genauso wie die süßen 16jährigen Softies rumlaufen – immerhin ein bisschen Mann! Und um ihre Männerverkleidung auf die Probe zu stellen, schlagen die drei Freunde den Weg Richtung Herbertstraße ein. Hier herrscht absolutes Frauenverbot, diese Präsentationsstraße wird an der großen Holzbaracke von Zuhältern überwacht. Okay, breitbeiniger federnder Gang wie John Wayne, hochgezogene Augenbrauen wie Humphrey Bogart und cool und lässig wie James Dean – so näherte sich A., umgeben von ihren beiden »großen« Brüdern, dem Eingang. Die Zuhälter grinsen, an der Wand lehnend. Da ruft einer: »He, ihr zwei, zeigt mal dem Kleinen die große Welt!« Und der Kleine lächelt lässig zurück ...

Übung: Sicher stehen

Tn/Kl stellen sich jeweils zu zweit gegenüber, simulieren eine Konfrontationssituation. Sie versuchen schulterbreit, mit beiden Füßen fest auf dem Boden, bei leicht gegrätschten Beinen, sich frontal gegenüberzustehen und sich dabei anzublicken. Dabei ist der Rücken gerade, der Kopf wird hoch gehalten.

Eine derartige Situation sollten Sie nicht provozieren, aber Sie können diese Übung in abgemilderter Form – kombiniert mit der Übung »Ablehnen« in Situationen, wo Sie jemand bedrängt (U-Bahn, Warteschlange) – ausprobieren, oder Sie trainieren vor dem Spiegel.

Distanz

Durchsetzung bedeutet auch Raum beanspruchen, sich seinen Platz nehmen. Das wird durch schulterbreites, raumgreifendes Stehen oder Sitzen signalisiert. Die Füße haben festen Bodenkontakt, die Beine sind leicht geöffnet.

Unsichere Menschen (besonders unsichere Frauen) bewegen sich in der Öffentlichkeit weniger im Raum. Im Dialog der Geschlechter geraten Frauen leicht in die Defensive, denn Männer reduzieren den Abstand, Frauen vergrößern ihn, weichen zurück.

Ein typisches Beispiel ist die Sitzplatzbeanspruchung in der U-Bahn: Ein Mann liest Zeitung und beansprucht dabei eineinhalb Sitze, die Frau neben ihm zeigt die »kalte« Schulter, das heißt, sie versucht durch eine abgewandte Haltung mehr subjektiven Abstand zu erzeugen und begnügt sich mit einem halben Platz.

Übung: Seinen Raum bestimmen

Die Hälfte der Tn/Kl soll mit einem Seil den Raum, den jeder für sich beanspruchen möchte, legen/abstecken.

Man kann den Kreis vergrößern oder verkleinern, bis man sich wohl fühlt.

Ein anderer Tn/Kl betritt diesen Raum. Aufgabe ist es nun, den eigenen Raum zu verteidigen (durch Rauskomplimentieren, -stoßen etc.).

Kleidung

Für beide Geschlechter ist eine situations- (dem Anlass entsprechend) und zieladäquate (was will ich erreichen: Seriosität ausstrahlen, Originalität zeigen usw.) Kleidung wichtig.

Für Frauen gibt es noch ein paar weitere Besonderheiten.

Deborah Tannen spricht von der persönlichen Markierung der

Geschäftsfrauen und Politikerinnen durch Make-up, Art der Garderobe, Frisur im Gegensatz zur Einheitlichkeit der grauen oder dunkelblauen Männerriege. Ihrer Meinung nach legt sich jede Frau am Konferenztisch durch ihren Stil auf einen bestimmten Typ fest (bieder, extravagant, sexy usw.) und wird auch von Frauen und Männern entsprechend taxiert.

Frauenkleidung ist auch heute noch oft unbequem. Entweder sie ist eng und verhindert raumgreifende Bewegungen oder ist so weit geschnitten, dass die Trägerin gefährdet ist zu stolpern.

Emanzipierte Frauen verkleiden sich vielleicht auch deshalb oft als Mann. Bei meinen Seminaren mit Ingenieurinnen und Chemikerinnen zum Thema »Durchsetzungsverhalten für Frauen am Arbeitsplatz« saß ich meist einer konform gekleideten Gruppe gegenüber: Hosen, Polohemden, Jacketts und dazu noch »Bubikopf« oder Pagenkopf-Frisuren sind fast zu einer Uniform geworden. Es beschleicht einen das Gefühl, dass so Zweitrangigkeit von Frauen exerziert wird, denn nur selten ist das Imitat besser als das Original.

Bewegung

Sicherheit zeigt man, wenn man ruhig stehen/sitzen bleibt, z. B. wenn man bedrängt wird. Bei genügender Distanz kann man beim Aussprechen einer Forderung, eines Neins etwas in das Feld des Gegenübers eindringen.

Umgang mit nonverbalen Gesprächskillern

Man kann allein durch Körpersprache jemanden »kaltstellen«. Typische *nonverbale Gesprächskiller* sind:

- Empfänger verweigert Feedback (»löschen«)
  - Kein Blickkontakt
  - Kein Nicken
- Empfänger gibt negatives Feedback (»strafen«)
  - Unangemessene Mimik und Gestik

Bewältigung

- Kontakt zu anderen eventuell anwesenden Personen aufnehmen

- nicht in den Bann der Ohnmacht ziehen lassen
- Situation unterbrechen: Fenster öffnen, Getränke holen
- Rückfragen stellen
- Zusammenfassen (konzentrieren)
- Humor einsetzen

Zusammenfassung Körpersprache

	unsicher	sicher	aggressiv
Blickkontakt	abgewandt von unten nach oben suchend, unruhig blinzeln vorbeischauen wechselnde Blickrichtung niedergeschlagener Blick	vorhanden flexibel offener Blick direktes Ansehen ruhig	anstarren, fixieren stechend zugekniffene Augen unstetig und herumirrend bohrender Blick
Mimik	starr, angespannt nervöses Zucken Grimassen schneiden verlegenes Lachen auf den Lippen kauen beißen schlucken Lippen zittern Lippen beim Sprechen fast unbewegt	angemessen abwechslungsreich entspannt bewegt	stark angespannt bis verzerrt Augenbrauen und Stirn runzeln schmallippig, zusammengekniffener Mund vorgeschobene Unterlippe schnauben zusammengebissene Zähne
Gestik	keine oder verkrampft hektischer	das Gesagte wird unterstrichen durch	gestikulieren auf Menschen zeigen

	unsicher	sicher	aggressiv
	Wechsel Arme hängen nach unten verschränkte Arme Achselzucken mit den Fingern oder Gegenständen spielen sich an sich selbst festhalten Hände in den Taschen Verlegenheitsgesten	passende Gesten zwischen Mund und Nabel ruhige, kontrollierte Gesten offene ruhige, runde Bewegungen lebhaft	von oben nach unten geballte Fäuste Drohgebärden wildes Herumfuchteln mit den Händen
Haltung	klein machen hochgezogene Schultern auf dem Stuhlrand sitzen erhobene Hände (abwehrend) Kopf schräg halten Beine überkreuzt und nach vorne gestellt abwenden Arme verschränkt von einem Fuß auf den anderen treten	schulterbreit stabil auf beiden Beinen stehen aufrecht ruhige Fußstellung locker, entspannt zurückgelehnt auf der ganzen Sitzfläche sitzen steht ruhig	sich größer machen »sich aufplustern« breitbeinig auf dem Sprung sein Oberkörper weit vorbeugen Nase hoch gespannte Haltung hektisches Herumlaufen unruhig

	unsicher	sicher	aggressiv
Distanz	Vergrößern der Distanz Zurückweichen sich klein machen in der Ecke stehen/sitzen	Distanz variabel halten Raum beanspruchen angemessen	Verringern der Distanz, bedrängen drohend vorbeugen jemanden in die Enge treiben

Sprache

Übung

Tn/Kl überlegen, welche Sprache für unsicheres, sicheres oder aggressives Verhalten typisch ist. Vorgehensweise ist die gleiche wie bei Vorbereitung des Themas Körpersprache; also Lehrauftrag mit Vorstellung der Lerninhalte auf Flipchart, eventuell ergänzt von Tr/Th und Vorführung der Kriterien ohne Körpersprache (z. B. mit dem Rücken zur anderen KG oder hinter einem Vorhang).

	unsicher	sicher	aggressiv
Artikulation	nuscheln, ...	klar, ...	extreme Betonung,
Modulation/Klangfarbe	fragend, ...	abwechslungsreich, ...	Ausrufe, ...
Sprechtempo	zu langsam, ...	ruhig, ...	zu schnell, ...
Pausen	lange Pausenfüller, ...	angemessene Pausen, ...	keine, ...
Lautstärke	zu leise, ...	situationsangepasst, ...	zu laut, ...
Sprachstil/Formulierung	Konjunktiv, ...	Ich-botschaften, ...	Befehle, ...

Exkurs: Typisch weibliche und typisch männliche Sprache

Die Geschichte strotzt nur so von Redeverboten für Frauen in der Öffentlichkeit. Von Paulus »Das Weib schweige in der Gemeinde«, Solon »Die beste Frau ist die Frau, die nicht spricht« bis zu Abwertungen der Äußerungen von Frauen »Die Frau ist ein Wesen, das sich anzieht, schwatzt und wieder auszieht« (Voltaire).

Wenn bei einer Diskussion eine Frau das Gleiche sagt wie ein Mann, hat sie viel schlechtere Chancen gehört zu werden. Falls sie zu Wort kommt, dann hat sie deutlich geringere Chancen, dass der Inhalt ihrer Aussage wahrgenommen wird. Ich erlebe es immer wieder, dass Frauen sagen müssen »Lassen Sie mich bitte ausreden, ich bin noch nicht fertig.«

Dem Vorurteil entsprechend gelten Frauen als geschwätzig. In der Realität sind Frauen (in der Öffentlichkeit) eher zurückhaltend und unterbrechen weniger.

Die Frau ist kein Genie, sie ist dekorativer Art. Sie hat nie etwas zu sagen, aber sie sagt es so hübsch.
Oscar Wilde

Gerade für Frauen ist es also wichtig, diese Fertigkeiten zu trainieren!

Ab hier werden nicht mehr zu **jedem** Verhaltenskriterium spezielle Übungen vorgeschlagen. Etliche Übungen aus den vorhergegangenen Kapiteln können entsprechend angepasst werden.

Artikulation

Eine klare und deutliche Aussprache erhöht die Chance sich durchzusetzen, also nicht nuscheln!

Klangfarbe/Modulation

Durch Anhebung der Stimme am Satzende – bei unsicheren Menschen (besonders bei unsicheren Frauen) häufig zu beobachten – klingt das Gesagte wie eine Frage und nicht wie eine wichtige Aussage.

Männer sprechen, wenn sie sich nicht sicher fühlen, häufig sehr monoton.

Frauen signalisieren oft durch den Gebrauch einer »piepsigen Kleinmädchenstimme«, dass sie naiv und hilfsbedürftig sind. Wichtig ist deshalb, Sätze mit Ausrufezeichen am Ende selbstbewusst und überzeugend zu betonen.

Übung: Ausrufesätze

Tn/Kl sprechen deutlich betont Ausrufesätze:
Beispiele:

- »Da bin ich ganz anderer Meinung!«
- »Diese Angelegenheit ist für uns alle wichtig!«
- »Ja, dazu möchte ich auch etwas sagen!«
- »Lassen Sie mich bitte ausreden!«
- »Davon bin ich fest überzeugt!«

Sprechtempo und Pausen

Unsicherheit zeigt sich oft in schnellem, hastigem Sprechen. Sprechen Sie deshalb ruhig. Beim atemlos sich verhaspelnden Reden versucht man die Forderung, das Nein, möglichst schnell hinter sich zu bringen. Leider verpufft es dann meist! Auch gezielte Pausen, z. B. vor der Forderung, sind sehr wirksam.
Bsp.: »Ich möchte, dass Sie … (= Pause) detailliert Ihre Rechnung aufschlüsseln.« Das Wort detailliert muss dann betont werden.
Pausen machen heißt, sich Zeit und Raum nehmen und damit sich und den eigenen Worten Bedeutung verleihen. Zu lange Pausen (wenn der Faden reißt) wirken zögerlich und unsicher – und sie öffnen Unterbrechern die Tür.
Setzen Sie Pausen gezielt ein, zum Beispiel um Wichtiges zu betonen. Halten Sie währenddessen Blickkontakt.

Lautstärke

Um sich durchsetzen zu können, muss man meist gehört werden, d. h., man muss so laut sprechen, dass man Nebengeräusche, Unterbrecher etc. übertönen kann, es sei denn, man schweigt demonstrativ, bis wieder Ruhe einkehrt. Dazu braucht man aber einen entsprechenden Status: Eine Person mit Macht kann auch leise, undeutlich usw. sprechen, die »Rang- und Hierarchieniedrigeren« werden sicher die Ohren spitzen!

Frauen sprechen oft zu leise aus Angst, ihre Stimme könne kippen, schrill klingen oder sie könne männlich wirken. Da Frauen ohnehin oft überhört werden, ist es natürlich wichtig, dass sie laut genug sprechen, um verstanden zu werden.
Nach der Einstiegsübung »Ja – Nein« kann jeder Tn/Kl in wechselnder Lautstärke ein »Ja« oder »Nein« sagen, so wie sie/er es für sich für vorher festgelegte Situationen (Arbeitsdiskussion, in der Zweiersituation mit dem Partner/der Partnerin) akzeptieren kann.

Übung: OM-Atmung

Wirkung:

- Kurzentspannung
- Beseitigung von stressbedingter Atemnot
- Verbesserung der Resonanz, der Sprachmelodie und des Stimmvolumens

Der Schwerpunkt der Übung liegt in der Ausatmung und der Konzentration auf Entspannung. Gerade in Stress-Situationen wird häufig hyperventiliert, und die Stimme wird piepsig oder überschlägt sich.

Anleitung:

Einatmen Atmen Sie tief ein – möglichst über alle drei Stufen.
Ausatmen Lassen Sie dann die Luft durch den Mund abfließen. Öffnen Sie dabei leicht den Mund, und stoßen Sie laut den Ton »O« aus und beenden durch Schließen der Lippen mit einem »M«.
Die OM-Atmung kann auch »tonlos«, z. B. vor Gesprächssituationen, eingesetzt werden.

Sprachstil

In ihren Formulierungen sind unsichere Menschen oft einschränkend, lassen das Gesagte offen bzw. in der Schwebe oder stellen es in Frage. Besonders Frauen benutzen (doppelt so oft wie Männer) den Konjunktiv (wäre, hätte, sollte, könnte, müsste, dürfte), integrieren in ihren Satzbau fünfmal häufiger Floskeln wie »vielleicht,

eventuell, eigentlich«, entschuldigen sich mehr, stellen dreimal häufiger Fragen und lassen weit häufiger ihre Sätze unbeendet. Ein Einwurf in eine Diskussion wie »Eventuell sollten wir auch berücksichtigen, dass ...« klingt viel schwächer als »ich finde es wichtig, dass ...«.
Kleine, jedoch harmlose Beisätze und Worte wie »vielleicht« und »eigentlich« reduzieren den Forderungsgehalt und die Aussagekraft und lassen durchklingen, dass man sich der eigenen Aussage nicht ganz sicher ist.
Diese Form der Indirektheit gilt auf der anderen Seite – wenn sie selbstbewusst geäußert wird – als höflich. So schätzen insbesondere weibliche, aber auch manche männlichen Mitarbeiter, eine indirekte Sprache des/der Vorgesetzten durchaus. »Würden Sie bitte diese Unterlagen noch einmal überprüfen« klingt höflich, die Aufforderung wird dennoch gut verstanden.
Weitere typische Mechanismen sprachlichen Machtverzichts sind:

- »Auslassungen«, d. h. vieles entweder nicht oder nicht so sagen, wie man es meint.
- »mangelnder Nachdruck« bedeutet, dass Aussagen eher wie Fragen klingen oder nebensächlich wirken. Sätze werden mit nach Bestätigung heischenden Magefloskeln versehen: »Das denkst du doch auch, oder?«
- »Ratespiele« dienen dazu, Wünsche, Forderungen, Kritik zu verschleiern; der andere ist gezwungen, zwischen den Zeilen zu lesen oder zwischen den Worten zu erraten, was frau eigentlich meint. Diese Unsicherheit ermuntert den Gesprächspartner, seine eigene Meinung durchzusetzen.
- »sich dumm stellen« mit dem Ziele, sich helfen zu lassen, um den Status des Helfers zu erhöhen. Damit »unterwerfen« Sie sich gleichzeitig dem Intellekt des anderen.

Fallbeispiel: Durchsetzen

D. arbeitet als Trainerin in einem Frauenfitness-Studio. Montags ist ab 21.00 Uhr geschlossen. Eine sehr weiblich wirkende Kundin benutzt jedoch noch bis 21.30 Uhr das Solarium. D. bleibt geduldig und macht die Kundin freundlich lächelnd auf die Öffnungszeiten aufmerksam. Diese entschuldigt sich, sagt, sie habe die Öffnungszeiten nicht gewusst, und verspricht, sie werde sich beeilen. Als D. nach weiteren fünf Minuten nachschaut (es sind jetzt 35 Minuten ihrer für sie wichtigen Freizeit vergangen!), sieht sie, wie die langhaarige Kundin ihren Lockenstab auspackt und in Ruhe beginnt, die Haare aufzudrehen (was sicher insgesamt etwa 20–30 Minuten benötigt). Nun zeigt D. bewusst männliches Durchsetzungsverhalten: sie stellt sich mit gespreizten Beinen vor die Kundin, stemmt eine Hand in die Hüfte und kreist locker den Schlüsselbund in der anderen Hand. Mit vorgestrecktem Kinn und ernster Mimik sagt sie nur: »Ich möchte, dass Du jetzt sofort Deine Sachen zusammenpackst und mit mir zusammen rausgehst.« Die Kundin ist eingeschüchtert, packt provisorisch ihre Sachen und kommt mit.

Fragen an Tn/Kl können sein:
»Wieso hatte D. Erfolg mit diesem Verhalten?«
»Wie hätte sie sich auf andere Weise (z. B. androgyn oder weiblich) durchsetzen können?«

Nein-Sagen – nicht immer nett sein

So manche(r) tendiert dazu, unrealistische Harmonievorstellungen über die eigenen Bedürfnisse zu stellen. Zusätzlich fehlt oft der Mut, präzise und konsequent »Nein« zu sagen und Grenzen zu setzen. Stattdessen wird »um des lieben Friedens willen« nachgegeben, um auf diese Weise Zuwendung, Akzeptanz oder Liebe zu erhalten.

Doch wer ständig zurücksteckt, bleibt – langfristig gesehen – auf der Strecke!

Übung: Nein-Sagen

Tn/Kl sollen sich darin üben, selbstbewusst und ohne schlechtes Gewissen »Nein« sagen zu können:
Zunächst sollen sie sich darüber bewusst werden, unter welchen Bedingungen oder in welchen Situationen sie ein »Ja« nicht wollen.
Dann versetzen sie sich in Gedanken in eine Situation, in der ein »Nein« angebracht ist.
Sie instruieren die an der Situation beteiligte(n) Person(en)

(= Übungspartner) genau und überlegen, mit welchen Kommunikationsstrategien diese ein »Ja« bei ihnen provozieren. Sie bleiben konsequent beim »Nein«.

Zusammenfassung Sprache und Sprechweise

	unsicher	sicher	aggressiv
Artikulation	nuscheln undeutlich	klar deutlich	extreme Betonung
Modulation	fragend monoton	abwechslungsreich inhaltsbezogen lebendig	Ausrufe Nachdruck erhobene Stimmlage
Sprechtempo	zu langsam stockend	ruhig fließend	zu schnell hektisch
Pausen	lange Pausenfüller »äh, und«	angemessene Pausen »wirken lassen«	keine Pausen betont lang
Lautstärke	zu leise abrupt wechselnd	situationsangepasst gut hörbar	zu laut
Formulierung	Rücknahmen Abschwächungen	anschaulich sachbezogen	extrem kurze Sätze Ausrufe persönliche Angriffe, (unfaire) Wortwahl, kriegerisches Vokabular

Empfängerfertigkeiten

Zuhören

Durchsetzen ist in erster Linie eine Senderfertigkeit, deshalb werden hier nur wenig Hinweise zum Ausbau von Empfängerfertigkeiten gegeben.

Hinweis:
Überhören Sie auch einmal absichtlich Appelle, wenn diese Ihre eigenen Intentionen beeinträchtigen, z. B. wenn der Kollege äußert: »Ach, wäre jetzt eine Tasse Kaffee schön.« Und unterliegen Sie nicht dem vorauseilenden Gehorsam: Noch bevor darum gebeten wird, die Wünsche anderer zu erfüllen versuchen. Sie können auch mal den Appell zurückgeben: »Ja, das wäre schön, wenn Sie uns eine Tasse Kaffee holen.«

Komplexe Fertigkeiten

Beharrlichkeit zeigen

Viele Menschen geben zu früh auf, wenn sie nicht angehört werden oder wenn ihnen Gegenwind entgegenbläst. Wer sich durchsetzen will, muss den Mut haben, die gleichen Argumente – ohne sich zu genieren – im Bedarfsfall mehrfach zu wiederholen, z. B. »Wie ich bereits betont habe, halte ich es für wichtig ...«, auch ohne auf das Gegenüber (und dessen Abwehrmanöver) einzugehen.

Übung: Die Platte mit dem Sprung

Tn/Kl üben in Lernpartnerschaften oder mit Tr/Th im Pl.
Tn/Kl soll versuchen, den anderen Tn/Kl oder Tr/Th zu etwas zu überreden (heute Abend auszugehen, obwohl dieser etwas Wichtiges erledigen will, im Urlaub die Blumen zu gießen etc.). Die Aufgabe besteht darin, nicht auf die Argumente des Gegenübers einzugehen oder sich gar für die eigenen Bedürfnisse zu entschuldigen, sondern stereotyp den Satz »Ich möchte ...« zu wiederholen.

Wenn Sie eine Person kennen, die Ihnen immer wieder den eigenen Willen aufdrängt, Sie zu Gefälligkeiten nötigt, können Sie vorbereitend (vor dem Spiegel oder vor einem leeren Stuhl oder mit einem Freund) die Übung durchspielen.

**Bedürfnisse und Forderungen richtig äußern
(»Ichbotschaften«)**

Wenn man weiß, was man will oder auch nicht will, kommt es darauf an, wie man seine Botschaft dem Gegenüber mitteilt. Dazu gibt es einige Grundregeln.

1. **Ich-Gebrauch**
   Gebrauchen Sie das Wort »ich«. Vermeiden Sie es, von »man« zu sprechen. Sie geben damit eindeutig zu erkennen, dass Sie selbst durch die Situation betroffen sind.
   - Statt »vielleicht sollte man langsam das Gespräch beenden«
     – »Ich möchte jetzt das Gespräch beenden«
2. **Eigene Betroffenheit äußern**
   Sprechen Sie über die Gefühle, die das Problem bei Ihnen auslöst. Nennen Sie Ihre Wut, Angst oder Ärger beim Namen. Zeigen Sie, dass die Situation für Sie ein Problem darstellt.
   - Statt »irgendwie klappt das mit dem Spülen der Kaffeetassen hier nicht so recht«
     – »Mich ärgert, dass ich nun schon zum dritten Mal in dieser Woche die ungespülten Kaffetassen vom Vortag im Besprechungsraum vorfinde. Das finde ich unappetitlich und ich habe keine Lust, schmutziges Geschirr anderer wegzuräumen, wenn ich Besucher erwarte!«
3. **Keine Abschwächungen oder Entschuldigungen**
   Geben Sie zu erkennen, dass Sie wissen, was Sie wollen und was Sie fühlen. Vermeiden Sie dabei abschwächende Floskeln und unnötige Erklärungen/Entschuldigungen.
   - Statt »es tut mir leid, aber wenn es dir nichts ausmacht, könntest du vielleicht meine Post mitnehmen, ich bin nämlich gerade sehr in Druck?«,
     – »Sei doch so lieb und nimm meine Post gleich mit, wenn du zum Briefkasten gehst! Vielen Dank, das schafft mir etwas Luft.«
4. **Keine aggressiven Äußerungen oder verschleierte Anschuldigungen**
   Wählen Sie Formulierungen, wie »ich will«, »ich möchte« und »ich fordere Sie auf«.
   - Statt »Man müsste doch in einem Hotel dieser Preisklasse davon ausgehen können, dass die Sanitäranlage funktioniert.«

– »Der Wasserhahn in meinem Zimmer tropft. Ich möchte, dass Sie sich (umgehend, noch heute) darum kümmern.«
5. **Erwünschte Ziele und Verhaltensweisen benennen**
Sagen Sie konkret und eindeutig, was Sie möchten. Das bedeutet, dass Sie Ihre Wünsche an andere als Verhaltensweisen und nicht als Eigenschaften formulieren sollten.
- Statt »Du bist unzuverlässig, ständig lässt du mich im Stich«,
– »Du hast mir versprochen, rechtzeitig von der Arbeit zurück zu sein, um unser Kind vom Kindergeburtstag abzuholen. Dann ist es mir ganz wichtig, dass ich mich darauf verlassen kann und dass du mir, wenn ausnahmsweise wirklich etwas dazwischenkommt, mir sofort Bescheid gibst.«
6. **Übereinstimmung von Körpersprache und Sprache**
Achten Sie darauf, dass Sie mit Ihren Worten das Gleiche sagen wie durch Ihre Mimik, Gestik und Körperhaltung.
Das heißt z. B., dass Sie nicht lächeln sollten, wenn Sie jemanden zur Rede stellen, jemanden direkt ansehen, wenn Sie eine Forderung an ihn stellen usw.

Durchsetzung in Gruppen

Um sich in Gesprächsrunden durchzusetzen, muss man:

- Vielredner unterbrechen;
- eigene Argumente nicht immer durch fundierte wissenschaftliche Kenntnisse belegen wollen;
- fremde Argumente nutzen;
- taktieren und bluffen;
- den Gegenspielern keinen Teppich für Gegenargumente ausbreiten;
- die eigene Meinung nicht unnötig rechtfertigen;
- nicht in emotionale Gesprächsfallen tappen und sich dann zurückziehen.

Umgang mit »Gesprächskillern«

Gesprächskiller sollte man als solche erkennen:

- Persönlich werden
- Etikettieren

- Intime Fragen stellen
- Provozieren oder beleidigen
- Schwächen nutzen
- Gesprächspartner bloßstellen
- Sich hinter Ironie verstecken
- Unterbrechungen einbauen und Zeitdruck ausüben
- Ablenken und ausweichen
- Verniedlichen

Killerphrasen

- Für Sie (als Frau/Eltern/Ehemann/Lehrer) ist es wohl verständlich, dass Sie ...
- Als »...« müssen Sie ...
- Sie werden zugeben, dass ...
- Es ist doch faktisch so, dass ...
- Auch Sie werden nicht darum herumkommen ...
- Durch Ihre Worte geben Sie zu erkennen, dass Sie ein ... sind.
- Wissenschaftliche Erkenntnisse haben gezeigt, dass ...
- Wie doch jeder weiß ...
- Sie können sich doch der Logik nicht verschließen, und deshalb ...
- Die jetzige Situation fordert ...
- Als fähiger Manager / Lehrer / Arzt müssen Sie ...
- Nur ... können in einer solchen Situation ...
- Das ist juristisch nicht machbar!
- Dazu fehlt Ihnen die Erfahrung!
- Das ist grundsätzlich richtig, bitte bedenken Sie jedoch unsere besondere Situation ...
- Bekanntlich ist es so, dass ...

(Fittkau, B.)

Wenn man derartige Äußerungen als Killerphrasen erkannt hat, kann man kontern durch:

- **konkretes Nachfragen** auf der Sachebene
  - wie meinen Sie das?
  - können Sie mir ein konkretes Beispiel nennen?

- warum?
- usw.
- **Feedback geben**
  - die eigene Betroffenheit souverän rückmelden
  - das Verhalten des anderen spiegeln usw.
- **Appelle senden**
  - konstruktive Zusammenarbeit fordern
  - verlangen, dass man ausreden darf usw.

7.6 Individuelle Rollenspiele

Handlungsprobe: Beispiel privates Setting

Situation	Umtausch eines defekten Druckers für den Computer
Schwierigkeitsgrad	4
Zeit/Ort	letzter Donnerstag, ca. 19.00 Uhr abends, im Computergeschäft
Partner	der Verkäufer am Service-Schalter, zwei Kunden, die ungeduldig auf Bedienung warten
Handlung	Der neu gekaufte Laserdrucker ist nach zwei Wochen Benutzung defekt. Ich möchte ihn umtauschen und ohne langes Warten auf eine Reparatur sofort ein Ersatzgerät mit nach Hause nehmen.
Partnerverhalten	Der Verkäufer weigert sich, mir ein Ersatzgerät zu geben, da die Gewährleistung erfordert, das Gerät zum Hersteller zur Reparatur einzuschicken. Verkäufer ist ungeduldig und genervt, nicht bereit, auf mein Anliegen einzugehen.
Zielverhalten	Ich beharre auf meiner Forderung nach einem Ersatzgerät, trete selbstbewusst auf und halte im Gespräch die Regeln zum richtigen Äußern von Forderungen ein. – Ich stehe mit beiden Beinen fest und sicher am Boden. – Ich halte Blickkontakt mit dem Verkäufer. – Formuliere klar mein Anliegen: »Ich brauche sofort einen funktionstüchtigen Drucker.« und »Geben Sie mir einen neuen Drucker.« – Ich lasse mich nicht vom Verkäufer abwimmeln, sondern wiederhole beharrlich meine Forderungen.

Handlungsprobe: Beispiel betriebliches/berufliches Setting

Situation	Wartung der Laborgeräte
Schwierigkeitsgrad	4
Zeit/Ort	vormittags, im Labor eines Krankenhauses
Partner	8 mir unterstellte medizinisch-technische-Laborassistentinnen, darunter M. (27 Jahre) (ich bin seit einem Monat ihre Vorgesetzte)
Handlung	Ich habe festgestellt, dass die Laborgeräte nur in unregelmäßigen Abständen gewartet werden. Das beeinträchtigt eine exakte Wertbestimmung. Auch meine Vorgängerin hat versucht, eine tägliche Wartung einzuführen. Das hat aber bis jetzt nicht geklappt (Druck von außen nach möglichst schnellen Ergebnissen, Bequemlichkeit?). Ich beschließe, von vornherein beharrlich und selbstsicher darauf zu bestehen.
Partnerverhalten	Ein Teil sagt: »das ist nicht nötig«, »das ist übertrieben«, »das war noch nie nötig«. M. sagt ärgerlich: »so ein Quatsch«. Ein anderer Teil nickt und stimmt zu.
Zielverhalten	Ich stelle mich selbstbewusst vor die versammelte Mannschaft, nehme Blickkontakt zu allen auf und sage laut: »Ich möchte, dass ab morgen jeder sein Arbeitsgerät ordnungsgemäß wartet und dies in eine Liste einträgt, die ich wöchentlich kontrollieren werde.« Auf die Gegenargumente gehe ich nicht ein, sondern ich wiederhole meine Forderung, lächle dann und wünsche allen einen schönen Tag.

Persönliche Handlungsprobe: Beispiel Verhaltensbereich Durchsetzen

Situation	
Schwierigkeitsgrad 1–6	
Zeit/Ort	
Partner	
Handlung	
Partnerverhalten	
Zielverhalten	

8. Selbstdarstellung und Präsentation

8.1 Hintergrundinformationen für Trainer und Therapeuten

Zielgruppen

- Trainer und Lehrer
- Moderatoren
- Referenten
- Führungskräfte
- Frauen
- alle, für die Selbstmarketing wichtig ist (z. B. Bewerber, Verkäufer, Außendienstmitarbeiter)

Dieser Verhaltensbereich wird von Psychologen nur wenig vermittelt. Typische Rhetoriktrainer sind Pädagogen, Theologen, z. B. Jesuiten, Vertriebsbeauftragte. Das ist aus meiner Sicht sehr bedauerlich, denn gerade verhaltenstherapeutisch versierte Psychologen wissen besonders viel über schrittweises, angstreduzierendes Lernen, kennen Motive (z. B. von Zuhörern) und können deren Bedeutung vermitteln, und sie hüten sich davor, ihren Tn rhetorische Tricks o. ä. zu vermitteln.

Im therapeutischen Rahmen wird man die hier vorgestellten Inhalte nur in einigen Auszügen anwenden können. Zielgruppen sind hier eher im beruflichen Setting zu finden, z. B. in Vertrieb, Dienstleistung, Management, Pädagogik.

Dieses Kapitel ist dementsprechend für diese Zielgruppen ausgearbeitet.

8.2 Lernziele für Tn/Kl und zum Selbsttraining

- Sich selbst und den Inhalt/das Produkt anschaulich darstellen
- Bewirken, dass das Publikum sich persönlich angesprochen fühlt
- Selbstsicherheit zeigen
- Inhaltliche Kompetenz vermitteln
- Von etwas überzeugen

8.3 Einstiegsübung: Denkmal oder Kurzvortrag

a) **Denkmal:** Tn/Kl stellen sich nacheinander ein bis zwei Minuten schulterbreit und aufrecht schweigend vor Pl als »Publikum«. Tn/Kl reflektieren danach, wie es ihnen ergeht, wenn sie beispielsweise bei Einladungen oder Präsentationen sich selbst darstellen und im Mittelpunkt stehen. Stellen Sie sich z. B. bei einer Einladung im Freundes-/Kollegenkreis in den Mittelpunkt und lächeln Sie selbstbewusst nach allen Seiten.

 b) **Kurzvortrag:** Wenn das gesamte Training mit diesem Verhaltensbereich startet, kann gleich mit einem Kurzvortrag aller Tn/Kl begonnen werden (siehe 5.1). Tn/Kl bereiten einen drei- bis fünfminütigen Vortrag zu einem beliebigen Thema oder zur Vorstellung ihrer Person vor. Eine erste Auswertung der Videoaufnahmen dieses Vortrags erfolgt, wenn Tn/Kl in KG die wesentlichen Kriterien für einen guten Vortrag (Körpersprache, Sprache, Inhalt) erarbeitet haben (siehe auch 4.4). Wenn Tn/Kl genügend Wissen über nonverbale Signale haben, kann noch einmal diese Aufnahme ohne Ton (z. T. auch im Schnell-Lauf, um die typische Körpersprache zu sehen) beim Behandeln des Themas Sprache, ohne Bild der Ton abgespielt werden. Das ermöglicht eine sehr detaillierte Auswertung.

8.4 Spezifische Wissensvermittlung

Redner überwinden ihre Hemmungen sehr oft erst gegen Ende ihres Vortrags. Sie finden dann zwar ihre Worte, aber leider keine Zuhörer mehr.

Selbstdarstellung und Präsentation sind heute für immer mehr Berufsgruppen – nicht nur für Trainer, Führungskräfte und Fachexperten – wichtig, sondern auch als Baustein der persönlichen Karriere. Erstaunlicherweise werden Methoden der Selbstdarstellung und Präsentation in der BRD weder in der Schule noch an der Universität ausreichend vermittelt. In Industrie und Verwaltung existieren jedoch zahlreiche Angebote zur Weiterbildung in diesem Sektor.

Beschreiben oder darstellen ist eine weibliche Domäne, da die Ausdrucksweise von Frauen häufig bildlich, detailliert und lebendig ist – wenn sie den Mut haben, sich öffentlich darzustellen – das wiederum ist nämlich männliches Revier.

Es gibt verschiedene Arten von Vorträgen und Reden. Die wichtigsten werden im Folgenden in Checklistenform kurz dargestellt, um sie – je nach persönlichem Bedarf – anzuwenden.

Verschiedene Vortragstypen

Der Sachvortrag / das Referat

Ein Sachvortrag dient zur Vermittlung von Informationen und zur Darstellung von Sachverhalten.

Sprache: sachlich, objektiv, ungefärbt
Inhalt: Tatsachen, Begebenheiten, Fachwissen
Aufbau: einfach, verständlich, übersichtlich
Schluss: enthält Zusammenfassung, Ergebnis und/oder eigene Meinung
Dauer: 30–40 Minuten

Für einen qualitativ guten, ansprechenden Vortrag (oder eine Präsentation) ist wichtig:

- zum Zuhören motivierende Einleitung erarbeiten;
- auf die Erwartungen der Zuhörer eingehen;
- eine angemessene Informationsdichte einhalten;
- ausreichende und richtig positionierte Wiederholungen beachten, um zu strukturieren und zu betonen;
- zentrale Thesen zusammenfassen;
- Visualisierungstechniken gekonnt einsetzen;
- Inhalte klar gegliedert darstellen;
- durch Pausen strukturieren und betonen;
- nur Fremdwörter benutzen, die dem Publikum bekannt sind;
- nachfragen, ob es Fragen gibt;
- mit Schlusssatz abrunden, sich für Aufmerksamkeit der Zuhörer bedanken.

Die Meinungs- oder Überzeugungsrede

Sie soll die Zuhörer von einer bestimmten Sache überzeugen, für eine Meinung gewinnen oder zu einer bestimmten Entscheidung bewegen.

Sprache: taktisch, klug,
Inhalt: Tatsachen, Beweise, Behauptungen, Wünsche, Gegenargumente vorwegnehmen bzw. einkalkulieren
Aufbau: wirkungssteigernd, logisch, klar
Schluss: suggestiv-Appell-Höhepunkte, Aufforderungen
Dauer: 20–30 Minuten

Spezielle Anforderungen sind:

- konsequenter Aufbau auf eine Entscheidung hin;
- Anpassung der Rede an die Stimmung und Zwischenrufe aus dem Publikum oder von Seiten der Gegner;
- Erteilung klarer Anweisungen an die Zuhörer, wie Entscheidungen herbeigeführt und umgesetzt werden können;
- überzeugende Nachweise, dass die dargestellten Forderungen und Veränderungsmöglichkeiten wünschenswert sind.

An rhetorischen Mitteln kommen zum Einsatz:

- wiederholte Behauptungen
- Beispiele und Vergleiche
- Berufung auf Autoritäten
- rhetorische Fragen
- ironisierende Übertreibungen
- wiederholte Forderungen
- Schlagwortkataloge

Rhetorische Gegenmittel, die zur Verteidigung und zum Gegenangriff dienen können:

- wissenschaftliche Widerlegung mit Beweisen
- Widersprüche in der Darlegung der Gegenseite aufzeigen
- Unannehmbarkeit der Forderungen nachweisen
- Gegenangriff statt logischer Verteidigung
- Beispiele fordern

Gesellschafts- und Gelegenheitsrede

Sie fasst die Grundstimmung und die Emotionen der Zuhörer in Worte und spricht weniger den Sachverstand an.

Sprache: gefühlsbetont
Inhalt: Glück, Leid, Ideale, Zitate
Aufbau: harmonisch, kunstvoll
Schluss: aktivierend, berauschend, jubilierend, tröstend
Dauer: ca. fünf Minuten

Besonderheiten sind:

- auch originelle Informationen
- kurze prägnante Sätze
- besondere Begrüßung (Ehrengäste, Hauptperson)
Schlussappell

Am häufigsten kommt der Sachvortrag oder die Präsentation zum Einsatz. Deshalb wird hier intensiver darauf eingegangen.

Aufbau eines Sachvortrages (einer Präsentation)

Ihr könnt predigen, über was ihr wollt, aber predigt niemals über vierzig Minuten!
(Luther)

Vorbereitung

Zunächst überlegt man: wem – als wer – wo – warum – wann werde ich diesen Vortrag / diese Präsentation halten?
Entsprechend erfolgen die Materialsammlung und die Vortragsplanung.
Sachvorträge hält man meist im AIDA-Prinzip.

Das AIDA-Prinzip

AIDA steht für:
Aufmerksamkeit der Zuhörer wecken
Interesse für das Thema erzeugen
klare **D**arlegung
zu **A**ktion auffordern oder einen Appell aussprechen

A	1. Eröffnung	• Aufmerksamkeit erwecken
I		• Interesse für das Thema erzeugen
D	2. Hauptteil	• Thema darlegen
		• Exposition
		• Argumentation: These – Antithese
		• eigene Meinung
A	3. Schluss	• Zusammenfassung
		• Aktion oder Appell
		• positive Wendung

Im Einzelnen bedeutet das:

Vortragseröffnung

Zu Beginn eines Vortrages ist die Aufmerksamkeit der Zuhörer am größten. Diesen Vorteil sollte man durch eine mitreißende und motivierende Eröffnung nutzen.

Mögliche Eröffnungen:

- rhetorische Frage
- aktuelles Thema
- persönliches Erlebnis
- situationsbezogener Anlass
- Zitat
- Anekdote
- Beispiel aus Tn-Kreis
- Witz (Vorsicht, er muss zur Zielgruppe passen)
- Behauptung
- Vorstellungskraft anregen
- optischer Effekt
- akustischer Effekt
- anders als erwartet

Dabei sollte man nonverbal:

- Blickkontakt aufnehmen
- abwarten, bis das Publikum ruhig und aufmerksam ist
- freundliche Mimik zeigen
- offene Körperhaltung annehmen

Hauptteil

Den Hauptteil sollte man mit einer kurzen Information beginnen, die aussagt, worüber man sprechen wird.
Folgende Punkte sind beim Hauptteil wichtig:

- Begründungen
  Warum spreche ich über dieses Thema?
- Erklärungen
  Was und wie ist der Inhalt?
- Beweise
  Weil ..., deswegen ...,
- Vergleiche
  Wie bei ...
- Beispiele
  Dienen der Verständlichkeit

Abschluss

Der Schluss des Vortrages muss sitzen. Der Schlusssatz sollte motivieren (oder zumindest zum Applaus anregen).

- Kurze Zusammenfassung der Kernpunkte
- Frage
- Prognose
- Zitat
- Aufforderung
- Wiederholung eines besonders markanten Satzes
- rhetorische Frage

Übung: AIDA

Tn/Kl sammeln in KG für ein selbst gewähltes Fachthema und für ein Thema, über das sie nicht gut Bescheid wissen (z. B. Der Mensch stirbt aus – die Insekten überleben usw.) oder ein heiteres Alltagsthema (z. B. Die »besinnliche« Adventszeit steht vor der Tür) nach dem AIDA-Prinzip eine gute Eröffnung (Aufmerksamkeit erwecken / die Zuhörer dann für das Thema interessieren) und einen gelungenen Schluss. Auf die Darlegung des Themas wird verzichtet.

8.5 Fertigkeiten

Ein humorvoller Beginn dieses Themas kann Vorlesen des »Ratschlag für einen schlechten Redner« von Kurt Tucholsky sein.

Nonverbal

Unterschiedliche Aussagen erfordern unterschiedliche Körpersprache. Es gibt nur wenig allgemeingültige Kriterien. Deshalb ist es wichtig, über ein breites Verhaltensrepertoire zu verfügen. Allzu viele Redner, Politiker, Fernsehkommentatoren usw. haben immer die gleiche Körpersprache. Das wird bekanntlich von Cartoonisten und Kabarettisten recht boshaft persifliert.

In diesem Training sollte man ganz bewusst auch eine bisher nicht praktizierte Körpersprache (und Sprache) ausprobieren und sogar überziehen! Übertriebene und originelle Versuche sind hier ausgesprochen erwünscht und werden nicht belacht, sondern beklatscht! Realitätsbezug ist durch Planung und Durchführung der persönlichen Rollenspiele zu einem späteren Zeitpunkt relevant (positives Verhaltenstraining).

Blickkontakt

Bei Vorträgen sollte man den Blickkontakt mit einzelnen Zuhörern jeweils etwa einen Satz lang aufrechterhalten und immer wieder mit anderen Personen Blickkontakt aufnehmen, dabei die ganze Runde einbeziehen oder (bei großem Publikum) in alle Richtungen schauen, außer hinter sich selbst zum Podium, zur Projektionsfläche für Dias und Folien. Etliche Redner tun genau das oder sie unterhalten sich mit ihrem Manuskript, blicken nur zwischendurch kurz auf, ob das Publikum noch da ist.

Ein weiterer Vorteil von Blickkontakt ist, dass man die Reaktionen der Zuhörer einschätzen kann.

Übung: Runde miteinbeziehen

Tn/Kl spricht über ein beliebiges Thema und nimmt dabei Blickkontakt zu allen anderen Tn/Kl nacheinander auf.

Mimik

Übung: Gesichtsentspannung

Wer vor einer Präsentation, einer wichtigen Besprechung oder einem Vortrag das Gesicht gezielt entspannt, kann eine viel bessere Mimik einsetzen, da die Muskeln weich sind.

Tn/Kl spannen zunächst das Gesicht stark an: runzeln die Stirne, kneifen die Augen zusammen, rümpfen die Nase, pressen die Zunge an den Gaumen und formen mit dem Mund ein spitzes »Ü«.

Dann entspannen sie ihr Gesicht, lassen es nach »unten fließen« und locker, warm und entspannt werden (sh. auch Kap. 11)

Gestik

Passt die Gebärde dem Wort, das Wort der Gebärde an, wobei Ihr sonderlich darauf achten müsst, niemals die Bescheidenheit der Natur zu überschreiten!
Shakespeare, Hamlet

Natürlich wirkende Gesten kommen aus dem Oberarm, der Rumpf und die Beine sind dabei wie ein Stamm, fest verwurzelt. Gestik findet auf drei Ebenen statt, es gibt positive, neutrale und negative Gesten. Die Geste soll die eigene Aussage unterstreichen.

Hände unterhalb der Gürtellinie	negative Aussage
Hände zwischen Gürtellinie und Brüsthöhe	neutrale Aussage
Hände auf Brusthöhe	positive Aussage
Handhaltung	
Handflächen nach unten	negative Aussage
Handflächen senkrecht	neutrale Aussage
Handflächen nach oben	positive Aussage

- Gesten sollten gezielt eingesetzt werden.
- Die Geste sollte vor dem Wort kommen, das sie unterstützen soll, sie kündigt den Sinnbezug der Aussage an.
- Für beschreibende Gesten sollte man Hände und Arme benützen.

- Gesten führen vom Körper weg.
- Bei sehr intensiven Aussagen dauert die Geste länger an als die verbale Äußerung. Die Geste lässt die Aussage länger wirken.

Gesten lassen sich in verschiedene Kategorien einordnen:

Symbole	Gesten, die Worte ersetzen
erläuternde Gesten	unterstützen die Bedeutung des Gesprochenen
Regler	Gesten, die dazu dienen, das Kommunikationsverhalten zwischen Personen zu koordinieren (z. B. Kopfnicken oder den Finger heben, wenn man das Wort erteilt bekommen möchte)
Adapter	Gesten, die eine emotionale Reaktion verdeutlichen
Hervorhebungen	offensichtliche Äußerungen von Gefühlen (wie etwa wütend mit der Hand auf den Tisch schlagen oder verzweifelt den Kopf in die Hände nehmen)

Übung: Große Gesten

Je ein Tn/Kl stellt sich vor das Pl (vor den Spiegel) und übt, persönlich wichtige Aussagen mit ausladenden Gesten zu unterstreichen: z. B. »Nein, so geht es nicht«, »Kommt doch alle mal mit!« – »Hier muss man das ganze Spektrum betrachten.«

Haltung:

Aufrecht, Grundspannung, nicht zu leger, offene Körperhaltung

Übung: Sich darstellen

Tn/Kl stellen sich vor Pl aufrecht mit offener Haltung, als ob sie eine Rede beginnen wollten.
Im Selbsttraining imaginieren Sie das Publikum und betrachten sich im Spiegel oder mittels Videoaufnahme.

Distanz

Kombinierte Übung: Spicken

Tn/Kl imitieren die Körpersprache von Personen des öffentlichen Lebens, also Politiker, Schauspieler, Künstler, Sportler etc. Die anderen Tn/kl versuchen zu erraten, um wen es sich handelt.

Kleidung: dem Thema und Publikum angemessen, aber so bequem, dass man sich bewegen kann (Gestik), nicht zu auffällig (als wolle man vom Inhalt ablenken).

Sprache

Artikulation

Bei einem Vortrag ist eine deutliche Artikulation besonders wichtig.

Übung: Sprechschule

Tn/Kl lesen gleichzeitig laut (während sie sich durch den Raum und evtl. im Freien, auf dem Flur bewegen) Artikulationsübungen zu den einzelnen Buchstaben (z. B. aus Rhetorikbüchern).
Beispiel: Als an Land kam Mandala ... (a)
Den Frauen trauen und auf sie bauen ... (au)
Stetig sich regen ... (e)

Besorgen Sie sich Rhetorikbücher oder solche zur Sprechschule (z. B. für Schauspieler). Sie finden hier ausgezeichnete Artikulationsübungen (z. B. Zungenbrecher, Rezitationsübungen etc.).

Modulation

Mit Hilfe der Modulation kann auch Dynamik in der Sprechweise erzeugt werden. Dies bedeutet eine Verdeutlichung des Gesagten durch Betonung, Lautstärke und Sprechtempo, durch Variation von laut versus leise, langsam versus schnell, hoch versus tief.

Rezitationsübung:

Tr/Th gibt Sätze, Gedichte, Auszüge aus Dramen und dramatische Texte vor, Tn/Kl modulieren entsprechend der von ihnen interpretierten Aussage.

Oder Tr/Th gibt einen Satz vor, den Tn/Kl durch Modulation (und Sprechtempo, Pausen, Lautstärke) unterschiedlich vortragen, z. B. warum kommt sie nicht (ärgerlich, ängstlich...) das habe ich nicht erwartet (erfreut, zynisch...)

Gut geeignet sind auch die Übungen Märchenonkel/-tante und NachrichtensprecherIn (aus Kapitel 5. ...).

Sprechtempo und Pausen

Viele Redner sprechen zu schnell. Sie übermitteln zu viele Informationen in zu kurzem Zeitraum. Dies hat zur Folge, dass die Zuhörer nicht mehr folgen können und abschalten. Geben Sie Ihrem Publikum die Chance, Ihnen wirklich folgen zu können: Sprechen Sie langsam und machen Sie genügend Pausen.

Sprechpausen

- unterstreichen die Wichtigkeit der Aussage;
- geben die Möglichkeit, Luft zu schöpfen;
- zeigen das Interesse des Sprechers an den Zuhörern;
- ermöglichen, den nächsten Gedanken zu fassen;
- erzeugen Spannung;
- führen unaufmerksame Zuhörer zum Vortrag zurück;
- ermöglichen es, mit den Zuhörern Blickkontakt aufzunehmen.

Lautstärke

Vor einem großen Publikum zu sprechen, erfordert ein gutes Stimmvolumen oder Übung im Umgang mit Mikrofonen. Testen Sie, wie Ihre Stimme über Mikrofon klingt, wie nahe Sie herangehen müssen, usw.

Sprachstil

Für einen stilistisch guten Vortrag oder eine »geschliffene« Rede benötigt man rhetorische Stilmittel. Die klassischen Stilmittel sind Metapher, Anapher usw.

Hier folgt eine kurze Aufstellung von Stilmitteln und deren Wirkung:

Sprachliche Stilmittel	Wirkung
• Vergleich • Beispiel • Bild	anschaulich
• Raffung • Verdeutlichung • Wiederholung • Aufruf • Zitat • Einschub	eindringlich
• Steigerung • Kette • Gegensatz • Überraschung • eigene Definition	spannend
• Anspielung • Wortspiel • Satzspiel • Übertreibung • Umschreibung • Scheinwiderspruch	ästhetisch

Eine gute Rede zeichnet sich auch dadurch aus, dass sie durch **Wortwahl** und **Formulierungen** klar, deutlich und überzeugend wirkt.
Folgendes ist zu beachten:

- Verwenden Sie verständliches Deutsch (z. B. wenige Fremdwörter)
- Formulieren Sie kurze (Haupt-)Sätze
- Verwenden Sie Tätigkeitswörter statt Hauptwörter
- Wählen Sie positive Formulierungen
- Nützen Sie anschauliche Darstellungsformen Ihrer Aussagen (Bilder, Beispiele, Metaphern)
- Großer aktiver Wortschatz
- Wortflüssigkeit

Zur Verbesserung des Wortschatzes und der Wortflüssigkeit kann die nächste Übung praktiziert werden.

Übung: Marktschreier (Stegreifübung)

Tn/Kl notieren auf einer Karte ein beliebiges – aber schwer zu verkaufendes – Produkt (z. B. faule Äpfel, veraltete Computer, zerlöcherte Schwimmreifen, lauter rechte Schuhe usw.), danach auf einer andersfarbige Karte irgendeine Zielgruppe (z. B. Nonnen, Touristen, Tierversuchsgegner usw.). Die Karten werden gemischt, dann bekommt jeder Tn/Kl verdeckt eine Karte für Produkt und eine Karte für die Zielgruppe.

Ein(e) Tn/Kl liest die eigene Zielgruppenkarte und instruiert die anderen Tn/Kl, wer sie sind. Diese verhalten sich entsprechend (wandelnd, betend, über den Marktplatz lässig als Touristen schlendernd, protestierend als Tierversuchsgegner usw.). Der Marktschreier muss nun versuchen, das Produkt der Zielgruppe ansprechend, wortreich und lauthals zu verkaufen. Wer zu lange überlegt, riskiert, dass die Zielgruppe sich desinteressiert entfernt. Die Übung ist beendet, wenn ein Tn/Kl aus der Zielgruppe sich durch den Marktschreier angesprochen fühlt und sich für das Produkt interessiert und dies durch Klatschen kundtut.

Zum Selbsttraining

Das können Sie auch gut selbst durchführen.
Sammeln Sie ca. 20–30 Produkte und auf den anderen Karten entsprechend viele Zielgruppen. Ziehen Sie nun eine beliebige Kombination, und nun können Sie loslegen.

Redensarten

Die meisten von uns haben gewohnheitsmäßige Redensarten, die die eigenen Aussagen bzw. die Ansprache des Publikums beeinträchtigen. Typische Beispiele und eine positive Umformulierung kann man sammeln und erarbeiten.

So nicht:	Besser so:
»Ich würde sagen«	....
»Man könnte es eventuell	....

auch so ausdrücken«   ....
»Da haben Sie mich   ....
völlig missverstanden«   ....
»Wie Sie vielleicht wissen«   ....
»Lassen Sie mich zum   ....
Schluss kommen«   ....
»Ich weiß nicht, ob Sie sich ....
vorstellen können, dass …«   ....
»Ich weiß nicht, ob mein   ....
Vorredner schon darauf   ....
hingewiesen hat«   ....
»Entschuldigen Sie, dass ich ....
die Zeit überzogen habe«   ....
»Ich möchte mich recht   ....
herzlich bedanken«   ....
Meine eigenen Floskeln: ....

Übung: Reporter   (Stegreifübung)

Von jedem Tn/Kl werden drei Begriffe (Namen) auf je eine Karte geschrieben, am besten zusammengesetzte, eher selten verwendete Hauptwörter wie »Blütenregen«. Diese werden dann eingesammelt und gemischt. Nun erhält jeder Tn/Kl drei Karten (Begriffe), die er zunächst nicht lesen darf. Auf ein Anfangssignal hin (Klatschen) muss Tn/Kl, der/die an der Reihe ist, die Begriffe lesen und sofort danach eine Geschichte aus dem Stegreif erzählen, in der diese drei Begriffe eine wichtige Rolle spielen. Alle drei Begriffe sollten dabei in der Rede etwa gleich häufig verwendet werden. Auch Nonsens ist erlaubt.

Beispiele aus einem Kommunikationstraining:
• Sturzhelm – Computersoftware – Schnupftabak
• Birnbaum – Haarkranz – Känguru

Das können Sie gut alleine praktizieren:
Sammeln Sie ca. 50 verschiedene Begriffe, mischen Sie sie, ziehen Sie drei davon und Sie können starten!
Zur Erweiterung des Wortschatzes:

Übung: Eigenschaften benennen (Stegreifübung)

Tn/Kl notieren sich auf Karten Begriffe (Bsp. Telefon, Barhocker, Orchidee usw.).
Die Karten werden gemischt, jeder Tn/Kl zieht eine Karte und benennt spontan zehn Adjektive dazu. Die anderen Tn/Kl versuchen, den Begriff zu erraten.

Übung: Selbstdarstellung (Stegreifübung)

Tn/Kl nennen spontan fünf positive persönliche Eigenschaften. Der/die Übende stellt sich dazu hin und beginnt jeden Satz laut und überzeugt mit:
»Ich bin … «
oder
»Ich kann … «
Tn/Kl sollen dabei auf alle Einschränkungen oder Hinweise auf Fehler, die sie auch haben, verzichten. Sie beobachten, wie sie sich fühlen, wenn sie laut ihre Vorzüge und Fähigkeiten preisen, und überprüfen, welcher Art diese Beispiele sind.

Eine sehr gute Übung für Frauen mit stark weiblicher Geschlechtsrollenausprägung.

Umgang mit Blackout

Das Gehirn ist eine großartige Sache. Es funktioniert von der Geburt bis zu dem Augenblick, wo du aufstehst, um eine Rede zu halten.
Mark Twain

In Stresssituationen bei maximaler Belastung kann es zu völligem Leistungsverlust – dem Blackout – kommen. Alles vorher im Gedächtnis Gespeicherte ist wie weggeblasen. Man möchte nur noch weglaufen. Wenn vor einem Vortrag / einer Präsentation Lampenfieber auftritt, ist das völlig normal – durch den Anstieg der psycho-physiologischen Erregung nehmen Aufmerksamkeit und Erregung zunächst zu – die Leistung wird dem persönlichem Können entsprechend optimal. Nur extremer Erregungsanstieg (siehe hierzu Kap. 11), kann zum Blackout führen.

Fallbeispiel: Blackout
Bei einem Rhetoriktraining sollen sich Tn/Kl zu Seminarbeginn zehn Minuten für eine gute Vorstellung der eigenen Person vorbereiten. Ein Tn bereitet sich gar nicht vor, raucht stattdessen eine Zigarette und betont, dass er das wohl locker aus dem Stand mache, wirkt dabei aber sehr nervös. Vor der Videokamera nennt er dann seinen Namen, verspricht sich und wird rot, und dann reißt der Faden: er weiß sein Alter nicht mehr. Er hat einen Blackout.

Sie hören nun die H-Mess-Molle, Verzeihung die H-Moss-Melle, Entschuldigung, die H-Moll-Messe von Johann Sebaldrian Bach.
Ein Rundfunksprecher

Blackout-Techniken

- Akzeptieren Sie, dass kleine Versprecher menschlich sind!
- Versprecher nicht aufwerten durch ein »Entschuldigung«, ein »Äh« oder eine Verlegenheitspause. Reden Sie weiter oder lachen Sie (das erlaubt dem Publikum mitzulachen).
- Wenn Sie im Satz stecken bleiben oder einen Satz nicht sinnvoll zu Ende führen können: abbrechen und den Satz von vorne beginnen.
- Einfachste Überbrückungstechnik ist eine eingeschobene Anrede: »Meine Damen und Herren«.
- Redewendungen, die den Anschein erwecken, Sie verbesserten sich bewusst, schaffen Zeit zur Konzentration, z. B.:
  »Lassen Sie es mich anders ausdrücken ...«
  »Ich möchte es anders formulieren ...«
  »Um es noch präziser (anschaulicher ...) darzustellen ...«
  »Ich möchte noch einmal besonders betonen ... «
- Wenn der rote Faden verloren geht: die letzten Gedanken mit anderen Worten wiederholen oder zusammenfassen. So haben Sie Gelegenheit, in Ihr Manuskript oder auf Ihren Stichworte zu schauen und Ihre Gedanken zu ordnen. Übergangsformulierungen sind:
  »Ich möchte kurz zusammenfassen.«
  »Ich wiederhole.«
  »Den letzten Gedanken werde ich nochmals erläutern.«

- Sollte der Faden einmal ganz reißen, eine Folie auflegen, dem Publikum die Möglichkeit geben, Fragen zu stellen oder ein Ablenkungsmanöver einbauen:
  Sie lassen ein Fenster öffnen oder schließen.
  Sie fragen: »Werde ich hinten noch gut verstanden?«
  Sie behaupten: »Ich habe den Eindruck, dass mit dem Mikrofon etwas nicht stimmt.«
  Sie bieten eine kurze Pause an.
- Wenn Sie unterbrochen werden durch Einwände, Zwischenrufe,
  Wenn passend:
    Sie bedanken sich.
    Sie gehen darauf ein.
  Wenn unpassend:
    Sie verweisen auf die Diskussion am Ende Ihres Vortrags.
    Sie stellen den Punkt hinten an.
    Sie sagen: »Diesen Punkt werde ich unter x noch ausführlich behandeln.«

Feedback für die Vortragenden

Redeanalyse

Um dem Redner detailliertes Feedback zu ermöglichen, kann man die Beobachter auffordern, folgende Redeanalyse auszufüllen. Wenn die Zuhörer damit überfordert sind, kann Tr/Th einzelne Beobachteraufgaben verteilen, und jede(r) schildert (ohne darauf folgende Diskussion, siehe Feedback-Regeln) seine Beobachtungen zum jeweiligen Bereich. Diese Art des Feedbacks ist recht differenziert. Wichtig ist, exakt die Regeln einzuhalten, damit die Feedback-Runde in diesem Fall zehn Minuten nicht überschreitet, es sei denn, man hat keine zusätzliche Videoaufnahme.

	Bemerkungen	
Äußeres	....	
Einleitung	....	
Haltung	....	
Augenkontakt	....	
Lautstärke	....	
Deutlichkeit	....	
Tempo	....	
Modulation	....	
Stimme	....	
Mimik	....	
Gestik	....	
Wortschatz	....	
Gliederung	....	
Inhalt	....	
Medien	....	
Zeit	....	
Abschluss	....	
Motivierung des Publikums	....	

8.6 Individuelle Rollenspiele

Handlungsprobe: Beispiel privates Setting

Situation	Ansprache bei der Hochzeit des Sohnes
Schwierigkeitsgrad	4
Zeit/Ort	In etwa 2 Monaten, Restaurant, in dem die Hochzeitsfeier stattfinden wird
Partner	ca. 40 Hochzeitsgäste, das Hochzeitspaar (für das Rollenspiel in simulierter Situation reichen 2 aus)
Handlung	Ich halte eine kurze Rede für die Hochzeitsgäste, in der ich meine Freude über die Vermählung zum Ausdruck bringe und die »Geschichte« des Brautpaares aus meiner Sicht darstelle.
Partnerverhalten	Die Hochzeitsgäste sitzen an den Tischen, hören mir zu und applaudieren am Ende. Das Hochzeitspaar lächelt sich zu, schaut zu mir und nickt. Freut sich.
Zielverhalten	– Ich beginne meine Ansprache mit einer kleinen Anekdote über die Situation meiner Hochzeit und die damalige Rede meines Vaters. – Ich nenne mehrere Beispiele, warum das Brautpaar so gut zusammenpasst, und übertreibe dabei bewusst (Ordnung, Vorliebe für herrenlose Hunde). – Ich schließe mit der Aufforderung, auf das Brautpaar zu trinken.

Handlungsprobe: Beispiel betriebliches/berufliches Setting

Situation	Vortrag über »Stress und Arbeit«
Schwierigkeitsgrad 1–6	5
Zeit/Ort	Heute 18.00 Uhr, Vortragssaal der Firma X
Partner	ca. 250 Firmenangehörige, hauptsächlich Führungskräfte, »Laien« auf meinem Gebiet
Handlung	Ich halte meinen gut ausgearbeiteten Vortrag. Ein Teil des Publikums ist unruhig, es kommen immer wieder Zuhörer zu spät, einige unterhalten sich halblaut. Es gibt immer wieder Zwischenfragen und -rufe. Der größte Teil des Publikums ist aufmerksam.
Partnerverhalten	z. T. kritisch, zwei negative Zwischenrufe, ein Zuhörer in der zweiten Reihe lächelt und schaut mich an. Ein Teil des Publikums lacht bei humorvollen Bemerkungen meinerseits.
Zielverhalten	Ich werde 15–30 Minuten für die anschließende Diskussion reservieren, Unterbrecher darauf verweisen, mich selbst verstärken, den Zuhörer (der lächelt, nickt) direkt anschauen, evtl. ansprechen – bei beifälligem Lachen des Publikums eine kurze Redepause machen und mitlachen.

Persönliche Handlungsprobe: Beispiel Verhaltensbereich Selbstdarstellung und Präsentation

Situation	
Schwierigkeitsgrad 1–6	
Zeit/Ort	
Partner	
Handlung	
Partnerverhalten	
Zielverhalten	

Wenn dieser Verhaltensbereich im Vordergrund des Trainings steht, kann anstelle des individuellen Rollenspiels ein 10–15-minütiger (Sach-)Vortrag stehen. Idealerweise sollte er mit Video aufgezeichnet werden. Um Zeit zu sparen (z. B. bei einer größeren Teilnehmergruppe), kann nach jedem Vortrag eine mündliche Feedback-Runde mit verteilten Beobachtungsaufgaben (z. B. AIDA-Prinzip, Sprachstil, Gestik usw.) erfolgen(siehe Redeanalyse S. 180. Nach drei Teilnehmern kann man eine Pause einlegen, die diese dazu nützen, ihre Videoaufnahme z. T. im Schnelldurchlauf oder auch nur auszugsweise zu betrachten.

9. Kommunikation in Beziehungen

9.1 Hintergrundinformationen für Trainer und Therapeuten

Zielgruppen:

- Paare
- Familien
- Wohngemeinschaften
- andere Beziehungen
- (Arbeits-)Teams

Auf dem Gebiet der Paartherapie werden seit den 70er Jahren verschiedene Trainingsprogramme veröffentlicht, die die Kommunikation in der Partnerschaft verbessern sollen. Ein Beispiel ist das Couple Relationship Enhancement Program (CRE) von Guerney (1977), bei dem vor allem das angemessene Äußern von Gefühlen (Senderfertigkeit) und empathisches Zuhören (Empfängerfertigkeit) im Zentrum stehen. Ein weiteres bekanntes Programm ist das Personal Effectiveness Training (PET) von Liberman (1975), ein semistrukturiertes verhaltenstherapeutisches Gruppentraining mit den Zielen einer Verbesserung von verbalen und nonverbalen Kommunikationsfertigkeiten in den Bereichen Durchsetzungsverhalten und Selbstsicherheit in unterschiedlichsten Situationen. Es kann bei einer Vielzahl von Zielgruppen eingesetzt werden, aber auch bei Partnerschaftsproblemen bei depressiven oder sozial ängstlichen Tn/Kl Personen mit einer Aggressionsproblematik (Hahlweg, 1996).

Eine Langzeitstudie von Markman et al. (1993) hat gezeigt, dass ein Kommunikationstraining auch fünf Jahre nach Durchführung positive Effekte hatte. Teilnehmende Paare hatten mehr positive und weniger negative Kommunikation sowie eine geringere Anzahl von Gewalttätigkeiten in der Beziehung als Paare, die nicht zu einer Trainingsteilnahme bereit waren.

In einer Studie von Upton und Jensen (1991) wurden weibliche Versuchspersonen nach ihrer Akzeptanz und subjektiven Einschätzung der Wirksamkeit verschiedener Methoden der Paarberatung befragt. Sie bevorzugten in beiden Bewertungsdimensionen Kommunikations- und Problemlösungstrainings gegenüber Verhaltenstrainings und der verhaltenstherapeutischen Vorgehensweise des Contracting.

Typ B (Beziehung) der sozialen Kompetenz (nach Pfingsten) beinhaltet die Fähigkeiten, Gefühle, Wünsche und Bedürfnisse in die Beziehung zu nahe stehenden Personen (z. B. Ehepartner, Kinder, Freunde) einzubringen, mit Kritik dieser Personengruppe umgehen zu können und Kompromisse in der Beziehung zu schließen.

Folgende Senderfertigkeiten werden im Detail geübt (bei Hahlweg, 1996):

- Ich-Gebrauch und Selbstöffnung: Formulierung der eigenen Aussage in »Ich-Form«

- Die eigenen Mitteilungen werden mit konkreten Situations- oder Anlassbeschreibungen gekoppelt.
- Der Sender bezieht sich nicht nur auf konkrete Situationen, sondern beschreibt auch das Verhalten des Partners möglichst exakt.
- Beim Thema bleiben: Es werden aktuelle Situationen besprochen, auf die Aufarbeitung vergangener Probleme wird verzichtet.

Folgende Empfängerfertigkeiten werden geübt:

- Aufnehmendes Zuhören: Durch nonverbales Verhalten (entsprechende Gesten, Körperhaltung und Blickkontakt) wird Interesse bekundet.
- Paraphrasieren: Die Partner sollen lernen, das vom anderen Gesagte mit eigenen Worten wiederzugeben.
- Offene Fragen: Wenn der Zuhörer den Eindruck gewinnt, dass er nicht richtig versteht, werden zur besseren Klärung offene Fragen verwendet.
- Positive Rückmeldung: Der Partner wird für offene und verständliche Äußerungen und für effektive Kommunikation deutlich gelobt bzw. verstärkt.
- Gefühle aufgreifen: Dem Partner helfen, sich über seine Gefühle klar zu werden.
- Rückmeldung der eigenen Gefühle: Die eigenen Gefühle werden deutlich als die persönliche Reaktion mitgeteilt.

Besonderheiten bei Kommunikationstraining in Ehe- und Familientherapie:

- Die Kommunikations- oder Konfliktpartner sind anwesend.
- Die Probleme sind oft aktuell und die Beteiligten deshalb stark involviert.
- Die Problemsituationen sind sehr komplex, und die gegenseitige Kommunikation nimmt häufig die gesamte Sitzungsdauer in Anspruch.
- Tr/Th muss besonders auf die Einhaltung der eigenen Rolle als neutraler Vermittler achten.

Ein Kommunikationstraining in der Paartherapie kann sinnvollerweise mit einem Problemlösungstraining kombiniert werden.

9.2 Lernziele für Tn/Kl und zum Selbsttraining

- Eigene Ansichten, Gefühle und Bedürfnisse konkret, deutlich und in einer für den Partner akzeptablen Form äußern.
- Gefühle, Bedürfnisse und Meinungen des Gegenübers möglichst genau registrieren und zurückmelden.
- Die Beziehung zwischen Personen positiv gestalten.

9.3 Einstiegsübung: Gefühlspantomime

Eine Gruppe hat die Aufgabe, ein positives Gefühl pantomimisch – also ohne gesprochene Worte – im Plenum zu präsentieren.
Jeder Tn/Kl stellt dasselbe Gefühl dar – aber unterschiedlich ausdrucksintensiv; der schwächste Ausdruck wird als erster präsentiert, dann in der Reihenfolge die stärkeren. Die andere Gruppe stellt ein negatives Gefühl dar. Jede Gruppe ist Zuschauer bei der Darstellung der anderen und hat die Aufgabe, das von der anderen Gruppe dargestellte Gefühl zu interpretieren.
Das können Sie alleine vor dem Spiegel oder Video praktizieren.

9.4 Spezifische Wissensvermittlung

Die meisten von uns leben – zumindest phasenweise – in Beziehungen. Wie wir mit unseren Partnern, Kindern (Familienkompetenz), unseren Freunden so umgehen können, dass diese Beziehung für alle Parteien befriedigend gestaltet wird, haben wir nur selten erlernt. Die Scheidungsraten sind so hoch wie nie, Kinder wachsen oft nur mit ihrer Mutter auf. Beziehungen werden – wenn sie sich nicht »bewähren« – schneller beendet als früher.

Auch am Arbeitsplatz ist es wichtig, zu den KollegInnen eine positive Beziehung herzustellen, Störungen in der Kommunikation anzusprechen, z. B. »Funkstille« und gegenseitige Bestrafungsspiralen in Teams.
Sozialisationsbedingt sind Männer in engen Beziehungen oft recht schweigsam ganz besonders dann, wenn es um das Äußern positiver oder negativer Gefühle geht, z. B. sich über Liebe äußern, Ansprechen oder Besprechen von Konflikten oder Krisensituationen. Bezogen auf die vier Kommunikations-Kanäle, senden und empfangen sie besonders häufig auf der Sachebene.
Männer reagieren auf Konflikte oft mit Beschuldigungen und Aggressivität, Frauen mit Enttäuschung und Rückzug (z. B. sexueller Verweigerung).
Für eine Beziehung ist es wichtig, innere Bedingungsketten zu erkennen und den Bezugspersonen so mitzuteilen, dass sie sie richtig verstehen können.

Abb: Erklärungsmodell sozial (in-)kompetenten Verhaltens in Beziehungen

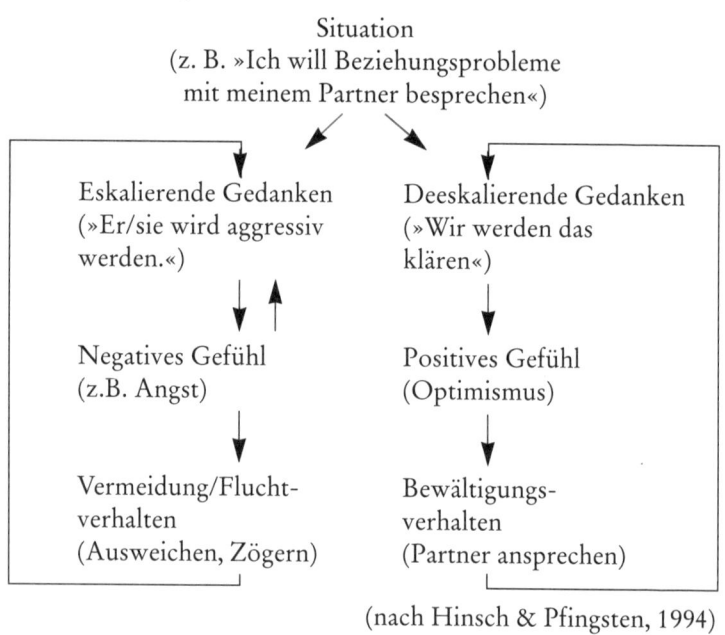

(nach Hinsch & Pfingsten, 1994)

Gefühle

Gefühle beeinflussen besonders stark unser Verhalten in unseren Beziehungen zu anderen Menschen.
Sie wirken sich (zer-)störend auf unser psychisches Gleichgewicht, auf unser Verhalten und auf die Beziehung zu anderen aus, wenn wir nicht gelernt haben, sie zu erkennen, zu akzeptieren, zu zeigen (Sender) sowie sie beim Partner wahrzunehmen und zu erlauben (Empfänger). In unserer Zeit der Sprachlosigkeit ist es wichtig, wenn es um Gefühle geht, sich zu überlegen, welche Emotionen es überhaupt gibt (abgesehen von »Cool- und Gut-drauf-sein«), zumal das Verständnis von Gefühlsbeschreibungen sehr unterschiedlich ist. Der eine versteht unter Freude z. B. etwas ganz anderes als der andere.

Analyse des persönlichen Verhaltens

Die Tn/Kl/S sammeln ihnen bekannte (also selbst erlebte) positive und negative Gefühle (zunächst) in Einzelarbeit:

Analyse des persönlichen Verhaltens: Meine Gefühle

Angenehme Gefühle	Anzeichen
Bsp.: Zuversicht	vertrauensvoll, stark, gelassen
....	....
....	....
....	....
....	....
....	....
....	....

Unangenehme Gefühle	Anzeichen
Bsp.: Hilflosigkeit	erschöpft, leer, gelähmt
....	....
....	....
....	....
....	....
....	....
....	....

Danach wird in KG/Pl zusammengetragen, zugeordnet und ergänzt.

Zusammenfassung Gefühle

Angenehme Gefühle **Unangenehme Gefühle**

Freude

- Begeisterung
- Heiterkeit
- Zufriedenheit
- Fröhlichkeit
- gute Laune

Liebe

- Zuneigung
- Sympathie
- Lust
- Verliebtsein
- Wohlgefallen
- Sehnsucht

Zufriedenheit

- Entspannung
- Ausgeglichenheit
- Gelöstheit

Sicherheit

- Geborgenheit
- Zuversicht
- Stärke
- Stolz

Ärger

- Wut
- Unzufriedenheit
- Beleidigtsein
- Zorn
- Gereiztheit

Furcht

- Unsicherheit
- Misstrauen
- Angst, Ängstlichkeit
- Argwohn
- Entsetzen

Trauer

- Niedergeschlagenheit
- Bedrücktheit
- Enttäuschung
- Einsamkeit
- Verzweiflung

Hass

- Abscheu
- Abneigung
- Neid
- Verachtung
- Verbitterung

Konkret bedeutet das,

- **wie man sich fühlt, wenn Wünsche befriedigt werden:**
  gelassen, erfreut, entzückt, dankbar, glücklich, hoffnungsvoll, inspiriert, gerührt, erregt, stolz, erleichtert, zufrieden, zuversichtlich
- **wie man sich fühlt, wenn Wünsche nicht befriedigt werden:**
  ängstlich, ärgerlich, enttäuscht, traurig, verlegen, niedergeschlagen, entmutigt, frustriert, sorgenvoll, hasserfüllt, verletzt, einsam, wütend, elend, überwältigt, herausgefordert, unglücklich, bekümmert.

Viele Gefühle nehmen wir gar nicht mehr wahr, versuchen sie wegzuschieben, zu verdrängen, auf die Vernunftebene zu transportieren.

9.5 Fertigkeiten

Senderfertigkeiten

Um mit Gefühlen in einer Beziehung positiv umzugehen, muss man:

- Gefühle mitteilbar machen, in Worte fassen oder non-verbal ausdrücken;
- die Mitteilung von Gefühlen in offener Form und nicht verdeckt abfassen, Gefühle so ausdrücken, dass sie der Partner nicht missversteht;
- Übereinstimmung zwischen verbaler Kommunikation (Sprache) und nicht-verbaler Kommunikation (Körpersprache) herstellen.

Nonverbale Fertigkeiten

In engen sozialen Beziehungen, z. B. unter guten Freunden oder in der Partnerschaft, wird die Körpersprache auf das Gegenüber abgestimmt, indem Haltung, Gesten und Mimik der anderen Person übernommen oder nachgeahmt werden. Untersuchungen haben gezeigt, dass Personen, die sich sehr nahe stehen, gegenseitig sogar die kleinsten Körperausdrücke widerspiegeln. Dies lässt sich durch Analysen von Filmaufnahmen in Zeitlupe nachweisen.

Übung: Nonverbale Signale von Gefühlen

Welche nonverbalen Signale können Gefühlen zugeordnet werden? Tn/Kl erarbeiten selbstständig in zwei KG (eine KG die nonverbalen Signale angenehmer und die andere KG die unangenehmer Gefühle) und stellen ihre Ergebnisse auf dem Flipchart vor und/oder führen sie (z. B. als Ratespiel) der anderen KG vor.

Beispiele für nonverbale Signale von Gefühlen

Angenehme Gefühle:

Blickkontakt	– Augenzwinkern	– Verliebtsein, Sympathie
Mimik	– lächeln, anlachen	– Freude, Liebe, Fröhlichkeit
Gestik	– winken	– Freude
	– in die Hände klatschen	– Begeisterung, Freude
	– streicheln	– Liebe
Körperhaltung	– zugewandt	– Liebe, Freude
	– aufrecht	– Stolz, Freude,
		– Zuversicht
	– erhoben	– Stolz, Freude
Handlungen	– umarmen	– Zärtlichkeit, Liebe,
		– Freude
	– küssen	– Liebe
	– weinen	– Freude
	– sich gegenseitig die Hände halten	– Verliebtsein, Geborgenheit

Unangenehme Gefühle:

Blickkontakt	– zusammen-gebissene Zähne	– Wut, Hass
	– starrer, bohrender Blick	– Wut, Hass
Mimik	– gerunzelte Stirn	– Hass, Ärger
	– weinen	– Trauer, Ärger, Angst
	– offener Mund, weit aufgerissene Augen	– Furcht, Hass
Gestik	– geballte Faust zeigen	– Ärger, Wut, Zorn, Hass
	– mit dem Zeigefinger auf den anderen zeigen	– Wut, Hass – Ablehnung
	– wildes Herumfuchteln mit den Armen und Händen	– Ärger, Wut, Zorn Angst
Körperhaltung	– gebückt, gekrümmt, eingesunken	– Trauer, Furcht
	– starr, bewegungslos	– Angst, Furcht, Zorn
	– angespannt	– Wut, Furcht, Ekel
Handlungen/ Verhaltens-weisen	– weglaufen	– Angst, Furcht
	– jmd. anspucken, vor ihm ausspucken	– Ekel, Verachtung, Hass
	– jmd. schlagen, mit der Faust auf den Tisch schlagen, mit Gegenständen um sich werfen	– Wut, Hass, Ärger

(siehe auch Feldhege/Krauthan, 1979)

Übung: Rücken an Rücken

Tn/Kl stellen sich Rücken an Rücken in etwa einem Meter Entfernung voneinander und sprechen über Gefühle zueinander. Wie geht es ihnen dabei, wenn sie die Körpersprache des Partners nicht wahrnehmen und wissen, dass ihre eigene Körpersprache ebenso wenig registriert wird?

Übung: Gefühle ausdrücken

Tn/Kl bilden zwei Gruppen. Beide Gruppen stellen sich gegenüber. Eine KG drückt mit dem Körper Eigenschaften aus, die Tr/Th auf jeweils einer Karte, verdeckt für die andere Gruppe, notiert, die andere KG beobachtet.
Zuerst nimmt das Gesicht, dann der Oberkörper, dann der ganze Körper den Begriff an, z. B. ärgerlich, verliebt, gelangweilt, erschrocken, aufgeregt, erschöpft, schüchtern, mutig.
Versuchen Sie vor dem Spiegel (oder einem Freund) verschiedene Gefühle körpersprachlich darzustellen.

Eine weitere Ausführung der nonverbalen Signale von Gefühlen erübrigt sich.

Verbale Senderfertigkeiten

Dem jeweiligen Gefühl entsprechend passen sich Artikulation (bei Hass überbetont, bei Liebe deutlich genug, um verstanden zu werden, usw.), Modulation (bei Zuneigung Moll-Lage, bei freudiger Erregung dynamisch usw.), Sprechtempo, gezielter Einsatz von Pausen und Lautstärke an.

Mit einer sehr lauten Stimme im Halse ist man fast außerstande, feine Sachen zu denken,
Nietzsche

Übung: Persönliche Gefühle ausdrücken

Tn/Kl überlegen sich, welche Gefühle sie gerne ausdrücken möchten, wählen einen einfachen Satz wie »ich hab Dich sehr gerne«, »oh, wie traurig«, »jetzt bin ich wirklich enttäuscht« und versuchen ihn paraverbal treffend auszudrücken (in Artikulation, Modulation ...).

Sprachstil
Gefühle werden oft verdeckt und nicht offen geäußert.

Abbildung: Gefühlsbotschaften

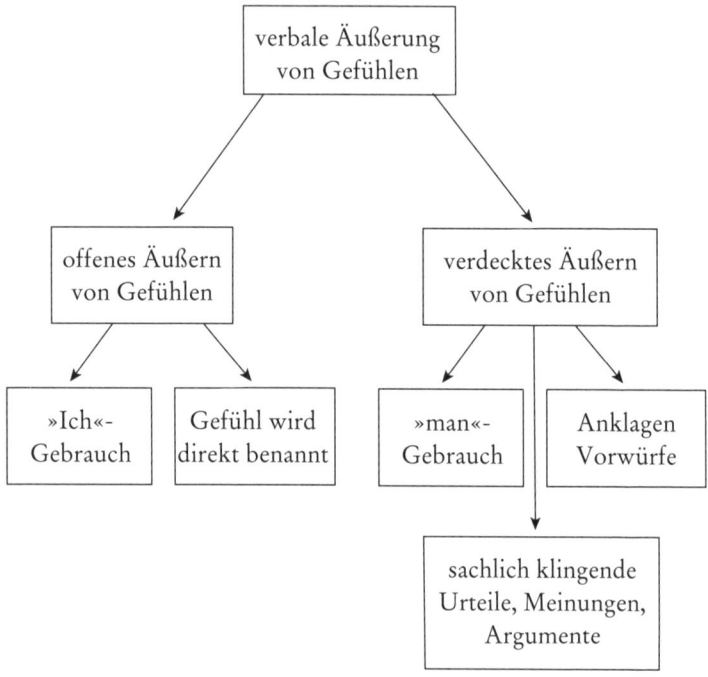

(Feldhege, Krauthan 1979)

Typische Anzeichen dafür, dass man sich selbst von seinen Gefühlen entfremdet hat, sind

1. das Gefühl benützen, es jedoch nicht zu erklären versuchen (z. B. »Ich habe das Gefühl, er will mich ausnützen«).
2. Worte benutzen, die mehr darüber aussagen, wie man sich einschätzt, als dass sie die eigenen Gefühle beschreiben (z B. »Ich fühle mich ganz klein»«).
3. Worte benutzen, die eher etwas darüber aussagen, wie andere sich der eigenen Person gegenüber benehmen, als dass sie aussagen, wie man sich selbst fühlt (z. B. »Ich fühle mich unterdrückt«).

Virginia Satir beschreibt (1993) **vier typische Muster** in Familien, mit denen Gefühle verschleiert werden:

1. Beschwichtigen
   Die Worte sind zustimmend: »Was Du auch immer willst, ist in Ordnung. Ich existiere nur, um Dich glücklich zu machen.«
   Der Körper stimmt versöhnlich: »Ich bin hilflos.«
   Die Gedanken und Gefühle sind: »Ich komme mir wie ein Nichts vor, ohne Dich bin ich tot. Ich bin nichts wert.«

2. Anklagen
   Die Worte sind nicht zustimmend: »Du machst nie etwas richtig. Was ist los mit Dir?«
   Der Körper ist anklagend und fordernd: »Ich bin der Chef hier.«
   Die Gedanken und Gefühle sind: » Ich bin einsam und erfolglos.«

3. Rationalisieren
   Die Worte sind überaus vernünftig: »Wenn man sorgfältig beobachtet, könnte man die abgearbeiteten Hände eines hier Anwesenden bemerken.«
   Der Körper ist unbewegt, gespannt: »Ich bin ruhig, kühl und gesammelt.«
   Die Gedanken und Gefühle sind: »Ich fühle mich leicht ausgeliefert.»

4. Ablenken
   Die Wörter sind ohne Beziehung, belanglos, sie ergeben keinen Sinn.
   Der Körper ist eckig und in verschiedene Richtungen weisend.
   Die Gedanken sind: »Niemand macht sich etwas aus mir. Ich gehöre nirgendwo hin.«

Fallbeispiel: Vom Hundertsten ins Tausendste

L. (27 J., Studentin) und ihr Verlobter K. (32 J., Betriebswirt) schildern in einer Therapiesitzung ihre Schwierigkeiten miteinander, anhand einer Auseinandersetzung des Vorabends. Für die Therapeutin ist der Ablauf dieses Ereignisses nicht nachvollziehbar. Die beiden beschuldigen sich gegenseitig, »alles falsch zu schildern«, L. weist obendrein auf aus ihrer Sicht wichtige Parallelen zu Ereignissen der letzten sieben Jahre (so lange sind die beiden zusammen) hin, klagt ihn an. K. versucht bei jedem Beispiel die Darstellung seiner Freundin argumentativ und versteckt aggressiv zu widerlegen, bis diese nicht mehr weiter weiß. Nach einer halben Stunde sind beide erschöpft (die Therapeutin auch). Als diese den beiden eine Videoaufnahme des Gesprächs vorspielt, stellt sie ihnen die Aufgabe, das eigene Verhaltensmuster auf Wünsche und Strategien, diese zu erfüllen, zu beobachten. Beide erkennen zwar ihre Strategien, können aber nicht die dahinter liegenden Gefühle äußern.

Übung: Gefühle äußern

Mit welchen Redewendungen können die folgenden Gefühle beschrieben werden?

```
                    Äußern angenehmer Gefühle
           ┌──────────────────┴──────────────────┐
         offen                                verdeckt
```

Freude
z. B.: Ich freue mich so, daß wir heute zusammen ausgehen
....
....
....
....

z. B.: Nun ganz schön. Das war aber wirklich mal nötig
....
....
....
....

Liebe
z. B.: Ich fühle mich geborgen bei Dir, ich liebe Deine Ruhe und Zärtlichkeit
....
....
....

z. B.: Siehst Du, heute akzeptierst auch Du, wie wichtig Körperkontakt ist
....
....
....

Zufriedenheit
z. B.: Herrlich entspannt bin ich nach einem Saunaabend
....
....
....
....

z. B.: Saunieren ist eine perfekte Entspannungsmethode – das ist wissenschaftlich nachgewiesen
....
....
....

Sicherheit
z. B.: Ich fühle mich heute so richtig stark und voller Zufriedenheit
....
....
....

z. B.: Das schaffe ich schon
....
....
....
....

	Äußern unangenehmer Gefühle	
	offen	verdeckt

Ärger

z. B.: Herr Sch., mich ärgert, wenn Sie meine Vorschläge durch Scherze unterbrechen, ich fühle mich dann abgewertet

....
....
....

z. B.: Könnten wir beim Thema bleiben?

....
....
....
....

Furcht

z. B.: Ich habe Angst, wir gehen mit unserer Präsentation baden. Der Kunde verhält sich schon jetzt so abweisend, wenn ich Kontakt aufnehme.

....
....
....
....

z. B.: Es hat doch gar keinen Sinn, einen derart großen Aufstand für die Präsentation zu betreiben. Das ist doch verlorene Liebesmüh!

....
....
....
....

Ekel

z. B.: Ich ekle mich vor dieser körperlichen Gewalt in diesem Film

....
....
....

z. B.: Kannst Du nur noch solche Filme ansehen?

....
....
....
....

Trauer

z. B.: Ich bin sehr traurig darüber, dass auch unser zweiter Versuch gescheitert ist

....
....
....

z. B.: O.K., das war's dann eben

....
....
....

Um Kommunikationsfehler zwischen Partnern herauszufinden, wird dem Paar eine Videoaufnahme eines Streits mit negativen, aber auch positiven Verhaltensweisen vorgeführt. Tr/Th erarbeitet dann mit den Tn/Kl eine Liste der Defizite in Sender- und Empfängerverhalten. Mit Hilfe dieser Liste können die für eine bessere Kommunikation erwünschten Verhaltensweisen definiert und geübt werden.

Empfängerfertigkeiten

Hier geht es darum, die Gefühle anderer wahrzunehmen und zu akzeptieren.

Übung: Ohne Worte

Tn/Kln drehen sich so, dass sie sich jeweils zu zweit gegenüberstehen, sehen sich gegenseitig an, ohne ein Wort zu sprechen. Was glaubt Tn/Tl, denkt und fühlt der Partner? Das Paar diskutiert diese Gefühle später und stellt fest, wie richtig bzw. falsch die Annahmen waren.

Übung: Gefühle spiegeln

Tn/Kl bilden Paare und sehen sich an. A spiegelt die wahrnehmbaren Ausdrücke von B. Nach kurzer Zeit spiegelt B den Gefühlsausdruck von A.
Diese Übung ist sehr gut für Ehepaare geeignet.

Übung: Empathie (Wahrnehmung körpersprachlicher Information)

Aufteilung des Pl in Spielgruppe und Beobachtungsgruppe. Die Spielgruppe überlegt sich eine stark mit Gefühlen besetzte Szene mit mindestens zwei Spielpartnern (z. B. eine Auseinandersetzung, Freude über gemeinsamen Erfolg) und spielt sie. Die Szene wird per Video aufgenommen. Die Beobachtungsgruppe bekommt das Video ohne Ton vorgespielt und soll anhand der Körpersprache erraten, um was für eine Situation bzw. um welche Art von Konflikt es sich handelt (dabei wird typischerweise viel spekuliert, ohne genau zu beobachten). Zum Schluss folgt die Aufklärung durch Videovorführung mit Ton.

Auswertung der Videoaufnahme

Person ....

		Beobachtungen	Interpretation: mögliches Gefühl
n		Blickkontakt	
		Mimik	
o		....	
		....	
n		....	
v		Gestik	
		....	
e		....	
		....	
r			
		Haltung	
b		....	
		....	
a		....	
l		Handlungen	
		Bewegungen	
		....	
		....	
		....	

Komplexe Fertigkeiten

Übung: Paradoxes Rollenspiel

Ein Tn/Kl spielt den/die PartnerIn oder den/die KollegIn – je nach Setting – z. B. dessen Art zu versachlichen, Schauplätze zur Beweisführung (»du hast doch damals auch...«) zu wechseln, zu unterbrechen, Vorwürfe zu machen.
Der/die andere Tn/Kl spielt den/die PartnerIn/KollegIn.

Danach berichten beide Tn/Kl, wie sie sich in der Rolle des Partners und im Spiegel durch den Partner gefühlt haben.

Feedback in Arbeitsbeziehungen

Auch für Arbeitsteams, Konferenzen und andere Meetings ist eine sich gegenseitig fördernde und zum Ziel führende Kommunikation sehr wichtig, damit es nicht so abläuft:

Eine Konferenz ist eine Sitzung, bei der viele hineingehen und wenig herauskommt.
Werner Finckh

Im Folgenden werden einige Regeln für Feedback-Geben und -Annehmen dargestellt.

Feedback-Runde
(z. B. für Teams)

Allgemein

- Achten Sie bei Gesprächen auf Ihre Interessen, Ihre eigene Meinung und auf Ihre Gefühle.
- Verbergen Sie Ihre gefühlsmäßigen Eindrücke nicht vor sich selbst.
- Melden Sie gegebenenfalls eine »Arbeitsstörung« an. Dann kann darüber gesprochen werden, und Sie können wieder produktiv mitarbeiten. Gefühlsmäßige Eindrücke – auch Störungen – sind wichtig. Oft geht es »eigentlich« um sie und eben nicht nur um den sachlichen Inhalt.
- Verstecken Sie sich dabei nicht hinter einem »man« oder »wir«, sondern sprechen Sie von Ihren persönlichen Eindrücken in der »Ich«-Form.
- Löst das Verhalten eines Gruppenmitglieds angenehme oder unangenehme Eindrücke und Gefühle bei Ihnen aus, teilen Sie es ihm selbst sofort mit und nicht später einem anderen.
- Wenn Sie Rückmeldungen (Feedback) geben, bewerten Sie nicht das Verhalten des anderen an Ihren eigenen Normen. Sprechen Sie von den Eindrücken und Gefühlen, die durch das Verhalten des anderen bei Ihnen ausgelöst werden. Lassen Sie dabei offen, wer z. B. der »Schuldige« an Ihrer emotionalen Arbeitsstörung ist.

- Wenn Sie Feedback erhalten, versuchen Sie nicht gleich, sich zu verteidigen oder die Sache klarzustellen. Freuen Sie sich, dass der Gesprächspartner Ihnen sein Problem erzählt, das er mit Ihnen hat. Versuchen Sie erst einmal, ruhig zuzuhören und zu prüfen, ob Sie auch richtig verstehen, was er meint.

Regeln für richtiges Feedback

Wie gibt man am besten Feedback?

1. *Positives Feedback zuerst, dann negatives, möglichst konstruktiv formuliert.*
   Kritik verletzt so weniger das Selbstwertgefühl und wird eher akzeptiert.
2. *Einzelne Kritikpunkte genau benennen*
   Keine pauschale Kritik, sonst gerät der Kritisierte schnell in Verteidigungshaltung, anstatt zuzuhören.
3. *Hinweise auf positive und negative Konsequenzen*
   Einsicht in die Folgen ist die beste Bereitschaft, Feedback auch anzunehmen.
4. *Zur Kritik auch konkrete und realisierbare Änderungsvorschläge machen*
   Vermittelt trotz Kritik eine wertschätzende und konstruktive Haltung.
5. *Richtigen Zeitpunkt für Feedback wählen*

Möglichst unmittelbar nach der Handlung, unter Umständen – je nach Gefühlslage des Betroffenen (Erschöpfung, Frustration, Ärger o. ä.) – auch später. Der Empfänger sollte offen für das Feedback sein.

Wie nimmt man am besten Feedback an?

1. *Kritik in Ruhe anhören*
   Nicht sofort mit Gegenkritik reagieren. (Sonst verpasst man die Gelegenheit, wichtige Informationen zu erfahren.)
2. *Kritik in eigenen Worten wiederholen (Rückformulierung) und Verständnisfragen stellen*
   Verhindert, dass die Gesprächspartner aneinander vorbeireden und signalisiert Selbstsicherheit.

3. *Unter Umständen weitere Personen um Rückmeldung bitten*
   (Dies relativiert oft die negative Kritik.)

   (Sperber, 1995)

Übung: Feedback

Tn/Kl geben sich z. B. am Abend eines Seminartages gegenseitig Feedback – und zwar nicht in Form des konstruktiven Feedbacks bei den Übungen und Rollenspielen, sondern über die persönlichen Beobachtungen und Empfindungen der jeweiligen Person über die bisherige Zeit hinweg.

Gesprächsphasen

In den meisten Mitarbeitergesprächen ist ein roter Faden im Ablauf wichtig, deshalb hier kurz die einzelnen Punkte eines (kritischen) Gesprächs, z. B. Beurteilung, Kritik, Konfliktgespräch.

1. *Eröffnung des Gesprächs*
   - »Warming-up«
   - Führen Sie eine kurze Unterhaltung über nicht zum Thema gehörende positive Dinge (z. B. Hobbys).
2. *Themenstellung*
   - Geben Sie eine klare Festlegung des Gesprächsinhaltes sowie der Vorgehensweise:
   - Verweisen Sie auf Tagesordnung, Zeitbedarf, Vorgehensweise im Gespräch.
3. *Darlegung und Nachfrage*
   - Legen Sie ausführlich das Konzept dar, das erörtert werden soll.
   - Bitten Sie um speziellere Information über Einzelheiten.
4. *Argumentationsphase*
   - Wechselseitige Bewertung, Kritik, Interpretation und ein Austausch der Einwände zwischen den Kommunikationspartnern.
5. *Einigungsphase*
   - Legen Sie die Ergebnisse des Gesprächs (Einigung, Kompromiss, Nichteinigung, Vertagung) fest.
   - Halten Sie entsprechende Vereinbarungen fest.

6. Abschluss
- Beenden Sie das offizielle Gesprächsthema, wirken Sie auf einen allmählichen Ausklang des Gesprächs hin.
- Finden Sie möglichst einen positiven Gesprächsabschluss.

Feedback von oben nach unten geben ist eine wichtige Führungsaufgabe. Für Anerkennungs- und Kritikgespräch gibt es einige spezifische Regeln.

 Übung: Anerkennung (oder Kritik) aussprechen
Dauer ca. 30–45 Min.

Tn/Kl teilen sich in drei KG ein. Eine KG bereitet den/die Vorgesetzte vor, der die Anerkennung bzw. Kritik aussprechen soll, eine KG den/die MitarbeiterIn, eine KG stellt die Kriterien für ein wirksames Anerkennungs- bzw. Kritikgespräch zusammen. Dann wird gespielt (möglichst mit Video-Aufzeichnung). Die Rollenspieler können ausgetauscht werden. Die Beobachtungsgruppe gibt Feedback. Das Spiel kann in einzelnen Phasen gespielt und immer wieder unterbrochen werden.

Regeln für wirksame Anerkennung:
- Loben Sie nicht die Person, sondern erkennen Sie die Leistung, das Verhalten an.
- Vermitteln Sie bei gegebenem Anlass möglichst sofort Anerkennung.
- Geben Sie Anerkennung maßvoll (Inhalt, Dauer, Form).
- Verwenden Sie keine klischeehaften Formulierungen.
- Berücksichtigen Sie die Stimmung und Eigenheiten des Anzuerkennenden.
- Stellen Sie keine Abwesenden vor der Gruppe heraus.
- Machen Sie keine Unterschiede zwischen Gruppenmitgliedern bei der Anerkennung einer Gruppenleistung.
- Missbrauchen Sie Anerkennung nicht als billigen Motivationsersatz.
- Lassen Sie die betroffene Person erzählen, wie es ihr gelungen ist, diese Leistung zu erzielen, das verstärkt besonders gut.

Regeln für wirksame Kritik

Gesprächsbasis schaffen

- Warming-up

Sachverhalt klären

- Gehen Sie möglichst auf das Positive ein.
- Sprechen Sie verbesserungsbedürftige Punkte offen an und erläutern Sie sie detailliert.
- Zeigen Sie die Folgen der Fehler auf, gehen Sie dabei auch auf persönliche Emotionen ein.
- Begründen Sie die Notwendigkeit einer Korrektur.
- Lassen Sie den Mitarbeiter Stellung nehmen.
  * Wie kam er/sie zu dieser Lösung?
  * Wie steht er/sie dazu?
  * Wo gab es Probleme?

Neue Ziele gemeinsam erarbeiten

- Geben Sie den Mitarbeitern Gelegenheit, Verbesserungsvorschläge zu unterbreiten, und machen Sie dann selbst Vorschläge.
- Ergänzen und präzisieren Sie – falls nötig – die Vorschläge.
- Erarbeiten Sie gemeinsam die Änderungen.

Gespräch abschließen

- Vereinbaren Sie das weitere Vorgehen.
- Legen Sie Kontrollen fest.

Metakommunikation

Für Menschen, die befriedigend und effektiv miteinander kommunizieren wollen, ist es wichtig, Kommunikationsstörungen zu erkennen, deren Ursachen zu analysieren und sie zu beheben. Dazu geeignet ist Metakommunikation: Die Art der Kommunikation zwischen den beteiligten Personen wird selbst zum Gegenstand des Gesprächs.

Die Fähigkeit zur Metakommunikation ist auch für das Arbeiten in Gruppen eine wichtige Voraussetzung.

Wir »metakommunizieren«, d. h., wir überprüfen unsere Kommunikation, wenn wir darüber sprechen, wie wir im Augenblick miteinander gesprochen haben (durch Worte, Gesten, Handlungen u. a.).

»Wo stehen wir jetzt in unserem Gespräch?« oder: »Warum ist unsere Diskussion eigentlich so schleppend und zäh?« sind z. B. Aufforderungen zur Kommunikationsüberprüfung, nämlich zu einer *Diskussion über die Diskussion*. Ziel dieser Kommunikationsüberprüfung ist eine Klärung bzw. Verbesserung der Kommunikation.

Für die Metakommunikation gelten die mehrfach beschriebenen Regeln für (konstruktives) Feedback.

9.6 Individuelle Rollenspiele

Handlungsprobe: Beispiel privates Setting

Situation	Hochzeitstag
Schwierigkeitsgrad 1–6	3
Zeit/Ort	Abends ab 20.00 Uhr, im Restaurant T.
Partner	Meine Frau G. (39 J.)
Handlung	Ich habe meine Frau anlässlich unseres Hochzeitstages zu einem Essen in ihrem Lieblingslokal eingeladen. Wenn wir fertig gespeist haben, schenke ich ihr eine Vulkansteinkette, die ihr bei unserem Sommerurlaub auf Sizilien so gut gefallen hat. Ich sage ihr, wie sehr ich sie liebe und wie wichtig ich diesen Urlaub fand, weil wir dort unsere Ehespannungen endlich erfolgreich bearbeiten konnten.
Partnerververhalten	G. ist zuerst etwas verlegen und meint, »Ist das eine Wiedergutmachung für die erste verdorbene Hälfte des Urlaubs?« Als ich ihr sage, was sie mir bedeutet, schaut sie mich an, lächelt, freut sich und drückt fest meine Hände
Zielverhalten	Ich achte auf Blickkontakt, zeige meine Gefühle der Erleichterung und der Liebe durch meine Mimik und Körperhaltung, ich nehme ihre Hände und formuliere die Gefühlsbotschaft: »Liebling, ich bin so froh und erleichtert, dass wir in diesem Urlaub wieder zusammengefunden haben. Ich weiß jetzt, wie sehr ich dich liebe. Ich bin glücklich, mit dir zusammen zu sein.«

Handlungsprobe: Beispiel betriebliches/berufliches Setting

Situation	Aufforderung zur Metakommunikation
Schwierigkeitsgrad 1-6	5
Zeit/Ort	Montagmorgen-Konferenz, nach Besprechung der vorliegenden Projekte, ca. 12.00 Uhr, im Besprechungsraum
Partner	meine Kollegen Martina (32 J.), Gerd (28 J.), Andreas (51 J.) und Erich (41 J.)
Handlung	Wir besprechen ca. 2 Stunden unsere Projekte. Erich und Martina behindern aus meiner Sicht eine effektive und angenehme Arbeit. Ich spreche meine Unzufriedenheit über Erichs und Martinas Verhalten an.
Partnerverhalten	Martina schweigt die meiste Zeit, gibt nur gelegentlich spitze Bemerkungen von sich. »War's das schon?« „»Interessant, interessant.« Oder blickt zum Fenster hinaus. Erich legt detailliert seine eigenen Leistungen dar, unterbricht die anderen, benötigt viel Redezeit.
Zielverhalten	Ich äußere in Form einer Ich-Botschaft: „Erich, du hast heute von unseren zwei Stunden mehr als die Hälfte für die Darlegung deiner Leistungen bei den einzelnen Projekten benötigt. Das ärgert mich. Wir verlieren Zeit, wir wissen ohnehin, daß du gute Leistungen bringst, das freut mich auch, aber fass dich in Zukunft bitte kürzer. Von dir, Martina, wünsche ich mir, daß du deine Verärgerung direkt und nicht versteckt äußerst. Ich schlage vor, wir machen eine Metakommunikation.«

Persönliche Handlungsprobe: Beispiel Verhaltensbereich
Kommunikation in Beziehungen

Situation	
Schwierig-keitsgrad 1–6	
Zeit/Ort	
Partner	
Handlung	
Partner-verhalten	
Zielverhalten	

10. Umgang mit Aggressionen und Konflikten

10.1 Hintergrundinformationen für Trainer und Therapeuten

Zielgruppen:

- Paare/Familien
- Führungskräfte
- Mediatoren, Supervisoren, Coaches
- zerstrittene Abteilungen/Parteien
- Lehrer

- Sozialpädagogen
- Sozialberater in Unternehmen/Verwaltung
- Personal- und Betriebsräte

Konfliktmanagement im Betrieb, zwischen Parteien, zwischen Eheleuten gibt es in Form von Training, Coaching, Therapie, Supervision und Mediation.
Dieser Verhaltensbereich ist sehr komplex und setzt Wissen und Fertigkeiten der vorherigen Kapitel voraus. Die Beschreibung der einzelnen nonverbalen, paraverbalen und verbalen Sender- und Empfängerfertigkeiten wird hier deshalb nicht mehr durchgeführt.

10.2 Lernziele für Tn/Kl und zum Selbsttraining

- Konfliktursachen erkennen
- Konflikteskalierende Kommunikation erkennen
- Gewaltfreie Kommunikation zur Konfliktlösung lernen
- Konfliktgespräche führen

10.3 Einstiegsübung: Kritik

Eine Gruppe hat die Aufgabe, ein kurzes Rollenspiel im Plenum zu präsentieren.
Thema ist die Kritik am Verhalten eines Tn/Kl durch einen anderen aus der Gruppe. Weil die Kritik unangemessen vorgebracht wurde, (d. h. z. B. überzeichnet, aggressiv, unpersönlich, zu schüchtern), wird sie vom Kritisierten zurückgewiesen
Der Rest des Plenums ist Zuschauer und diskutiert die von der anderen Gruppe dargestellte Szene.

10.4 Spezifische Wissensvermittlung

Wenn zwei Menschen immer wieder die gleiche Meinung haben, ist einer von ihnen überflüssig.
Churchill

Wo Menschen aufeinander treffen, kann es zu einem »Miteinander«, aber ebenso gut zu einem »Gegeneinander« kommen. Und da Reibung bekanntlich Wärme erzeugt, entsteht mitunter ein hitziger Konflikt, der den Beteiligten ganz schön zu schaffen macht. Besonders spannungsvoll und destruktiv ist es, wenn MitarbeiterInnen im Geschäftsalltag mit »Mobbing« konfrontiert werden: Intrigen, versteckte oder offen sichtliche, aber immer feindselige Angriffe von Seiten Vorgesetzter, Kollegen oder auch Untergebener. Doch viele Konflikte bergen in sich auch ein kreatives Potential und können positiv genutzt werden.

Die richtige Kommunikation ist ein wichtiges Hilfsmittel zur Konfliktanalyse und -bewältigung.

In einer Studie wurden die Auswirkungen der unterschiedlichen Sozialisation von Männern und Frauen hinsichtlich ihres Umgangs mit Aggressionen untersucht und anhand von Sprachanalysen und Untersuchungen zu geschlechtsspezifischen Körperhaltungen in unterschiedlich zusammengesetzten Gruppen illustriert. Dabei zeigte sich, dass Frauen eher beziehungsorientiert sind, sich eher solidarisch zeigen und offen-aggressives Verhalten vermeiden, während Männer zu rivalisierendem Verhalten tendieren.

Konfliktdefinition

Was ist ein Konflikt? Einfach ausgedrückt ein Spannungszustand, der auftritt, wenn eine Unvereinbarkeit von psychischen Zuständen (Motiven, Emotionen) oder Handlungen besteht und der nicht ohne weiteres beseitigt werden kann.

Grundsätzlich unterscheiden wir zwei Konfliktformen:

Der intraindividuelle (psychische) Konflikt

Darunter versteht man den gleichzeitigen Widerstreit momentan unvereinbarer Motive/Ziele **innerhalb einer Person**. Er wird als Belastung erlebt, die nicht rasch beseitigt werden kann

- Annäherungs-/Annäherungs-Konflikt
  Bsp.: Sie wollen gleichzeitig einen interessanten arbeitsintensiven Job, aber auch viel Freizeit und müssen sich entscheiden.
- Annäherungs-/Vermeidungs-Konflikt
  Bsp.: Sie möchten gerne Bungee-Springen ausprobieren, haben aber Angst.
- Vermeidungs-/Vermeidungs-Konflikt
  Bsp.: Sie wollen keine Überstunden machen, aber auch nicht den Chef verärgern.

(nach Lewin)

Der interindividuelle (soziale) Konflikt

Das ist der gleichzeitige Widerstreit von Motiven, die Unvereinbarkeit von Handlungen und psychischen Zuständen und Interessen zwischen mehreren Personen, Gruppen, Institutionen etc.

  – *Interpersonale* (Konflikte zwischen Personen),
sowie – *Intragruppenkonflikte*
  – *Intergruppenkonflikte*
und Konflikte zwischen **Einzelperson** (z. B. Außenseiter) und einer **Gruppe**.
Unterschieden werden dabei der symmetrische Konflikt (Machtgleichgewicht) und der asymmetrische Konflikt (Machtungleichgewicht), typischerweise zwischen Vorgesetzten und Mitarbeitern.
Viel diskutiert wird heute die Zunahme des **Mobbing**.
Darunter versteht man einen asymmetrischen Konflikt in Form fortgesetzter, gezielter Belästigung über einen längeren Zeitraum, typischerweise am Arbeitsplatz.

Typische Konflikte im Betrieb:

Im betrieblichen Alltag besteht einerseits die Notwendigkeit koordinierten Handelns, andererseits kann mehr Selbstständigkeit des Einzelnen die Effektivität der Organisation erhöhen.
Typisch sind hier:

Der Beurteilungskonflikt
Eine unterschiedliche Beurteilung besteht darüber, mit welchem Lösungsansatz ein gegebenes Ziel erreicht werden soll.

Der Bewertungskonflikt
Bei vorgegebenem Ziel werden die Konsequenzen einer Handlungsweise unterschiedlich bewertet.

Der Verteilungskonflikt
Die benötigten Mittel zur Zielerreichung oder Handlungsdurchführung übersteigen die Ressourcen.

Der Rollenkonflikt
Die Rollen der Konfliktpartner sind unklar definiert und/oder beeinträchtigen sich gegenseitig.

Die Merkmale eines zwischenmenschlichen Konflikts zeigen sich in der Kommunikation, der Wahrnehmung, der Einstellung und dem Aufgabenbezug.
Diese Merkmale genauer betrachtet:

Kommunikation in Konfliktsituationen

- nicht offen und aufrichtig
- die Information ist unzureichend oder sogar bewusst irreführend.
- Geheimhaltung und Unehrlichkeit nehmen zu.
- statt offener Diskussionen und überzeugender Argumentation werden Drohungen oder Druck verwendet.

Wahrnehmung und Einstellung in Konfliktsituationen

- Das Verhalten der anderen Person/Partei wird einseitig und verzerrt wahrgenommen.
- Unterschiede in Meinungen, Einstellungen, Zielen und Wertvorstellungen werden deutlich.

- Unterschiede zwischen den Personen/Parteien werden stärker wahrgenommen als Gemeinsamkeiten.
- Angebote des anderen zur Versöhnung werden als strategische Täuschungsmanöver interpretiert.
- Der anderen Partei werden Feindseligkeit und böser Wille unterstellt.
- Vertrauen nimmt ab, Misstrauen nimmt zu.
- Offene und verdeckte Feindseligkeiten entstehen.
- Die Bereitschaft, die andere Person/Partei zu unterstützen, nimmt ab.
- Die Bereitschaft, die andere Person/Partei auszunutzen, herabzusetzen oder bloßzustellen, nimmt zu.

Aufgabenbezug in Konfliktsituationen
- Die Aufgabe wird nicht mehr als gemeinsame Zielsetzung verstanden.
- Zweckmäßige und sinnvolle Arbeitsteilung nimmt ab.
- Jede Partei will alles alleine machen, um nicht abhängig zu sein und nicht ausgenutzt zu werden.

Fallbeispiel: Konflikt

In einer Dienstleistungsfirma (50 Mitarbeiter) bestehen innerhalb der Führungsspitze erhebliche Konflikte. Der Geschäftsführer und Firmeninhaber (45 J.) sucht Supervisionshilfe, weil seine »wichtigsten Leute«, die Leiterin Personal und Buchhaltung (auch Prokuristin) (42 J.) und der Produktionsleiter (34 J.), ständig Krach miteinander haben, zeitweise nicht mehr miteinander reden. Beide kommen bei Konflikten zu ihm, und er versucht dann die Wogen zu glätten. Im Laufe der Supervisionsarbeit stellt sich heraus, dass der Geschäftsführer selbst einen Großteil der Probleme durch unklare Verteilung der Rollen und Zuständigkeiten in seiner Firma verursacht. Obendrein ist er mit beiden befreundet, trifft sich auch privat und gibt dann im vertraulichen Gespräch der jeweiligen Partei Informationen weiter, um diese zu beschwichtigen. Die Konflikte zwischen beiden versucht er herunterzuspielen, an die dahinter liegenden Ursachen wagt er sich nicht heran – aus Angst, einer der beiden könnte gehen und er selbst an Macht verlieren, wenn sich beide verbünden. Interessanterweise funktioniert die Zusammenarbeit »notgedrungen«?, wenn er ausnahmsweise in Urlaub ist.

Betrachten wir die Sprache bei Konflikten genauer:

Sprache der Manipulation und Gewalt

Mit Worten lässt sich trefflich streiten.
Goethe, Faust

Allzu trefflich ist die Sprache meist nicht. Typische Gesprächsformen, die den Sinn für Verantwortlichkeit schwächen und die Anwendung von Gewalt fördern, sind:

Beanspruchen/Fordern

- Keine Wahlmöglichkeit zugestehen
- Die Ursache des Handelns dem anderen zuschreiben
- Die Ursache des Handelns unserer seelischen Verfassung zuschreiben
- Die Ursache des Handelns der Notwendigkeit zuschreiben, Autoritäten zu gehorchen
- Die Ursache des Handelns festgesetzten Regeln, Richtlinien und Vorschriften zuschreiben
- Die Ursache des Handelns dem Geschlecht, dem Alter oder dem Mangel an Zeit zuschreiben

Beurteilen

- Nach moralischen Gesichtspunkten beurteilen
- Nach gesellschaftlichen Gesichtspunkten beurteilen
- Nach psychologischen Gesichtspunkten beurteilen
- Nach dem äußeren Erscheinungsbild beurteilen

Nichtpartnerschaftliche Kommunikation

Meist stehen Manipulationen, Unterdrückung oder Machtausübung gegenüber dem Konfliktpartner(n) im Vordergrund. Dabei wird versucht, die andere Person durch sprachliche Mittel zu manipulieren:

Übung

Tn/Kl sammeln typische kommunikative Muster der Manipulation, Gewalt und Unterdrückung und die Reaktionen des Gegenübers aus ihrem privaten und beruflichen Alltag.

Beispiele

- Befehlen, kommandieren oder anschaffen; »anordnen« gegenüber Gleichgestellten;
- drohen, warnen oder ermahnen;
- moralisieren oder »zureden« als sanftere Formen;
- Ratschläge und Lösungen aufdrängen, ohne darum gefragt zu werden,
- Vorwürfe machen und belehren;
- logische Argumente bei emotionalen Problemen anführen;
- von einer erhöhten Position aus den anderen loben, ihm zustimmen, um die Kommunikation zu beenden;
- den Kommunikationspartner durch Kritik an seiner Person oder Persönlichkeit abwerten;
- beschimpfen oder lächerlich machen der anderen Person;
- den Kommunikationspartner gezielt mit scheinbar objektiven Aussagen interpretieren oder analysieren: »Du *bist* so und so…!«;
- den anderen fragen oder verhören, ohne die Gründe der Fragen offen zu nennen. Informationen vom Gesprächspartner erfragen, die dieser eigentlich nicht geben wollte.
- Sich bei unangenehmen Themen oder Fragen zurückziehen, ablenken oder zerstreuen.

Unpartnerschaftliche Kommunikationsstrategien, bei denen eine Person versucht in eine Überlegenheitsposition zu kommen, lösen verschiedene **Reaktionen der Konfliktpartner** aus:

- Ärger, Zorn, Wut oder Feindseligkeit
- Widerstand, Rebellion
- Aggressionen, Vergeltungsmaßnahmen

- Lügen, Verheimlichen von Gefühlen und Absichten, Geheimhaltung von Informationen
- Klatsch, Umdeuten der Realität
- Eigenes Dominanzstreben: Tyrannei, Herumkommandieren
- Keine Bereitschaft zu Kompromissen, Angst vor Unterlegenheit
- Taktieren mit dritten Personen: Bündnisse schließen, sich organisieren, kollektiven Widerstand aufbauen
- Übermäßige Anpassung: Unterwerfung, Einschmeichelei, Fügsamkeit, Aufgabe der eigenen Identität
- Ängste vor Veränderungen: mangelnde Initiative und Energie für Neues
- Fluchttendenzen: Beendigung der Kontakte oder Suche nach einer Ersatzbefriedigung bei anderen Personen oder in der eigenen Phantasie

(nach Fittkau, B.)

10.5 Fertigkeiten

Beispiele für die Vermischung von Beobachtung und Bewertung

1. Gebrauch des Verbs »sein«, ohne Aussage darüber, ob der Beobachter sich dessen bewusst ist, dass hier eine Bewertung stattfindet.	Du bist geizig.
2. Gebrauch von Verben, die eine Bewertung einschließen.	Meine Mutter schmeißt mit dem Geld um sich.
3. Die Annahme, dass die eigenen Schlussfolgerungen aus den Gedanken anderer die einzig möglichen sind.	Er wird wieder Schwierigkeiten bekommen.

4. Verwechslung von Vorhersagen mit dem, was tatsächlich eintreffen wird.	Wenn du nicht mehr lernst, dann fällst du in der Prüfung durch.
5. Fehler der Verallgemeinerung	Alle Politiker sind gleich
6. Gebrauch von Verben, die eine Fähigkeit oder Unfähigkeit bezeichnen, ohne zu zeigen, dass hier eine Bewertung vorliegt.	Herbert kann so nie erfolgreich sein
7. Gebrauch von Adjektiven und Adverbien, die eine Wertung einschließen, aber sie nicht deutlich machen.	Das sind nur faule Ausreden

Gewaltfreie Kommunikation bei Konflikten

Übung: Kontroverser Dialog

Diese Übung ist eine Weiterführung des kontrollierten Dialogs. Zwei Tn/Kl suchen sich ein Thema aus, zu dem sie eine unterschiedliche Meinung haben (Politik, Fußball ...). A äußert die eigene Meinung, B hört zu. B wiederholt (die für B an sich nicht akzeptable) Meinung von A. A und C kontrollieren, ob diese Wiedergabe richtig ist. Wenn A's Meinung richtig wiedergegeben wurde, äußert B die eigene Meinung und A hört zu. Dieser Prozess wird wechselseitig fortgesetzt.
Eine schwierige, aber sehr gute Übung!

Beispiele für die Trennung von Beobachtung und Bewertung

Ich fürchte, dass du krank wirst, wenn du nicht anfängst, dich gesünder zu ernähren. Die letzten drei Male sagtest du nein zu meinen Vorschlägen.
Es gibt verschiedene Möglichkeiten, auf beleidigende Äußerungen eines Gesprächspartners angemessen zu reagieren, beispielsweise Paraphrasieren, Nachfragen, Ablenken, Ironisieren, paradoxe Reaktionen, Metakommunikation. Selbstsicherheit, unverzerrte Wahrnehmung des Gesprächspartners und die Verfügbarkeit bestimmter Einstellungen (z. B. »Wenn ich nicht will, dann kann

sich der andere mit mir nicht streiten.«) sind Voraussetzungen und Hilfen für konstruktive Reaktionen auf Angriffe oder Beleidigungen.

Dem anderen sagen, was Sie beobachten:
Dabei Beobachtung und Bewertung trennen:

1. Weder bewertende Redewendungen noch Festlegungen wie »du bist ...« benützen.
2. Die eigene Meinung nicht als die einzige Wahrheit hinstellen.
3. Sich konkret und präzise ausdrücken, anstatt zu verallgemeinern – z. B. Wörter wie »nie« oder »immer« vermeiden.
4. Vorhersagen nicht als Gewissheit ausgeben.

Dem anderen sagen, was Sie fühlen:
Dabei Gefühle, nicht Gedanken oder Schuldzuweisungen ausdrücken (z. B. nicht »Ich fühle mich missverstanden«, besser: »Ich bin verärgert, weil du denkst, ich sei ...«).

Dem anderen sagen, was Sie wie bewerten:
»Weil-ich«-Erklärungen für unsere Gefühle angeben, damit der andere die Gefühle z. B. nicht als Bedrohung empfindet. (Z. B. »Ich ärgere mich, weil ich dich als unzuverlässig empfinde.«)

Dem anderen sagen, was Sie wünschen/fordern:
Um konkretes Verhalten bitten:

1. Verhaltensweisen beschreiben statt unbestimmte, abstrakte Verben benutzen.
2. Das Positive ausdrücken – sagen, was man will, nicht, was man nicht will.
3. Den anderen direkt ansprechen, nicht sagen: »Ich möchte, dass etwas passiert«, sondern: »Ich möchte, dass du Dich für X. einsetzt.«
4. Handlungen zur Erfüllung des Wunsches vorschlagen »vielleicht könnten wir ... tun«.

Konfliktlösung

Geschickt argumentieren

Argumente sind Pfeile. Sie müssen richtig beschaffen sein und gut gezielt werden. Wie tief sie eindringen, bestimmt die Kraft, mit der der Bogen gespannt wurde. Diese Kraft heißt Begeisterung.
Chin. Staatsmann, ca. 2000 v. Chr.

Das Wort »Argument« stammt von dem lateinischen Verb »arguere« und bezeichnet ursprünglich, was der Erhellung und Veranschaulichung dient. Heutzutage bedeutet es in der Umgangssprache einen Beweisgrund, der eine Behauptung stützen soll. Eine Argumentation ist somit eine Verknüpfung mehrerer Argumente, die zu einer Behauptung (oder These, Schlussfolgerung) führt und andere Menschen von diesem Gedankengang überzeugen will.
Die Argumentation ist Kernelement von Reden, kontroversen Diskussionen, Konflikten, Verhandlungen, Gesprächen.

Übung: Argumentation

Wird in 2er-Gruppen gespielt. Ein Tn/Kl stellt sich vor, etwas zu haben, was er/sie nicht hergeben will, der/die andere will genau das unbedingt bekommen. Der Gegenstand muss nicht konkret benannt werden. Hinterher wird reflektiert, welche Argumentationsstrategien jeder angewendet hat, wie erfolgreich er/sie damit war und was das mit der persönlichen Realität der Tn/Kl zu tun hat.

Die »vier Verständlichkeitsmacher« in der Argumentation (nach Schulz von Thun) zeigen, wie gutes Argumentieren funktioniert.

Einfachheit	– kurze Sätze formulieren
	– bekannte Wörter verwenden
	– Fremdwörter erklären
	– anschaulich darstellen
Gliederung/Ordnung	– Information in sinnvoller Reihenfolge anbieten
	– Pausen, Steigerung der Lautstärke

	– zusammenfassen
	– wichtige Stellen hervorheben
	– gedankliche Beziehungen/Querverbindungen verdeutlichen
Kürze/Prägnanz	– das Wesentliche kurz und bündig darstellen
	– viel Information mit wenigen Wörtern bringen
Zusätzliche Stimulanz	– für jeden Sachverhalt Beispiele aus der Lebenswelt des Gesprächspartners/Zuhörers bringen
	– bildhafte Darstellung – Analogien benutzen
	– visualisieren
	– Sachinformationen mit sich selbst in Beziehung setzen

Übung: Nonsensdebatte

Die Tn/Kl teilen sich in eine Pro-, Contra- und zwei Beobachtergruppen. Dann wird zu einem sogenannten Nonsensthema (z. B. Die Bedeutung der Rechtschreibung bei der Höhlenmalerei in der Steinzeit, Halten von Schafen als Rasenmäher im Kleingarten, Anschnallpflicht für Tiere als Beifahrer) in Pro & Contra-Form debattiert. Diese Übung eignet sich gut zum Auflockern und dazu, phantasievoll und überzeugend (unsinnige) Argumente vorzutragen.

Übung: Pro & Contra-Debatte

Zu einem vom Pl ausgewählten Thema (z. B. Verlängerte Ladenschlusszeiten, Forderung nach kürzerer Arbeitszeit, Fahrpreisermäßigung für Arbeitslose etc.) teilen sich die Tn/Kl in je eine Pro-, eine Contra- und zwei Beobachtergruppen. Die einzelnen Gruppen sammeln jeweils Grundbestandteile ihrer Argumentation, auch die Beobachtergruppen besprechen, was sie beobachten wollen. Danach wird das vorher bestimmte Thema debattiert. Die Beobachtergruppen berichten darüber, was ihnen aufgefallen ist.

Argumentationstechniken

1. 3-Satz-Techniken

Problem-Problemlöser-Formel
1. Problem
2. Problemlösung
3. Problemlöser

Chronologische Formel
1. Was war?
2. Was ist?
3. Was wird sein?

Ist-Soll-Vergleichs-Formel
1. Was ist die Situation?
2. Was ist anzustreben?
3. Was ist dazu erforderlich?

2. 5-Satz-Techniken

Statement-Formel
1. Thema nennen
2. Fakten nennen
3. Erste Alternative (Vor- und Nachteile)
4. Zweite Alternative
5. Persönliche Entscheidung

Impuls-Formel
1. Warum rede ich?
2. Ist-Zustand
3. Soll-Zustand
4. Wie erreichbar?
5. Was als erstes tun?

Standpunkt-Formel
1. Standpunkt darlegen
2. Genaue Begründung
3. Beispiele aus der Praxis
4. Schlussfolgerung
5. Aufforderung zur Stellungnahme

Kompromiss-Formel
1. A behauptet
2. B behauptet
3. Ich meine, beide stimmen in folgendem Punkt überein ...
4. daraus Ansatz für die Lösung ableiten
5. von hier aus weiterdenken

Übung: Schlagabtausch

Tn/Kl bilden zu einem kontroversen Thema je eine Pro- und eine Contragruppe. Jede Gruppe diskutiert ca. fünf Minuten ihre Position, überlegt die eigenen und möglichen gegnerischen Argumente und verteilt zentrale Argumente auf einzelne Tn/Kl. Danach äußern sich die Tn/Kl abwechselnd und in festgelegter Reihenfolge, nach der Sitzordnung im Zickzackverfahren.

Bei dieser Übung kann vor allem die Schnelligkeit, mit der man Argumente vorbringen kann, trainiert werden.

Übung: Englische Debatte

Zu einem kontroversen Thema werden zwei Parteien mit je zwei Tn/Kl gebildet, die jeweils eine Rede über ein kritisches Thema halten sollen. Für jede Partei gibt es zusätzlich je zwei Beobachter, die für die Debatte Feedback geben sollen. Die beiden Parteien haben fünf Minuten Zeit, sich auf ihre Rede vorzubereiten. Der/die erste Tn/Kl der Partei A beginnt mit einem Statement von maximal einer Minute Länge, dann folgt der/die erste Tn/Kl der Partei B, der auf die Äußerungen von A antwortet. Nach einer Minute kommt der zweite Tn/Kl der Partei A an die Reihe. Auf diese Weise wechseln sich die Diskussionsteilnehmer ab. Nach der Debatte berichten die Beobachter ihre Eindrücke.

Wenn das Handwerkszeug für Konfliktlösung vermittelt und geübt wurde, können konkrete Konflikte aus dem Alltag der Tn/Kl bearbeitet werden. Wichtig ist zunächst, dass Sie systematisch vorgehen und nicht – wie so häufig – Konfliktanalyse und Lösungsversuche vermischen. Trennen Sie drei Phasen:

Phasen der Konfliktlösung

Phase 1: Konfliktanalyse
Was war gewesen? Wie ist die Situation jetzt?
Vorgehensweise: Brainstorming, Informationssammlung ohne Bewertung, Fallschilderung

Phase 2: Diagnose
Warum ist die Situation so?
Vorgehensweise: Fakten interpretieren, d. h. verhaltenspsychologisch analysieren, z. B.: die andere Partei ist nicht aus bösem Willen so aggressiv, sondern weil er/sie in einem anderen Lebensbereich stark frustriert ist.

Phase 3: Veränderung
Was ist zu tun?
Vorgehensweise: Mittel und Wege finden, um den bestehenden Konflikt zu mildern oder zu lösen.

Die meisten Konfliktlösungen erfordern ein oder mehrere Gespräche. Ein solches Gespräch kann folgendermaßen ablaufen:

Gesprächsphasen in Konfliktgesprächen

Vorbereitung:
– Welche Informationen habe ich?
– Welche Motive des/der GesprächspartnerIn sind mir bekannt?
– Was wollen die Gesprächsteilnehmer vermutlich erreichen?
– Was will ich erreichen?
– Wann, wo, mit welchen Beteiligten soll das Gespräch stattfinden?

1. **Eröffnung des Gesprächs**
   - »Warming-up«
   - Kurze Unterhaltung über nicht zum Thema gehörende positive Dinge (z. B. gemeinsame Interessen, den bisherigen Tagesablauf)

2. **Themenstellung**
   - Klare Festlegung des Gesprächsinhaltes sowie der Vorgehensweise: Tagesordnung, Zeitbedarf, Vorgehensweise im Gespräch

3. **Informationsaustausch**
   - Eine Person (Partei) informiert sachlich und mit Ich-Botschaften, die andere Person (Partei) hört (aktiv) zu, hinterfragt, fasst zusammen
   - Jeweils im Wechsel
4. **Gemeinsame Konfliktdefinition**
   - Klar umreißen, was der Konflikt ist, wie ihn die Betroffenen definieren
5. **Argumentationsphase**
   - Hier erfolgen eine wechselseitige Bewertung, Kritik, Interpretation und ein Austausch der Einwände zwischen den Kommunikationspartnern
6. **Gemeinsame Lösungssuche**
   - Alle Betroffenen sammeln Lösungsmöglichkeiten
7. **Entscheidung für bestimmte Lösungen**
   - Auswahl der von allen akzeptierten (vorläufigen) Lösungen
   - Absprache über Art der Umsetzung
8. **Kontrolle**
   - Vereinbarung über Art der Kontrolle
   - Bestimmung des Zeitpunkts der Kontrolle
9. **Abschluss**
   - Möglichst positiver Gesprächsabschluss

Übung: Wechselseitiges Konfliktmanagement an eigenen Problemen

Tn/Kl bilden Gesprächspaare, die sich vertrauen und die jeweils einen echten sozialen Konflikt, in dem sie stehen, zur Sprache bringen (sei es aus dem beruflichen oder dem privaten Bereich) und erörtern. Die Übung ist in Phasen aufgeteilt. Das vorher erarbeitete Wissen soll in den Übungsphasen konkret umgesetzt werden. In jeder Phase wird nacheinander (mit Rollenwechsel) an den beiden Konflikten gearbeitet.

1. Phase: Schilderung des sozialen Konflikts (in Ich-Botschaften); der andere hört aktiv zu.
2. Phase: Gemeinsame Ursachenanalyse.
3. Phase: Einer berät den anderen, indem er Vorschläge zur Austragung und Lösung bringt.
4. Phase: Besprechung im Plenum.

Übung: Aquarium

Thema kann ein aktueller Konflikt sein, der im Seminar entstanden ist, z. B. wegen Unpünktlichkeit einzelner Tn/Kl, aber auch ein Konflikt aus dem Berufsalltag der Tn/Kl. Das Plenum teilt sich in eine Diskussionsgruppe (innerer Kreis) und eine Beobachtergruppe (äußerer Kreis). Die Diskussionsgruppe erörtert und behandelt den Konflikt. Die Beobachtergruppe gibt anschließend ein Feedback dazu. Nach Möglichkeit werden dann die Rollen getauscht, indem die vormalige Beobachtergruppe denselben Konflikt neu oder weiterbehandelt oder einen anderen Konflikt bespricht, wozu sie Feedback von den anderen erhält.

Im therapeutischen Setting wird positiver Umgang mit Konflikten häufig in der Paartherapie eingesetzt.

Konflikttraining mit Paaren (nach Hahlweg, 1996)

Zunächst üben die Partner anhand positiver Themen und in stark vorstrukturierten Situationen. Dann wird die Kommunikation mit negativen Themen geübt, erst nach allmählichem Abbau der vorgegebenen Regeln und Themen sprechen die Partner über eigene Konfliktthemen.

Übung: Ausdruck positiver Gefühle

Anhand eines vorgegebenen, für beide positiven, Themas lernt das Paar positiven Gefühlen Ausdruck zu geben. Dabei bleiben Sender- und Empfängerrolle streng getrennt. Die Rollen werden bei einer Wiederholung der Übung dann gewechselt. Zentrale Aufgabe ist dabei, Sender- und Empfängerregeln korrekt einzuhalten.

Übung: Ausdruck negativer Gefühle

Wie bei der vorherigen Übung werden die Rollen streng getrennt, es wird über ein für beide negatives Thema gesprochen, das vorher festgelegt wurde.

 Übung: Rollenwechsel

Anhand eines vorgegebenen Themas üben die Partner während des Gesprächs zwischen Sender- und Empfängerrolle zu wechseln. Zur Verdeutlichung hält dazu jeder Partner einen Zettel mit der jeweiligen Rolle in der Hand, der dann mit Wechsel der Rolle ausgetauscht wird. Im Mittelpunkt steht die Fähigkeit zwischen der Einhaltung der Empfänger- und Senderregeln flexibel wechseln zu können.

 Übung: Konfliktgespräch über eigene Themen

Wenn beide Partner die Kommunikationsfertigkeiten und den Rollenwechsel beherrschen, dann sprechen sie über Themen, die die eigene Partnerschaft betreffen. Auch hier kann die Schwierigkeit systematisch gesteigert werden, indem zuerst über Themen kommuniziert wird, die für beide Partner eine geringe Bedeutung haben und später wichtigere Themen Gesprächsinhalt werden.

Trainerverhalten

Die Aufgabe von Tr/Th ist, während dieser Übungen die Einhaltung der Kommunikationsregeln zu beachten, er/sie darf dabei nicht zu den Äußerungen der Trainingsteilnehmer inhaltlich Stellung nehmen. Tr/Th stehen folgende Interventionsmöglichkeiten zur Verfügung:

Kontingente Verstärkung:
Nicken oder kurze verbale Äußerungen während des Gespräches geben positive Rückmeldung über die richtige Umsetzung der Gesprächsregeln.

Soufflieren:
Tr/Th schlägt während des Gesprächs mit leiser Stimme Handlungsalternativen entsprechend der Kommunikationsregeln vor.

Neubeginn:
Wenn das Gespräch erst kurz dauert und ein Partner die Gesprächsregeln verletzt, kann /Th die Übung abbrechen, genaue Instruktionen für eine Verbesserung geben und dann die Übung noch einmal beginnen.

Schnitt:
Während des Gesprächs kann die Übung kurz unterbrochen werden, der Tr/Th gibt konstruktive Vorschläge für eine Verbesserung, dann geht das Gespräch dort weiter, wo es abgebrochen wurde.

Gesprächsabschluss:
Nach Beendigung des Gesprächs werden den Übenden konkrete, detaillierte positive Rückmeldung und genaue Verbesserungsvorschlägen gegeben.

Gut geeignet ist auch eine weitere Übung, besonders wenn nur ein Konfliktpartner anwesend ist:

Übung: Drei Perspektiven

Tn/Kl baut im Raum drei Plätze auf, die eigene Position(1), die des Gegenübers (2) und die für den neutralen Beobachter (3). Dann geht Tn/Kl zu Platz 1, schaut zu Platz 2 und stellt sich sein Gegenüber vor, spürt der Situation nach, wie es ihm mit dem anderen geht, was er will, was ihn stört. Danach wird zu Platz 2 gewechselt und Tn/Kl schlüpft in die Rolle des Gegenübers. Auch hier stellt sich Tn/Kl dieselben Fragen. Zuletzt nimmt Tn/Kl Platz 3 ein und denkt sich in die Rolle des neutralen Beobachters.

10.6 Individuelle Rollenspiele

Handlungsprobe: Beispiel privates Setting

Situation	Feierabend-Konflikt
Schwierigkeitsgrad 1–6	5
Zeit/Ort	zu Hause am Esstisch
Partner	mein Mann, Bodo, 38 Jahre, meine zwei Töchter, Aline, 10 Jahre, und Sabrina, 8 Jahre
Handlung	Ich sitze mit meinen Töchtern beim Abendbrot. Wir unterhalten und amüsieren uns. Ich freue mich darauf auszugehen, wenn mein Mann kommt und die Kinderbetreuung übernimmt, wie wir das besprochen haben. Da kommt Bodo nach Hause, hängt seinen Mantel an den Haken.
Partnerverhalten	Bodo stöhnt, schlurft erschöpft an den Esstisch und sagt: »Ich habe schon wieder Kopfschmerzen – und ausgerechnet heute willst Du ausgehen.«
Zielverhalten	Ich schaue ihn an, gehe nicht auf seine Klagen ein (er fühlt sich immer schlecht, wenn ich weggehe, darüber haben wir in der letzten Therapiesitzung gesprochen) und sage freundlich, aber bestimmt: »Wie besprochen gehe ich jetzt. Gute Besserung.«

Handlungsprobe: Beispiel betriebliches/berufliches Setting

Situation	Mit einem Kollegen einen Konflikt austragen
Schwierigkeitsgrad 1–6	4
Zeit/Ort	Montag, 18.00 -19.00 Uhr im Stationszimmer
Partner	Kollege Dr. Engelhardt, groß, schlank, 30 Jahre
Handlung	Ich spreche E. auf die Situation letzter Woche an. E. hat zum wiederholten Mal die Station überraschend verlassen, ohne mich zu informieren, so musste ich seine Station mitbetreuen, noch dazu an einem sehr turbulenten Tag.
Partnerverhalten	Blockt ab, sagt, er sehe kein Problem, argumentiert, dass seine Frau krank sei, wie ich doch wisse, und er plötzlich nach Hause musste, weil es mit den Kindern Probleme gab. Das müsse ich doch als Familienvater verstehen. E. tritt sehr selbstbewusst bis aggressiv auf, tritt nah an mich heran.
Zielverhalten	Ich formuliere eine Ich-Botschaft: »Ich habe mich über Ihr Verhalten am Donnerstag sehr geärgert, weil ich Ihre Arbeit noch mitmachen musste. Das ist das dritte Mal in diesem Monat. Obendrein haben Sie mich nicht einmal persönlich informiert, sondern mir nur durch die Pflegedienstleitung Bescheid gegeben. Ich erwarte, dass Sie mich in Zukunft persönlich informieren und dass Sie nur im Notfall meine Hilfe in Anspruch nehmen.«

Persönliche Handlungsprobe: Beispiel Verhaltensbereich
Umgang mit Aggressionen und Konflikten

Situation	
Schwierig-keitsgrad 1–6	
Zeit/Ort	
Partner	
Handlung	
Partner-verhalten	
Zielverhalten	

C Weiterführende Massnahmen

11. Kombinationsmöglichkeiten mit anderen Kompetenzbereichen am Beispiel Stresskompetenz

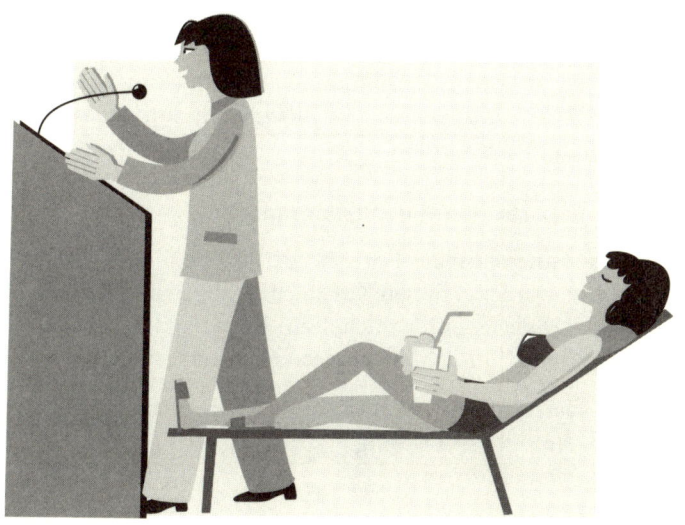

Erhöhung der Selbstkompetenz durch Stressverhaltenstraining

Stress erfordert eine individuelle Analyse und darauf aufbauend maßgeschneiderte Verhaltensänderungen für jeden einzelnen Tn/Kl.

Die Suche nach Defiziten der Trainingsteilnehmer ist im Vergleich zur Stressbewältigung bei Kommunikationstrainings weniger wichtig. Da bei den einzelnen Tranfersituationen, wie etwa den Rollenspielen, häufig Stress entsteht, können die Techniken des kurzfristigen Stressabbaus zusätzlich trainiert werden.
(Zur ausführlichen Darstellung von Anti-Stress-Maßnahmen siehe: Angelika Wagner-Link [1995], Verhaltenstraining zur Stressbewältigung.)

11.1 Kurzfristige Erleichterungstechniken

Die Techniken der kurzfristigen Erleichterung bewirken eine sofortige Reduktion der Erregung. Sie können idealerweise vor und während der belastenden Kommunikationssituation und/oder danach z. B. bei misslungenem bzw. noch nicht zufriedenstellendem Ergebnis eingesetzt werden.

1. **Systematische Spontanentspannung**

   Wenn systematische Formen der Entspannung sicher beherrscht werden, können Kurzformen abgeleitet werden. Besonders geeignet für solche »auf Kommando« abrufbaren erregungsreduzierten Maßnahmen sind Übungsteile aus:

   - der systematischen Muskelentspannung (nach Jacobson)
   - dem Autogenen Training
   - den Atemübungen.

   Wie bei den Langformen der Entspannung sind im Allgemeinen muskuläre Methoden am leichtesten einsetzbar.
   Beispiele: Vor dem Ansprechen einer fremden Person den Stress durch Entspannung der Gesichtsmuskulatur reduzieren.

2. **Wahrnehmungslenkung**

   Äußere Wahrnehmungslenkung
   Damit sind gezielte Aktivitäten gemeint, die die Belastung vo-

rübergehend vergessen lassen. Man macht kurzfristig etwas anderes und konzentriert sich vollständig auf die neue Tätigkeit.
Diese Methode ist sehr einfach durchzuführen. Sie bewährt sich besonders, wenn es darum geht, Erregungsspitzen zu kappen. Die gewählten Aktivitäten dürfen natürlich nicht neuen Stress erzeugen, wie das bei vielen »altbewährten Tröstern« z. B. bei der Entspannungszigarette (Nikotin aktiviert), dem Entspannungsschluck u. a., der Fall ist.

Innere Wahrnehmungslenkung
Hier lenkt man die Aufmerksamkeit von der stressauslösenden Situation weg und richtet sie intensiv auf etwas anderes:

- **auf konkrete Reize**
  Beispiel: Kugelschreiber

- **auf nach innen geschaute Bilder**
  Das bedeutet die Konzentration auf Ruhebilder
  Beispiele: Strand, Wiese, Berglandschaft, Badewanne etc.
  Wenn die nach innen geschauten Bilder vorher mit Entspannung gekoppelt sind, sind sie besonders wirksam.

- **auf neutrale oder positive Gedanken**
  Man denkt an nicht-belastende, neutrale oder positive Ereignisse.
  Beispiele: Freizeitaktivitäten, Urlaub, Hobbys, nette Menschen, lustige Ereignisse, schöne Tagträume

Beispiele: Vor einem stressauslösenden Vortrag (Lampenfieber) sich mit bereits anwesenden Zuhörern unterhalten. Beim Blackout in Ruhe die nächste Folie auflegen und **nur** darauf konzentrieren.

3. Positive Selbstgespräche

In Stress-Situationen tauchen Gedanken auf wie: »Das schaffe ich nie«, »Das wird schief gehen«, »Ich fühle mich schrecklich«, »Die findet mich sicher unsympathisch, ich spreche sie lieber gar nicht erst an« etc.
Ziel der Methode der positiven Selbstgespräche ist es, sich positiv zu beeinflussen oder negative Selbstgespräche zu erken-

nen, um sie in positive umzuwandeln (Veränderung von Bewertungen).

Umstrukturieren

Viele Belastungen haben auch positive Elemente. Bei dieser Technik konzentriert man sich auf die erfreulichen und fördernden Aspekte der Situation und missachtet die negativen.
Beispiele: »Auch wenn ich meine Kollegen enttäusche, ist es wichtig für mich, jetzt ›Nein‹ zu sagen. Nur so kann ich auf Dauer gute Arbeit leisten.« »Diese Forderung gibt mir die Chance, mich zu behaupten zu lernen usw.«

Selbstinstruieren

Das bedeutet, sich selbst aufzufordern, stressauslösende Bedingungen zu verändern, also sich nicht zu sorgen, wie unsicher man z. B. seine Aussagen formuliert, sondern sich zu instruieren, ruhig und gelassen mit fester Stimme Lösungsansätze vorzutragen.
Man fordert sich auf, das Richtige zu tun.

Sich selbst ermuntern

Es gibt zahlreiche Möglichkeiten, sich durch Selbstgespräche zu ermuntern, sich Mut zuzusprechen und sich dadurch zu stärken: »Du wirst es schaffen«, »Du bist gut vorbereitet«.

Mögliche Vorgehensweise

- Die Tn/Kl sammeln alle Selbstgespräche, die ihnen in belastenden Kommunikationssituationen zum jeweiligen trainierten Verhaltensbereich durch den Kopf gehen;
- teilen diese Gedanken in positive und negative ein;
- überlegen sich positive Selbstgespräche anstelle der gesammelten negativen. Es ist dabei wichtig, dass diese Formulierungen akzeptiert werden, z. B. anstatt: »Ich mache sicher Fehler«, nicht: »Ich mache sicher keinen Fehler«, sondern eher: »Wenn ich Fehler mache, ist das nicht so schlimm«;
- stellen außerdem mögliche ermunternde Selbstgespräche zusammen, die bei der Bewältigung helfen.

Beispiel: Entwicklung positiver Selbstgespräche für die Situation »Vortrag halten«

VOR DEM VORTRAG:

Negatives Selbstgespräch	Positives Selbstgespräch
»Sicher kommen unangenehme Fragen, die ich nicht beantworten kann.«	»Erst mal abwarten.«
	»Es wird mir schon eine Antwort einfallen, ich muss ja nicht perfekt sein.«
»Mein Vortrag wird nicht gut ankommen.«	»Ich muss es nicht allen recht machen. Bisher war ich meistens gut.«

WÄHREND DES VORTRAGES:

Negatives Selbstgespräch	Positives Selbstgespräch
»Ich bin schon wieder aufgeregt.«	»Atme langsam aus und puste den Stress weg.«
»Oh je, jetzt hab ich mich versprochen, wie peinlich!«	Ja und? Ich lache – dann dürfen die Hörer auch lachen. Dann konzentriere ich mich und spreche langsamer.

NACH DEM VORTRAG:

Negatives Selbstgespräch	Positives Selbstgespräch
»Mein Vortrag wurde schon wieder kritisiert.«	»Kritik ist auch eine Lernchance.«
»Ich bin total erledigt.«	»Der Zuhörer wollte vielleicht zeigen, was er alles weiß.«
	»Es war gut, dass ich mich der Situation gestellt habe.«

4. Abreaktion

Körperliche Abreaktion

Wenn man die Möglichkeit hat, sich körperlich abzureagieren, tut man das, wozu man physiologisch programmiert ist: Man bewegt sich. (Vor einem schwierigen Gespräch die Treppe statt den Fahrstuhl nehmen.)

Beispiele:

- die Treppe hochlaufen
- flott zu Fuß gehen vor einem Konfliktgespräch

Emotionale Abreaktion

Die im Stress angestauten Gefühle kann man abreagieren. Wichtig ist aber die Fähigkeit, sich so zu kontrollieren, dass man sich und anderen nicht schadet und neuen Stress verursacht (Ärgerkontrolle).

Beispiele:
Vor einer Durchsetzungssituation laut (alleine) »Nein«, »so nicht« oder »ich setze mich durch« rufen.

11.2 Langfristige Stressbewältigung

Techniken wie Einstellungsänderung (zum Beispiel der Abbau überhöhter Ansprüche an sich selbst einen »perfekten Vortrag« zu halten) und Entspannungstechniken (zur Senkung eines überhöhten Erregungsniveaus) können Kommunikationsfertigkeiten unterstützen oder sogar als Basis erst ermöglichen.
Typische hinderliche Einstellungen für die einzelnen Verhaltensbereiche sind:

Kontakt

- ich bin ein uninteressanter, langweiliger Mensch;
- in meinem Alter findet man keinen Partner mehr;

- der/die hat bestimmt kein Interesse, mich kennen zu lernen;
- die anderen sind besser, stärker, schöner, erfolgreicher als ich;
- so, wie ich bin, kann mich keiner lieben;
- weil ich krank (hässlich usw.) bin, bin ich für andere minderwertig;
- ich habe Angst, einen Korb zu bekommen;
- ich werde wohl wieder mal ins Fettnäpfchen treten;
- hoffentlich wirke ich nicht zu aufdringlich;
- eigene Beispiele ....

Durchsetzen

- ich muss für alle Verständnis haben;
- alle sollen mich lieben;
- der/die Klügere gibt nach;
- keiner darf mich kritisieren;
- ich bin von anderen abhängig;
- ich darf andere nicht kritisieren;
- ich darf nicht unterbrechen;
- bloß keine Streitereien/Stress;
- wahrscheinlich bin ich doch im Unrecht;
- die anderen wissen alles besser;
- die anderen können sich besser ausdrücken;
- ich möchte nicht auffallen;
- ich möchte mich nicht blamieren;
- ich kann das nicht;
- dafür bin ich zu dumm;
- eigene Beispiele ....

Selbstdarstellung und Präsentation

- Bescheidenheit ist eine Zier;
- ich bin ein Opfer äußerer Umstände;
- die anderen sind besser dran als ich;
- ich muss immer besser sein als die anderen;
- keiner hat das Recht, mich zu kritisieren;
- es ist wichtig, dass alle mich akzeptieren;
- ich bin vom Pech verfolgt;
- ich bin schuld, wenn die Tn/Kl nicht alles umstellen können;

- es ist wichtig, dass ich immer volle Kontrolle über alle Tn/Kl habe;
- ich muss jedem Tn/Kl helfen, der meine Unterstützung braucht;
- mein Vortrag langweilt die Tn;
- stimmt was an mir nicht? (Salatblatt im Mund?);
- es muss jetzt alles klappen;
- eigene Beispiele ....

Kommunikation in Beziehungen

- je weniger ich offen von mir zeige, desto besser;
- wenn man ein Problem nicht bespricht, verschwindet es irgendwann von selbst;
- ich bin meinen Gefühlen ausgeliefert;
- ich habe überhaupt keine Probleme;
- wenn ich Gefühle zeige, bin ich dem Partner ausgeliefert;
- ich muss stark sein;
- es ist wichtig, dass ich immer Recht habe;
- ich kann kein Risiko eingehen;
- er wird meine Gefühle ja doch nicht verstehen;
- Wie sollten wir zwei Erwachsene vernünftig miteinander reden?
- Wie konntest Du mir das antun?
- eigene Beispiele ....

Aggressionen und Konflikte

- Konflikte sind unerträglich;
- in einem guten Team darf es keine Konflikte geben;
- ich bin an allem schuld;
- das ist die gerechte Strafe für mein bisheriges Verhalten;
- ich kann niemanden vertrauen;
- starke Menschen brauchen keine Hilfe;
- ich kann mich auf niemanden verlassen;
- ich habe einfach zu schwache Nerven;
- jeder kriegt das zurück, was er ausgeteilt hat;
- eigene Beispiele ....

12. Ein Thema der Zukunft: Interkulturelle Kommunikation
(von Andreas Brüch)

Interkulturelle Kommunikation ist eine Sonderform »normaler« Kommunikation. Sie tritt immer dann auf, wenn Personen oder Gruppen mit unterschiedlicher kultureller Prägung miteinander in Kontakt treten. Die beteiligten Kommunikationspartner haben durch lebenslange Sozialisation Einstellungen, Werte, Normen, Regeln und Verhaltensweisen ihrer jeweils eigenen Kultur übernommen. Jeder orientiert sich im Kommunikationsverhalten also zunächst einmal nur an den Maßstäben der eigenen Kultur. Daraus können vielfältige Kommunikationsschwierigkeiten entstehen, Konflikte oder Missverständnisse beeinflussen möglicherweise Ablauf und Erfolg von der Zusammenkunft.

Zunehmende Bedeutung interkultureller Kommunikation

Generell nimmt interkulturelle Kommunikation weltweit stark zu. Dies verdeutlichen häufig gebrauchte Stichworte wie Globalisierung und multikulturelle Gesellschaft. Diese Entwicklung wird vor allem durch folgende Faktoren hervorgerufen:

- **Technologische Entwicklung**: Kommunikation über nationale Grenzen und große Entfernungen hinweg wird immer leichter, die Geschwindigkeit der Informationsübertragung nimmt ständig zu, Transportmöglichkeiten und menschliche Mobilität erhöhen sich.
- **Internationalisierung der Wirtschaft**: Zunehmend werden international vernetzte Wirtschaftsbeziehungen aufgebaut. Dadurch wächst die Anforderung, mit internationalen Wirtschaftspartnern in anderen Ländern persönlichen Kontakt aufzunehmen.
- **Zunehmende Migration**: Weltweit nimmt die Zahl der Menschen zu, die aus wirtschaftlichen, umweltbedingten oder politischen Gründen ihre traditionellen Lebensräume verlassen.

- **Abnehmende Bedeutung von Nationalstaaten**: Durch die Veränderung politischer Rahmenbedingungen zugunsten regionaler Zusammenschlüsse, z. B. die weitere Annäherung innerhalb der Europäischen Union oder die Bildung anderer wirtschaftlicher und politischer Staatenverbände (NAFTA, ASEAN), verringert sich der Stellenwert klassischer Nationalstaaten.

Dies alles führt dazu, dass Menschen sich in ihrem Alltagsleben immer häufiger mit den Denkweisen anderer Kulturen auseinandersetzen müssen. Nach Angaben des Statistischen Bundesamtes liegt der Anteil ausländischer Mitbürger bei ca. 10% und ist weiterhin steigend. Zwischen 1994 und 1996 sind jährlich mehr als 700000 Menschen aus dem Ausland zugezogen. Jedes siebte in Deutschland geborene Kind besitzt ausländische Staatsbürgerschaft.

Deutschland ist (nach den USA) die zweitgrößte Exportnation der Welt mit vielfältigen internationalen Verbindungen. Daher nehmen auch im beruflichen Bereich der Umgang mit Unternehmensmitarbeitern aus fremden Kulturen, Auslandsentsendungen, internationale Geschäftsverhandlungen sowie die Zahl internationaler Joint-Ventures und Auslandsniederlassungen schnell zu.

Ob nun die Gründe Flucht vor politischen oder wirtschaftlichen Missständen sind, ein freiwilliger zeitweiliger oder permanenter Wechsel in ein anderes Land, Kontakte zwischen Personen aus verschiedenen Kulturen werden immer intensiver. In vielen Fällen ist es aber so, dass die Verständigung zwischen den Angehörigen verschiedener Kulturen Schwierigkeiten bereitet. Interkulturelles Kommunikationstraining kann auf eine effektive Kommunikation vorbereiten.

Einsatzbereiche für interkulturelles Kommunikationstraining

Interkulturelles Training ist überall dort sinnvoll, wo allgemeine Kommunikationskompetenz um einen interkulturellen Aspekt erweitert werden soll. Dies kann beispielsweise folgende Zielgruppen betreffen:

- Unternehmensmitarbeiter in Auslandsentsendung
- Firmenmitarbeiter mit häufigen internationalen Geschäftskontakten
- Mitarbeiter internationaler Arbeitsgruppen oder -teams in Unternehmen
- Internationale Repräsentanten von Unternehmen und Organisationen
- Mitarbeiter in Heilberufen (Therapeuten, Ärzte, Pflegepersonal usw.), die Patienten oder Klienten aus verschiedenen Ländern haben und/oder in interkulturellen Teams zusammenarbeiten
- Personen, die in der Ausländer-, Flüchtlings- und Asylantenarbeit tätig sind (Sozialarbeiter, Pädagogen, Verwaltungsbeamte usw.)
- Entwicklungshelfer und Mitarbeiter internationaler karitativer Organisationen
- Lehrer und Schüler für interkulturelle Erziehung in der Schule oder in der Jugendarbeit
- Studenten beim Auslandsstudium
- Ausländische Mitbürger, die ihre Anpassung an die deutsche Kultur verbessern wollen
- Interkulturelle (Ehe-)Partner
- Soldaten bei internationalen Militäreinsätzen (Friedenssicherung, UN-Einsätze etc.)

12.1 Grundlagen interkultureller Kommunikation

Kultur

Kultur stellt für eine Gesellschaft, Nation, Organisation oder Gruppe ein Orientierungssystem dar, das Wahrnehmung, Bewertungen, Denken und Handeln der Menschen bestimmt. Das Orientierungssystem der eigenen Kultur wird in einem lebenslangen

Sozialisationsprozess erlernt und als allgemein verbindlich verstanden. Es wird normalerweise in der Kommunikation automatisch angewendet, so dass nicht bei jedem neuen Kontakt die Bedingungen und Regeln für Kommunikation neu definiert oder ausgehandelt werden müssen.

In der Regel wird erst im direkten Kontakt mit Personen aus anderen Kulturen für den Einzelnen die kulturelle Prägung von Verhalten und Kommunikation deutlich und spürbar. So ist es für uns Westeuropäer beispielsweise selbstverständlich, sich mit einem Händedruck zu begrüßen und dabei in die Augen des Gegenübers zu sehen. Allerdings ist dies nicht überall auf der Welt ein angemessenes Grußritual. Um beispielsweise eine japanische Verbeugung mit dem der Situation adäquaten Winkel des Oberkörpers und dem passenden Blick korrekt auszuführen, braucht es viel Übung. Wie wichtig es sein kann, auf japanische Art zu grüßen, wird uns erst dann klar, wenn wir tragende Kontakte zu Japanern aufbauen möchten.

Besonderheiten der interkulturellen Kommunikationssituation

Interkulturelle Kommunikationschwierigkeiten können sich typischerweise in Missverständnissen und Frustration äußern. Dies kann dann zu negativen Einstellungen gegenüber dem Kommunikationspartner bis hin zu einer generellen Ablehnung der fremden Kultur führen. Von psychologischer Seite lassen sich für diese Probleme mehrere Ursachen nennen (Brüch, 1998; Jandt, 1995), die im Folgenden mit einigen Beispielen für entsprechende Sensibilisierungsübungen dargestellt werden:

1. Unterschiedliche Sprache und nonverbales Kommunikationsverhalten

Gemeinsame Sprache wird als Mittel zur Kommunikation benötigt. Wenn man sich nicht oder nur unzureichend in einer gemeinsamen Sprache verständigen kann, so ist dies die offensichtlichste Barriere für wirkungsvolle Kommunikation. Aber auch nonverbale Verhaltensweisen können kulturspezifisch starke Unterschiede aufweisen.

Übung: Kommunikationsverhalten der eigenen Kultur

Tn/Kl stellen in KG eine Liste von Fähigkeiten verbaler und nonverbaler Kommunikation zusammen, die ein Besucher der eigenen Kultur lernen sollte, um erfolgreich kommunizieren zu können, und diskutieren über die Ergebnisse. Tn/Kl überlegen auch, in welchem Kontext die jeweiligen Verhaltensweisen notwendig oder wichtig sind. Tn/Kl überlegen anschließend, welche Verhaltensweisen in der/den fremde(n) Kultur(en) wichtig sind und wie genau sie diese kennen.

Übung: Grußverhalten

Tn/Kl sammeln unterschiedliche Arten, sich zu begrüßen (z. B. mitteleuropäischer Handschlag, japanische Verbeugung, russischer Bruderkuss etc.), und führen sie im Pl vor. In einem weiteren Schritt versucht dann ein Tn/Kl, verschiedene Gefühle (z. B. Angst, Respekt, Nervosität, Freude etc.) während seiner Begrüßung zu spielen. Die anderen Tn/Kl sollen versuchen, diese zu erraten.

2. Kulturelle Unterschiede in Denken, Wahrnehmen und Handeln

Kulturen unterscheiden sich in ihren Werten, Normen und Regeln. Daraus ergeben sich jeweils andere Zielsetzungen, Verhaltensweisen und Handlungsstrategien. Dementsprechend können auch identische oder ähnliche Verhaltensweisen in verschiedenen Kulturen eine unterschiedliche Bewertung oder Interpretation erfahren.

Übung: Kulturvergleich

In KG bereiten Tn/Kl eine kurze Präsentation vor, welche Werte, Regeln oder Normen in der eigenen Kultur wichtig sind und welche kulturhistorische Ursachen dies hat. Tn/Kl überlegen und diskutieren, wie dies in anderen Kulturen beurteilt wird. In Trainings mit Tn/Kl aus unterschiedlichen Kulturen stellt jede Gruppe ihre eigene Kultur vor.

3. Ethnozentrische Denkweise

Die aus der eigenen Kultur erlernten und bekannten Werte und Verhaltensweisen werden auch in der interkulturellen Kommunikationssituation implizit als einzig richtiger Weg angenommen. Diese Grundhaltung wird als Ethnozentrismus bezeichnet. Besonders interkulturell unerfahrene Personen tendieren in der Regel dazu, auch im Umgang mit Personen oder Gruppen aus anderen Kulturen sich zunächst nur an den eigenen Werten, Normen und Verhaltensstandards zu orientieren.

4. Unangemessene Attributionen

Die Folge von Ethnozentrismus ist, dass beobachtetes Verhalten auf Basis der eigenkulturellen Orientierungsrichtlinien wahrgenommen und beurteilt wird. Dies führt häufig zu Fehlurteilen über die Verhaltensursachen und -absichten von Personen aus anderen Kulturen. Durch diese falschen oder unangemessenen Attributionen kann ein verzerrtes oder negatives Bild von den Absichten und Zielen des Kooperationspartners entstehen.

Übung: Alternative Attributionen

Die Tn/Kl sammeln Alltagsbeobachtungen menschlichen Verhaltens aus der eigenen Kultur und dafür typische Interpretationen. Dann versetzen sie sich in die Position eines »Fremden« aus dem Ausland (oder sogar eines Besuchers von einem anderen Stern) und überlegen, wie sich diese Verhaltensweisen alternativ (aber ebenso sinnvoll) interpretieren lassen.

Beispiel:

Beobachtung	*Interpretation 1*	*Interpretation 2*
Leute auf der Straße sind immer irgendwohin unterwegs	beschäftigt, deshalb in Eile	können ihr Leben nicht genießen
Leute fahren sehr lange in Urlaub	müssen sich erholen, wollen Abstand gewinnen	zu Hause ist Leben zu langweilig

| fahren überall mit dem Auto hin | schlechte öffentliche Verkehrsverbindungen | zu faul zum Laufen |

5. Stereotype

Stereotype dienen dazu, aufgrund einzelner, zentraler Merkmale weitreichende Schlüsse über Personen zu ziehen. Vor allem in unklaren und unbekannten Situationen sind sie daher nützlich, um Verhalten, Absichten und Erwartungen anderer überhaupt interpretieren zu können. Da wir eine fremde Kultur normalerweise nie so gut kennen wie die eigene, lässt die soziale Wahrnehmung fremdkultureller Personen im Vergleich zu Personen aus der eigenen Kultur nur weniger exakte Schlüsse zu. Daher muss man sich hier viel stärker auf Stereotype und Kategorisierungen verlassen.

Stereotype über nationale oder kulturelle Eigenheiten übertreiben oder verzerren aber häufig die komplexe soziale Realität. Meist sind sie wegen mangelnder Erfahrung mit der fremden Kultur unzutreffend oder zu grob strukturiert (z. B. der pedantische, pünktliche Deutsche; der kühle Brite; der immer höflich lächelnde Japaner). Dadurch werden individuelle Merkmale und Persönlichkeitsunterschiede übersehen oder falsch interpretiert. Eine Anpassung an unterschiedliche Situations- oder Personenbedingungen kann nicht stattfinden.

Übung: Nationale Stereotype analysieren

Tn/Kl sammeln Stereotype, die in der eigenen (z. B. deutschen) Kultur gegenüber der fremden Kultur existieren. Alternativ können auch Stereotype vom Ausland gegenüber der eigenen Kultur analysiert werden. Wie zutreffend sind diese Stereotype? Woher stammen sie? Wie wirken sie sich auf die Kommunikation aus? Auf wen treffen die Stereotype zu (z. B. Männer, Frauen, Alte, Junge, Stadt-/Landbevölkerung, Verheiratete/Ledige, verschiedene Berufsgruppen)? Je feiner man bestimmte Personenmerkmale ausdifferenziert, desto weniger sinnvoll wird die Anwendung von Stereotypen.

6. Fehlende Metakommunikation

Aufgrund der besonderen Anforderungen der interkulturellen Situation besteht hoher Bedarf an ausführlicher Metakommunikation zwischen den beteiligten Personen, um Missverständnissen vorzubeugen oder diese zu klären. Bei fehlendem Bewusstsein über die Auswirkungen von Kultur auf die eigenen und fremden Verhaltensweisen findet diese Metakommunikation häufig nur unzureichend statt. Zudem treffen in manchen Kulturen offene, direkte Gespräche oder Diskussionen über zwischenmenschliche Probleme auf deutlich weniger Akzeptanz als in Deutschland.

Übung: Metakommunikation mit unterschiedlichen Regeln

Jeweils zwei Tn/Kl führen ein Gespräch, in dem es um einen fiktiven Konflikt geht. Die Tn/Kl werden getrennt instruiert und erfahren die Regeln der anderen Person nicht. Tn/Kl A soll (z. B. auf typisch deutsche Art) den Konflikt direkt ansprechen, die Lage sachlich analysieren und die unterschiedlichen Positionen offen darstellen, um mit konfrontativem Stil und guten Sachargumenten eine Einigung zu erreichen. Tn/Kl B dagegen hat die Aufgabe (z. B. auf typisch asiatische Art), den Konflikt durch Argumentieren auf der Beziehungsebene (Erwähnen der guten persönlichen Freundschaft), Betonung von gemeinsamen Interessen, gemeinsamen Erfahrungen und Zielen sowie Appellieren an das Verständnis des anderen zu lösen.

In einem zweiten Schritt führen die Personen eine Metadiskussion, warum sie Kommunikationsschwierigkeiten haben, wobei beide den gleichen Kommunikationsstil und die entsprechenden Ziele beibehalten.

Hohe Komplexität

Aus den oben genannten Gründen ist interkulturelle Kommunikation im Vergleich zu einem monokulturellen Setting wesentlich komplexer und anspruchsvoller. Die Kommunikation ist gekennzeichnet durch höhere Unsicherheit, Ambiguität und Ungenauigkeit. Um mit diesen Schwierigkeiten zurechtzukommen, bestehen wesentlich höhere Anforderungen an die soziale und kommunikative Kompetenz interkulturell handelnder Personen.

Die zu erwartenden Schwierigkeiten und Anforderungen sind nicht immer gleich. Sie variieren hauptsächlich aufgrund von zwei Faktoren:

- **Kulturelle Distanz:** Je stärker sich die Kulturen voneinander unterscheiden, desto schwieriger wird die Kommunikation. So können etwa Deutsche mit Schweizern leichter kommunizieren als mit Brasilianern oder Chinesen.

- **Konfrontationsgrad:** Je intensiver man mit Menschen aus anderen Kulturen in Kontakt tritt und je mehr man dabei erfolgreich oder zielorientiert handeln will, desto deutlicher treten Kommunikationsprobleme zu Tage. Entscheidend sind dabei das Ausmaß und die individuelle Bedeutung negativer Konsequenzen. Beispielsweise ist es weniger problematisch, ein russisches Lokal aufzusuchen, als in einem deutsch-russischen Joint-Venture eine Fabrik aufzubauen.

Anhaltende interkulturelle Kommunikationsschwierigkeiten können zu hohen psychischen Belastungen führen. In vielen Fällen werden sie noch durch eine Veränderung der allgemeinen Lebensumstände, beispielsweise durch Berufstätigkeit im Ausland, Emigration oder Flucht erhöht. Die notwendige Eingewöhnung an eine völlig neue (Lebens-)Umwelt, verändertes Klima, Ernährung, soziales Umfeld usw. ist häufig sehr anstrengend.

Kulturschock

Psychische Belastungen als Folge interkultureller Kommunikation lassen sich durch das Stresskonzept erklären. Im Sinne der »**daily hazzles**« kann eine Aneinanderreihung einzelner schwieriger Kommunikationssituationen ein erhebliches Stresspotential aufbauen. Zusätzlich bedeutet die Eingewöhnung in eine andere Kultur und die damit verbundene massive Veränderung der eigenen Lebensumstände ein **kritisches Lebensereignis**, mit Stress-Symptomen und psychologischen Anpassungsprozessen, wie sie aus der Stress- und Transitionsforschung bekannt sind.

In der interkulturellen Forschung wird dieses Stressgeschehen als Kulturschock bezeichnet. Häufig ist der Kulturschock mit einer Persönlichkeits- oder Identitätskrise verbunden, in der die Orientierung für das eigene Handeln teilweise (oder ganz) verloren gehen kann. Zur Überwindung des Kulturschocks müssen der fremden Kultur angemessene Denk- und Handlungsweisen erlernt werden.

Übung: Veränderungen im Leben

Tn/Kl überlegen und diskutieren, welche großen Veränderungen oder kritischen Lebensereignisse sie in ihrem Leben erfahren haben (z. B. Umzug in eine fremde Stadt, Eintritt in den Beruf, Geburt der Kinder, Ehescheidung) und welche Folgen dies für sie persönlich hatte. Wie haben sie sich damals gefühlt? Was haben sie getan, um mit der Veränderung zurechtzukommen? Wie haben sie sich in der Folge verändert? Wie lange hat es gedauert, um sich an die neue Situation zu gewöhnen? Ähnliche Folgen und Anpassungsprozesse sind auch durch den Kulturschock zu erwarten.

12.2 Interkulturelles Kommunikationstraining

Ziele

Interkulturelle Kommunikation kann dann erfolgreich verlaufen, wenn Kenntnisse über die kulturfremden Orientierungsrichtlinien vorhanden sind und die Fähigkeit zum Wahrnehmen, Denken, Urteilen und Handeln im Kontext der anderen Kultur besteht (Thomas, 1993). Dabei gibt es einen engen Zusammenhang zwischen Kommunikationseffizienz und allgemeiner Lebensbewältigung. Dies trifft besonders für Zielgruppen zu, die auch in einer fremden Kultur *leben* (z. B. Emigranten, Flüchtlinge, ausländische Unternehmensmitarbeiter). Daraus ergeben sich folgende Unterziele:

- Besseres Erreichen persönlicher (oder beruflicher) Ziele durch effektive Kommunikation
- Verbesserung der persönlichen Zufriedenheit mit der Lebenssituation, beispielsweise durch eine leichtere Eingewöhnung im Gastland

- Aufbau positiver Einstellungen gegenüber der anderen Kultur
- Aufbau positiver Beziehungen zu den fremdkulturellen Kommunikationspartnern
- Verminderung von Stressbelastung

Um dies zu erreichen, genügt es nicht, sich auf ein rein verhaltensorientiertes Training mit kommunikationspsychologischer Wissensvermittlung und entsprechenden Verhaltensübungen zu beschränken.

Inhalte

Interkulturelles Training lässt sich in zwei Hauptgruppen unterteilen: Kulturallgemeines und kulturspezifisches Training. Kulturallgemeines Training soll ein Bewusstsein für die Bedeutung kultureller Aspekte in der menschlichen Kommunikation schaffen, ohne dass dabei auf ein spezielles Land Bezug genommen werden muss. Bei kulturspezifischem Training stehen Wissensinhalte und Fähigkeiten im Mittelpunkt, die die Kommunikation mit Personen aus einer ganz bestimmten Kultur oder einem bestimmten Land verbessern (vgl. Gudykunst, Guzley & Hammer, 1996; Brislin & Yoshida, 1994).

Kulturallgemeine Trainingsinhalte

Allgemeine Kommunikationskompetenz

Studien zeigen, dass eine Reihe von Faktoren der allgemeinen Kommunikationskompetenz auch die Fähigkeit zur interkulturellen Kommunikation maßgeblich beeinflusst. Dazu gehören beispielsweise Empathiefähigkeit, Ambiguitätstoleranz, eine angemessene und realistische Selbst- und Fremdwahrnehmung, hohe Verhaltensflexibilität sowie hohe Eigeninitiative und Offenheit bei interpersonalen Kontakten. In einem interkulturellen Kommunikationstraining sollte daher auch die grundsätzliche Kommunikationskompetenz der Teilnehmer berücksichtigt werden. Zur Grundlagenschulung eignen sich viele Teilelemente des verhaltenstherapeutischen Kommunikationstrainings. In welchem Ausmaß entsprechende Übungen und Modelle verwendet werden, hängt von Zielsetzung und Schwerpunkten der jeweiligen Trainingsmaßnahme und den vorhandenen Fähigkeiten der Teilnehmer ab.

Bewusstsein und Sensibilität für kulturelle Unterschiede

Die Tn/Kl sollen ein allgemeines Bewusstsein für die Besonderheiten interkultureller Kommunikation entwickeln und dadurch für Bereiche sensibilisiert werden, in denen in der Kommunikation Schwierigkeiten zu erwarten sind. Daraus soll sich ein verständnisvoller und toleranter Umgang mit fremdkulturellen Personen entwickeln. Dies bedeutet folgende Trainingsinhalte:

- Wissen über die Besonderheiten interkultureller Kommunikation und Kommunikationsbarrieren (siehe 12.1): Ethnozentrismus, Vorurteile, Stereotype, Einfluss von Kultur auf Sprache, verbales und nonverbales Verhalten, Wahrnehmung, Werte und Personenbeurteilung.
- emotionale und kognitive Auswirkungen von interkulturellen Kontakten, Kulturschock
- Selbstwahrnehmung und eigene kulturelle Identität: Bewusstsein über die individuelle kulturelle Prägung, Werte und Verhaltenstendenzen der eigenen Kultur

Allgemeine Stressbewältigung

Für die Eingewöhnung in eine fremde Kultur und den positiven Umgang mit dem Kulturschock eignen sich speziell auf diese Problematik zugeschnittene Trainingsmaßnahmen zur Stressbewältigung, die mit Kommunikationstraining kombiniert werden. Durch den Erwerb von Copingstrategien werden allgemeine Belastungsfähigkeit und Verhaltensflexibilität im Kontakt mit der anderen Kultur erhöht (vgl. Wagner-Link, Angelika, 1995, Verhaltenstherapeutisches Training zur Stressbewältigung).

Kulturspezifische Trainingsinhalte

Landesspezifisches Wissen

Die Möglichkeit, Bezug zu einem gemeinsamen Wissenshintergrund zu nehmen, ist eine wichtige Voraussetzung für Kommunikation. Je mehr man über die Kommunikationspartner und deren Lebensumstände weiß, desto leichter ist es, Gesprächsinhalte zu finden und sich zu verständigen. Je nach vorhandener Vorbildung müssen daher hinreichende Informationen vermittelt werden, die das Allgemeinwissen über eine Kultur betreffen. Hierzu gehören:

- Landeskundliche Informationen: Geographie, Geschichte, Wirtschafts- und Rechtssystem, politische und soziologische Hintergründe der jeweiligen Kultur
- Fremdsprachenunterricht
- »Survival«-Informationen: Bei längerer (Lebens-)Zeit im Ausland werden Informationen über die Bewältigung des Alltags benötigt, beispielsweise wichtige Adressen, Behörden, Wohnungsinformationen, Einkaufsmöglichkeiten usw.

Kulturspezifisches Orientierungssystem: Denk- und Verhaltensweisen

Durch das Erlernen eines kulturellen Orientierungssystems werden die Teilnehmer befähigt, nicht nur in den im Training geübten Situationen richtige Verhaltensweisen anzuwenden, sondern entsprechenden Transfer für (spätere) eigene Kommunikationssituation zu leisten. Dazu gehören die Inhalte:

- Werte, Normen, Regeln, Rituale
- Einstellungen und Attributionsgewohnheiten
- Kulturspezifische Verhaltensweisen und Kommunikationsstrategien
- Rollenerwartungen
- Arbeitsverhalten
- Vergleich und Analyse der eigenen und der fremden Kultur in allgemeine Dimensionen kultureller Variation, z. B.:
  – Individualismus – Kollektivismus: Bedeutung von Individuum und Gruppe
  – Machtdistanz: Bedeutung von Hierarchie, Status und Klasse
  – Geschlechtsrollenverständnis
  – Umgang mit Zeit und Raum
  – Personen- vs. Beziehungsorientierung
  – Direktheit- vs. Indirektheit im Kommunikationsstil

Trainingssituation

Für die Durchführung eines interkulturellen Kommunikationstrainings sind generell detaillierte Kenntnisse über interkulturelle Theorien und Methoden Voraussetzung. Bei kulturspezifischen Trainingsmaßnahmen ist zusätzlich fundiertes Wissen über die

Werte, Verhaltensweisen, Normen, Regeln usw. der jeweiligen Kultur notwendig. Aus Gründen der Glaubwürdigkeit gegenüber den Tn/Kl ist es empfehlenswert, persönliche Erfahrungen mit der jeweiligen Kultur zu besitzen.
In der Trainingspraxis ist es aus folgenden Gründen sinnvoll, kulturallgemeines und kulturspezifisches Training zu kombinieren:

- Beide Trainingsansätze ergänzen sich inhaltlich. Besonders bei kulturspezifischen Trainings kommen von Seiten der Tn/Kl häufig Fragen nach dem »richtigen« Verhalten in einer bestimmten Situation, die auch ein erfahrener Trainer nicht beantworten kann. Hier ist es sinnvoll, wenn die Tn/Kl auf allgemeine Strategien zur Bewältigung interkultureller Probleme zurückgreifen können.
- Insbesondere bei Tn/Kl mit geringer interkultureller Erfahrung muss zuerst die allgemeine Bedeutung von Kultur für menschliches Handeln verdeutlicht werden, um die Einsicht und Lernmotivation für eine tiefergehende Beschäftigung mit Orientierungsmustern und Kommunikationsverhalten einzelner Kulturen zu schaffen.

Strukturierung

Interkulturelle Trainingsmaßnahmen unterscheiden sich durch den Grad ihrer Strukturierung grundsätzlich von »normalen« Kommunikationstrainings. Das bedeutet, dass den Tn/Kl eine Struktur vorgegeben werden muss, die sie in ihrer eigenen Kultur durch lebenslange Sozialisation bereits erworben haben. In vielen interkulturellen Kommunikationssituationen treten Unsicherheiten auf, die in der eigenen Kultur überhaupt kein Problem darstellen würden. Beispielsweise können Deutsche in Deutschland recht gut einschätzen, in welchen Situationen sie Personen mit »Du« oder »Sie« ansprechen sollten. Im Vergleich dazu gibt es in der koreanischen Kultur fünf Sprachebenen, die Regeln des formalen Umgangs und die persönlichen Anredeformen sind daher wesentlich komplizierter. Das »Alltagswissen« eines Deutschen würde hier keinesfalls ausreichen, um adäquat zu kommunizieren. Das bedeutet:

- Im interkulturellen Bereich wird auf einer wesentlich einfacheren Ebene angesetzt als im normalen Kommunikationstraining. Den Tn/Kl müssen zunächst sehr viele grundlegende Informationen über die Kultur und entsprechende Verhaltensweisen vermittelt werden.
- Aufgrund der fehlenden Sozialisation in der fremden Kultur können die Tn/Kl ihre persönlichen Kommunikationserfahrungen nur in geringem Maße in Übungen, Rollenspiele usw. einbringen. Dies bedeutet, dass der Tr/Th das Trainingsmaterial entsprechend stärker vorstrukturieren und ausarbeiten muss.
- Man muss sich grundsätzlich darüber im Klaren sein, dass interkulturelle Trainingsprogramme, so gut sie auch sein mögen, Tn/Kl niemals dazu befähigen werden, in einer fremden Kultur genauso sicher zu kommunizieren wie in ihrer eigenen.

Vereinfachung der Kommunikationssituation

In interkulturellen Trainingsmaßnahmen wird die Kommunikationssituation häufig »künstlich« auf kulturelle Fragestellungen reduziert. Um die relevanten Informationen über die Kultur vermitteln zu können, werden komplexitätssteigernde Faktoren oft außer Acht gelassen oder unterbewertet, beispielsweise:

- die Persönlichkeitseigenschaften der Kommunikationspartner
- der Einfluss von sprachlichen Verständigungsschwierigkeiten
- die Vorgeschichte einer bestimmten Situation
- Einflüsse von Zeit oder Ort

Beim Training muss Tr/Th also darauf achten, dass

- die Tn/Kl sich keine (neuen) Stereotype und Vorurteile über die Angehörigen der anderen Kultur aneignen.
- den Tn/Kl deutlich gemacht wird, dass in der interkulturellen Kommunikation oben genannte Einflüsse selbstverständlich auch bestehen.

Es geht beim Training also nicht darum, Orientierungslosigkeit, mangelndes Wissen oder Ethnozentrismus durch eine unflexible Scheinsicherheit im Handeln zu ersetzen. Ein Hauptziel ist vielmehr, dass die Tn/Kl einerseits lernen, mit der größeren Ambiguität interkultureller Kommunikation zurechtzukommen und andererseits durch die Anwendung des Erlernten auf ihren eigenen Erlebnisbereich eine größere Verhaltensflexibilität gewinnen.

Methoden interkulturellen Trainings

Im interkulturellen Training können grundsätzlich alle Methoden und Techniken von herkömmlichen Kommunikationstrainings Verwendung finden. Dabei stehen drei Verhaltens- bzw. Lernebenen im Mittelpunkt:

- **kognitiv**: Wissen über interkulturelle Kommunikation, die eigene und die fremde Kultur.
- **affektiv**: Akzeptanz kultureller Unterschiede, positive Einstellungen gegenüber der anderen Kultur und Fähigkeit, mit den emotionalen Belastungen des Kulturschocks umzugehen.
- **verhaltensorientiert**: Übertragen von interkulturellem Wissen in eigenes Handeln.

Diese drei Ebenen werden jeweils durch besonders geeignete Methoden abgedeckt. Es ist sinnvoll, diese Methoden zu kombinieren, um alle Verhaltensebenen zu erfassen und damit auch verschiedenen Lerntypen unter den Tn/Kl gerecht zu werden.

Methode	Angesprochene Verhaltensebene
Vortrag	kognitiv
Gruppendiskussion	kognitiv
Kleingruppenarbeit, Lernpartnerschaften	kognitiv
Kritische Ereignisse (Fallstudien)	kognitiv, affektiv, verhaltensorientiert
Rollenspiele, Verhaltensübungen	verhaltensorientiert, affektiv
Kultursimulationen	verhaltensorientiert, affektiv

Abgesehen von zwei Methoden sind diese Techniken aus dem verhaltenstherapeutischen Kommunikationstraining bekannt. Kultursimulationen und kritische Interaktionssituationen werden im Folgenden kurz erläutert.

Kultursimulationen

Übung: Kultursimulation

Kultursimulationen sind spezielle Simulations- und Rollenspiele, in denen die Besonderheiten der interkulturellen Kommunikationssituation nachgestellt werden.

Sie werden in der Regel in relativ großen Gruppen ab etwa zehn Personen durchgeführt. Es treffen zwei oder mehrere Gruppen aufeinander, die vorher durch Instruktion unterschiedliche Verhaltens- und Kommunikationsregeln meist fiktiver Kulturen erlernt haben. Jede Gruppe wird nicht oder nur unzureichend über die Regeln der anderen Gruppe(n) informiert. Beide Gruppen treten dann miteinander in Kontakt, um sich zu verständigen. Je nachdem wie komplex Regeln und Aufgaben sind, können Kultursimulationen eine Zeitdauer von etwa einer Stunde bis zu einem ganzen Tag haben. Je nach Ausgestaltung werden verschiedene Schwerpunkte gesetzt. So können beispielsweise die kulturell unterschiedliche Bedeutung von nonverbalem Verhalten, Geschlechtsrollen, Höflichkeitsverhalten oder hierarchischen Unterschieden verdeutlicht werden.

Mit dieser Methode können die typische Probleme interkultureller Kommunikation an der eigenen Person deutlich spürbar gemacht werden. Kommunikationsstörungen, Missverständnisse und sich daraus ergebende Konflikte werden simuliert. Die Teilnehmer lernen dadurch, den Einfluss von Kultur auf Wahrnehmung und Verhalten zu akzeptieren, und entwickeln eine Vorstellung von der Komplexität interkultureller Kommunikationssituationen. Außerdem werden die mit dem Kulturschock üblicherweise verbundenen emotionalen Belastungen (Ärger, Frustration, Ungeduld, Verwirrung, Orientierungslosigkeit usw.) verdeutlicht.

Es gibt verschiedene, meist englischsprachige Kultursimulationen, die zum Kauf erhältlich sind. Sie können aber auch selbst entwickelt werden.

Kritische Interaktionen und Fallbeispiele

Kritische Interaktionssituationen (critical incidents) sind Schilderungen komplexer interkultureller Kommunikationssituationen zwischen Personen aus verschiedenen Kulturen, die konflikthaft sind oder Missverständnisse enthalten. Es handelt sich also um eine Methode, kulturelle Prinzipen anhand konkreter Fallbeispiele zu erläutern.

Damit kritische Interaktionen sinnvoll angewendet werden können, müssen sie bestimmte Kriterien erfüllen:

- Sie sollten realitätsnah, alltäglich und für die jeweilige Kultur charakteristisch sein.
- Die in der Schilderung auftretenden Kommunikationsschwierigkeiten sollten tatsächlich auf kulturelle Unterschiede zurückzuführen sein (nicht etwa auf extreme Situationsbedingungen oder Persönlichkeitseigenschaften).

Um diesen Kriterien entsprechende Situationen zu erhalten, ist der Aufwand relativ hoch. Sie können entweder von Experten der jeweiligen Kultur (z. B. Kulturwissenschaftler) entwickelt oder durch Interviews mit Personen gewonnen werden, die persönliche Erfahrung mit Angehörigen der betreffenden fremden Kultur haben.

Beispiel einer kritischen Interaktionssituation (aus einem Training für Südkorea)

Probleme auf der Messe

In Seoul findet eine wichtige Messe statt, an der sich eine deutsche Firma mit ihren technischen Produkten beteiligt. Der Vorgesetzte Herr Klingl hat mit einem langjährigen und zuverlässigen Mitarbeiter der Firma, Herrn Cho, die Ausstellung vorbereitet. Sie hatten deshalb in letzter Zeit ein sehr großes Arbeitspensum unter starkem Zeitdruck geleistet. Seit einem Monat gab es eigentlich kein freies Wochenende mehr, oft wurde bis abends um elf gearbeitet. Beim Aufbau des Firmenstandes auf dem Messegelände stellt sich Herr Cho plötzlich vor Herrn Klingl und schreit ihn an: »Ich bin doch nicht so dumm, andauernd so viel zu arbeiten! Wenn Sie das tun, dann ist das Jhr Problem, ich kann nicht mehr!«

Herr Cho hat dabei eine so aggressive Körperhaltung, dass Herr Klingl Angst hat, Cho könnte ihn jeden Moment körperlich angreifen. Herr Klingl fühlt sich total überrumpelt und ist erschrocken. Bevor er aber irgendwie reagieren kann, dreht sich Herr Cho um und läuft davon. Nach drei Stunden erscheint er wieder und verhält sich von da an, als ob nichts geschehen wäre.

(Brüch & Thomas, 1995)

Solche kritischen Interaktionen sind für unerfahrene Tn zunächst unverständlich, verwirrend oder lösen Unsicherheit aus. Aus dieser affektiven Wirkung entsteht in der Regel eine hohe Motivation, die Ursachen der in den Situationen geschilderten Schwierigkeiten zu erfahren.

Kritische Interaktionssituationen können folgendermaßen eingesetzt werden:

Erlernen kulturangemesser Attributionen durch den »Culture Assimilator«

Der Culture Assimilator ist eine Methode, bei der Tn/Kl eine Serie kritischer Interaktionen (ca. 15–30 Min.) in schriftlicher Form bearbeiten. Dabei werden ihnen typische Attributionsmuster der anderen Kultur vermittelt und sie lernen im Kontext der anderen Kultur wahrzunehmen und zu bewerten. Nach jeder Situationsschilderung werden mehrere Erklärungsmöglichkeiten für das fremdkulturelle Verhalten angeboten. Die Tn/Kl schätzen dabei ein, für wie zutreffend (oder nicht zutreffend) sie diese Attributionen halten. Im Anschluss erhalten die Tn/Kl Rückmeldungen, wie die einzelnen Attributionen im Kontext der fremden Kultur einzuschätzen sind. Diese Rückmeldungen enthalten wichtige Informationen über das fremdkulturelle Wertesystem und dessen kulturhistorischen Bezüge.

Kleingruppenarbeit und Gruppendiskussionen

Die Tn/Kl analysieren die Situationsschilderungen und diskutieren, welche Werte, Verhaltensnormen, Erwartung usw. aus der eigenen und aus der fremden Kultur das Verhalten der Personen beeinflusst. Erworbene Kenntnisse über Landeskunde, Denk- und

Verhaltensweisen werden auf die Interaktionsebene übertragen und erhalten dadurch einen Anwendungsbezug.

Rollenspiele
Die kritischen Interaktionssituationen dienen als Vorlage oder Ausgangspunkt für die Entwicklung von Rollenspielen. Dabei können Tn/Kl sowohl die Rolle von Personen der eigenen als auch der fremden Kultur selbst erleben. Erlernte und erarbeitete Verhaltensweisen und Kommunikationsstrategien werden so in individuelles Verhalten umgesetzt.

Dank

Kommunikation, insbesondere Missverständnisse in der Kommunikation, sind allgegenwärtig. Beobachtungssituationen gab es daher unendlich viele für mich, d. h., ich müsste eigentlich allen danken, die mir »live« Kommunikation »vorgeführt« oder von schwierigen bzw. originellen, gelegentlich auch positiven Kommunikationssituationen erzählt haben.

Mein besonderer Dank gilt meinen motivierten Helfern, die »auf allen vier Ebenen«, kompetent in der Sache, fast immer offen für meine Appelle, stimmig in der Beziehung (gute Atmosphäre!), klar in den eigenen Selbstoffenbarungen (dann nicht offen für meine Appelle!) waren:
Gabi Gutmann, Andrea Markert, Ellen Andersson, Rosemarie Elsner und Andreas Brüch.
(Transferkontrolle: Wenn Sie dieses Buch erfolgreich durchgearbeitet haben, finden Sie sicher in dem Vorausgegangenen einige versteckte Botschaften …)

Mein Dank gilt aber auch meinen Klienten und meinen Studenten und Seminarteilnehmern sowie Firmen, Verwaltung, Krankenhäusern, die sich dem Prozess meiner Supervision ausgesetzt haben und mir dadurch Einblick in ihre Kommunikation gegeben haben.

Literatur

Kommunikationstrainings und Trainerverhalten

Broich, J. (1994). Körper- und Bewegungsspiele. Köln: Maternus.
Broich, J. (1994). Rollenspiele mit Erwachsenen. Köln: Maternus.
Elmes, M. B. & Costello, M. (1992). Mystification and social drama: The hidden side of communication skills training. Human Relations, 45 (5), 427–445.
Feldhege, F.-J. & Krauthan, G. (1979). Verhaltenstraining zum Aufbau sozialer Kompetenz. Berlin: Springer.
Gambrill, E. (1995). Assertion skills training. In: W. O'Donohue & L. Krasner (Eds.). Handbook of psychological skills training: Clinical techniques and applications. Boston: Allyn & Bacon, 81–118.
Günther, U. & Sperber, W. (1995). Handbuch für Kommunikations- und Verhaltenstrainer: Psychologische und organisatorische Durchführung von Trainingsseminaren. München: Ernst Reinhardt.
Hargie, O. & Tourish, D. (1994). Communication skills training: Management manipulation or personal development? Human Relations, 47 (11), 1377–1389.
Hinsch, R. & Pfingsten, U. (1983). Die Effizienz eines kognitiv-behavioralen Trainings sozialer Fertigkeiten bei der Modifikation der intrapersonalen Kommunikation. In: W. R. Minsel & W. Herff (Hrsg.). Studien zur pädagogischen und psychologischen Intervention, Bd. 4, 210–214. Frankfurt: Lang.
Fittkau, B., Müller-Wolf, H.-M., Schulz von Thun, Friedemann (Hrsg.). (1977). Kommunikations- und Verhaltenstraining. München: Verlag Dokumentation.
Kaiser, A. & Hahlweg, K. (1996). Kommunikations- und Problemlösetraining. In: J. Margraf (Hrsg.). Lehrbuch der Verhaltenstherapie. Band 1: Grundlagen, Diagnostik, Verfahren, Bedingungen, 371–385. Berlin: Springer.
Margraf, J. & Rudolf, K. (Hrsg.). (1995). Training sozialer Kompetenz: Anwendungsfelder, Entwicklungslinien, Erfolgsaussichten. Baltmannsweiler: Röttger-Schneider.
Petermann, F. & Petermann, U. (1984). Training mit aggressiven Kindern: Einzeltraining, Kindergruppen, Elternbetreuung. München: Urban & Schwarzenberg.
Petermann, F. & Petermann, U. (1994). Training mit sozial unsicheren Kindern. Weinheim: PVU.
Pfingsten, U. & Hinsch, R. (Hrsg.) (1991). Gruppentraining sozialer Kompetenzen (GSK). Weinheim: PVU.
Pfingsten, U. (1996). Training sozialer Kompetenz. In: J. Margraf (Hrsg.)

Lehrbuch der Verhaltenstherapie. Band 1: Grundlagen, Diagnostik, Verfahren, Bedingungen, 361–369. Berlin: Springer.
Rogers, C. (1972). Die klientenzentrierte Gesprächspsychotherapie. München: Kindler.
Rogers, C. (1972). Die nicht-direktive Beratung. München: Kindler.
Rogers, C. (1977). Therapeut und Klient. München: Kindler.
Thomann, C. & Schulz von Thun, F. (1992). Klärungshilfe: Handbuch für Therapeuten, Gesprächshelfer und Moderatoren in schwierigen Gesprächen. Reinbek: Rowohlt.
Ullrich de Muynck, R. & Ullrich, R. (1982). Das Assertiveness-Training-Programm (ATP). München: Pfeiffer.
Wagner-Link, A. (1995). Verhaltenstraining zur Stressbewältigung: Arbeitsbuch für Therapeuten und Trainer. München: Pfeiffer.
Yalom, I. D. (1996^3). Theorie und Praxis der Gruppenpsychotherapie: Ein Lehrbuch. München: Pfeiffer.

Kommunikation
Biermann-Ratjen, E.-M. & Eckert, J. & Schwartz, H.-J. (1995). Gesprächspsychotherapie. Kohlhammer.
Birkenbihl, V. F. (1986). Kommunikationstraining: Zwischenmenschliche Beziehungen erfolgreich gestalten. Landsberg: mvg.
Burleson, B. R. (Ed.). (1996). Communication yearbook 19. Thousand Oaks: Sage.
Domsch, M.,& Regnet, E. & Rosenstiel, L. v. (1993). Führung von Mitarbeitern. Fallstudien zum Personalmanagement.
Fittkau, B.,& Müller-Wolf, H.-M. & Schulz von Thun, F. (1987). Kommunizieren lernen (und umlernen). Hahner Verlagsgesellschaft mbH.
Forgas, J. P. (1987). Sozialpsychologie: Eine Einführung in die Psychologie der sozialen Interaktionen. München: Psychologie Verlags Union.
Frank, J. (1981). Gesprächsführung in der psychologischen Therapie und Beratung. Salzburg: Otto Müller.
Hartig, M. (1997). Erfolgsorientierte Kommunikation. A. Francke.
Kotthoff, H. (Hrsg). (1996). Das Gelächter der Geschlechter. Konstanz: Universitätsverlag.
Lutz, R. (1978). Das verhaltenstherapeutische Interview. Springer.
Rogers, C. R. (1972). Die nicht-direktive Beratung. München: Kindler.
Rogers, C. R. (1992). Die klientenzentrierte Gesprächspsychotherapie: Client Centered Therapy. Frankfurt: Fischer.
Satir, Virginia (1993^{11}). Selbstwert und Kommunikation: Familientherapie für Berater und zur Selbsthilfe. München: Pfeiffer.
Schulz von Thun, F. (1985). Miteinander reden: Störungen und Klärun-

gen; Psychologie der zwischenmenschlichen Kommunikation. Reinbek: Rowohlt.
Seiler, W. J. (1996). Communication. Harper Collins College Publishers.
Watzlawick, P., Beavin, J. H. & Jackson D. (1974). Menschliche Kommunikation. Formen, Störungen, Paradoxien. Bern: Hans Huber.
Watzlawick, P. & Weakland, J. H. (Hrsg.). (1980). Interaktion. Bern: Hans Huber.
Watzlawick, P. (1983). Anleitung zum Unglücklichsein. München: Piper.
Watzlawick, P. (1991). Die Möglichkeit des Andersseins: Zur Technik der therapeutischen Kommunikation. Bern: Hans Huber.

Körpersprache
Birkenbihl, V. (1996). Signale des Körpers. Landsberg: MVG.
Johnson, D. (1994). Die Berührung. Paderborn: Junfermann.
Lyle, Jane (1995). Körpersprache. Bindlach: Gondrom.
Molcho, Samy (1985). Körpersprache als Dialog: Ganzheitliche Kommunikation in Beruf und Alltag. München: Mosaik.
Molcho, Samy (1990). Partnerschaft und Körpersprache. München: Mosaik.
Mühlen-Achs, G. (1993). Wie Katz und Hund: Die Körpersprache der Geschlechter. München: Frauenoffensive.
Ross, E. (1993). Nonverbal aspects of language. Neurologic Clinics, 11 (1), 9–23.
Schober, O. (1989). Körpersprache – Schlüssel zum Verhalten: Bedeutung und Nutzen der Körpersprache im Alltag. München: Heyne.
Thayer, S. (1988). Berührung – die andere Sprache. Psychologie heute, 15 (9), 21–27.

Kontakt
Anneken, G., Echelmeyer, L. & Kessler, E. (1978). SUK – Sicherheits- und Kontakttraining in Gruppen. Manual für Therapeuten. Tübingen: DGVT-Verlag
Lehner, B. (1994). Aufbau sozialer Kontaktfähigkeit. In: S. K. D. Sulz (Hrsg.). Das Therapiebuch. München: CIP.
Zimbardo, P. G. (1991). Nicht so schüchtern. München: MVG.

Durchsetzungsverhalten
Agonito, R. (1995). Nett war ich lange genug, jetzt setze ich mich durch. Düsseldorf: Econ.
Asgodom, S. (1996). Eigenlob stimmt! Düsseldorf: Econ.
Camenzind, E. & Knüsel, K. (1994). Starke Frauen – Zänkische Weiber. Zürich: Kreuz.
Ehrhardt, U. (1994). Gute Mädchen kommen in den Himmel, böse über-

all hin. Frankfurt: Krüger.
Ehrhardt, U. (1996). Und jeden Tag ein bisschen größer. Frankfurt: Krüger.
Ettich, K. U., Gudermuth, S., Mahl, J., Reschke, K. & Schier, R. C. (1984). Selbstsicherheitstraining. Leipzig: Karl-Marx-Universität.
Fensterheim, H. & Baer, J. (1991). Sag nicht ja, wenn Du nein sagen willst. München: Goldmann.
La France, M. Henley, N. M., Hall, J. & Halberstadt, A. G. (1997). Nonverbal behavior: Are women's superior skills caused by their suppression. In: M. R. Walsh (Ed.). Women, men & gender: Ongoing debates. New Haven: Yale University Press.
Pfingsten, U. & Hinsch, R. (1991). Gruppentraining sozialer Kompetenzen (GSK): Grundlagen, Durchführung, Materialien. Weinheim: Psychologie Verlags Union.
Stechert, K. (1988). Frauen setzen sich durch. Frankfurt: Campus.
Ullrich, Rüdiger & Ullrich de Muynck, Rita (1980). Diagnose und Therapie sozialer Störungen. Das Assertiveness-Training-Programm ATP, Einübung von Selbstvertrauen und sozialer Kompetenz, Anleitung für den Therapeuten. München: Pfeiffer.
Wagner-Link, A. (1997). Frauen zeigen Profil. Renningen-Malmsheim: expert

Selbstdarstellung und Präsentation
Alt, J.-A. (1994). Miteinander diskutieren: Eine Einführung in die Praxis vernünftiger Argumentation. Frankfurt: Campus.
Altmann, H.-Ch. (1978). Überzeugungskraft durch sichere Rede-, Verhandlungs- und Konferenztechnik – Ein praktischer Leitfaden für Führungskräfte mit zahlreichen Beispielen, Verhaltenstips, Prüflisten und Arbeitslisten. Kissing.
Ammelburg, G. (1969). Sprechen, Reden, Überzeugen. Gütersloh: Bertelsmann.
Balser-Eberle, V. (1990). Sprechtechnisches Übungsbuch. Wien: Österreichischer Bundesverlag.
Berckhan, B., Krause, C. & Röder, U. (1993). Schreck lass nach! Was Frauen gegen Redeangst und Lampenfieber tun können. München: Kösel.
DePaulo, B. M. (1991). Nonverbal behavior and self-presentation: A development perspective. In: R. S. Feldman & B. Rime (Eds.). Fundamentals of nonverbal behavior. New York: Cambrigde University Press, 351–397.
Gelb, M. J. (1989). Überzeugend reden, erfolgreich auftreten. Berlin: Synchron.
Gleiss, A. (1981). Unwörterbuch: Sprachsünden und wie man sie vermeidet. Frankfurt.

Hartmann, M., Funk, R. & Nietmann, H. (1993). Präsentieren. Weinheim und Basel: Beltz.
Hierhold, E. (1990). Sicher präsentieren, wirksamer vortragen. Wien: Ueberreuter.
Juster, H. R., Brown, E. J. & Heimberg, G. R. (1996). Sozialphobie. In: J. Margraf (Hrsg.). Lehrbuch der Verhaltenstherapie. Band 2: Störungen, 43–59. Berlin: Springer.
Krause, C. & Roder, U. (1992). Reden mit Gelassenheit – Ein Seminarkonzept zum Abbau von Redeangst. Gruppendynamik, 23 (1), 29–42.
Laing, R. D. et al. (1973). Interpersonale Wahrnehmung. Frankfurt.
Pilz, P. (1991). Erfolgreich reden und verhandeln. Landsberg: Moderne Industrie.
Ruhleder, R. H. (1991). Rhetorik, Kinesik, Dialektik: Redegewandtheit, Körpersprache, Überzeugungskunst. Bonn: Norman Rentrop.
Seifert, J. W. (1994). Visualisieren – Präsentieren – Moderieren. Bremen: Gabal.
Schlüter-Kiske, B. (1987). Rhetorik für Frauen. München: Langen-Müller/Herbig.
Will, Hermann (1994). Mini-Handbuch: Vortrag und Präsentation. Für ihren nächsten Auftritt vor Publikum. Weinheim: Beltz

Kommunikation in Beziehungen
Berlin, J. (1975). Das offene Gespräch: Paare lernen Kommunikation, ein programmierter Kurs. München: Pfeiffer.
Gordon, Th. (1983). Familienkonferenz. Reinbek: Rowohlt
Goodrich, Thelma Jean (1994). Frauen und Macht: Neue Perspektiven für die Familientherapie. Frankfurt/Main: Campus.
Hahlweg, K. (1986). Partnerschaftliche Interaktion. München: Röttger.
Mandel, A. & Mandel, K. H. (1971). Einübung in Partnerschaft durch Kommunikationstherapie und Verhaltenstherapie. In: A. Mandel, K. H. Mandel, E. Stadter & D. Zimmer (Hrsg.): Einübung in Partnerschaft. München: Pfeiffer.
Markman, H. J., Renick, M. J., Floyd, F. J., Stanley, S. et al. (1993). Preventing distress through communication and conflict management training: A 4- and 5-year follow up. Special Section: Couples and couple therapy. Journal of Consulting and Clinical Psychology, 61 (1), 70–77.
Oliver, G. J. & Miller, S. (1994). Couple communication. Journal of Psychology and Christianity, 13 (2), 151–157.
Satir, V. (1993[11]). Selbstwert und Kommunikation: Familientherapie für Berater und zur Selbsthilfe. München: Pfeiffer.
Schindler, L., Hahlweg, K. & Revenstorf, D. (1980). Partnerschaftsprobleme: Möglichkeiten zur Bewältigung. Ein verhaltenstherapeutisches

Programm für Paare. Berlin: Springer.
Schmidbauer, W. (1991). Du verstehst mich nicht. Hamburg: Rowohlt.
Schmidbauer, W. (1991). Partner ohne Rollen. München: Pfeiffer.
Schwäbisch, L. & Siems, M. (1974). Anleitung zum sozialen Lernen, Gruppen und Erzieher. Reinbek: Rowohlt.
Schwäbisch, L & Siems, M. (1990). Anleitung zum sozialen Lernen für Paare, Gruppen und Erzieher. Reinbek: Rowohlt.
Tannen, D. (1991). Du kannst mich einfach nicht verstehen. Hamburg: Kabel.
Tramitz, C. (1994). Die Kontaktanbahnung: Der erste Moment einer Begegnung von Mann und Frau. Psychomed, 6 (4), 227–231.
Thurmaier, F., Engl, J., Eckert, V. & Hahlweg, K. (1992). Prävention von Ehe- und Partnerschaftsstörungen EPL (Ehevorbereitung – Ein partnerschaftliches Lernprogramm). Verhaltenstherapie, 2, 116–124.
Upton, L. (1991). The acceptability of behavioral treatments for marital problems: A comparison of behavioral and communication skills training procedures. Behavior Modification, 15 (1), 51–63.
Vollmer, M. (1995). Die Messung der Familienkompetenz (im Auftrag des Bayer. Staatsministeriums für Arbeit und Sozialordnung, Familie, Frauen und Gesundheit). München.

Kommunikation bei Aggressionen und Konflikten

Arndt, E. (1994). Geschlechtsspezifische Ausdrucksformen von Aggressionen in Gruppen. In: K. Hahn, M. Schraut, K. V. Schuetz & C. Wagner (Hrsg.). Aggression in Gruppen, 151–170. Mainz: Matthias Grünewald.
Berthold, S. (1994). Friedfertige Reaktionen auf Beleidigungen in Gesprächen. In: E. Bartsch (Hrsg.). Sprechen, Führen, Kooperieren in Betrieb und Verwaltung: Kommunikation in Unternehmen, 201–209. München: Reinhardt.
Crisand, E. & Reinhard, P. (1995). Methodik der Konfliktlösung: Eine Handlungsanleitung mit Fallbeispielen. Arbeitshefte Führungspsychologie, Bd. 23. Heidelberg: Sauer.
Gerth, A. & Sing, E. (1992). Knatsch, Zoff und Keilerei. München: AG SPAK Publ.
Glasl, F. (1994). Konfliktmanagement: Ein Handbuch für Führungskräfte und Berater. Bern: Paul Haupt.
Rahim, M. A. (1986). Managing conflict in organizations. New York: Praeger.
Rüttinger, B. (1977). Konflikt und Konfliktlösen. Neues Lernen – Studienbücher. Psychologie im Betrieb, Band 5. München
Thomas, K. W. (1992). Conflict and conflict management: Reflections and update. Journal of Organizational behavior, 13, 265–274.

Trömmel-Plötz, S. (1991). Gewalt durch die Sprache. Frankfurt: Fischer.
Zuschlag, B. (1994). Mobbing, Schikane am Arbeitsplatz. Göttingen: Verlag für angewandte Psychologie

Interkulturelle Kommunikation
Brislin, R. W. & Yoshida, T. (1994). Intercultural communication training: An introduction. Beverly Hills: Sage.
Brüch, A. (1998). Individualismus und Kollektivismus als Einflussfaktor in interkulturellen Kooperationen. In: E. Spieß (Hrsg.). Kooperation. Göttingen: Verlag f. Angewandte Psychologie.
Brüch, A. & Thomas, A. (1995). Beruflich in Südkorea: Interkulturelles Orientierungstraining für Manager, Fach- und Führungskräfte. Heidelberg: Asanger.
Gudykunst, W. B. (1992). Bridging differences: Effective intergroup communication. Newbury Park: Sage.
Hall, E. T. & Hall, M. R. (1990). Understanding cultural differences. Yarmouth: Intercultural Press.
Hofstede, G. (1994). Interkulturelle Zusammenarbeit: Kulturen, Organisationen, Managment. Wiesbaden: Gabler.
Jandt, F. E. (1995). Intercultural Communication: An introduction. Thousand Oaks: Sage.
Landis, D. & Bhagat, R. S. (Eds.). (1997). Handbook of intercultural training. Thousand Oaks: Sage.
Thomas, A. (1992). Training interkultureller Kompetenzen. In: N. Bergemann & J. Sourisseaux (Hrsg.). Interkulturelles Management (174–200). Heidelberg: Physica.
Thomas, A. (Hrsg.). (1993). Kulturvergleichende Psychologie. Göttingen: Hogrefe.

Kommunikation im Betrieb
Johnson, D. W. (1987). Human relations and your carreer: A guide to interpersonal skills. Englewood Cliffs: Prentice-Hall.
Mills, D. Q. (1989). Die neuen Chefs. Frankfurt: Gabler.
Pfeiffer, W. & Weiß, E. (1992). Lean Management: Grundlagen der Führung und Organisation industrieller Unternehmen. Berlin: Erich Schmidt.
Tannen, D. (1995). Job-Talk. Wie Frauen und Männer am Arbeitsplatz miteinander reden. Hamburg: Kabel.
Wagner-Link, A. (2000). Lustvoll Arbeiten. Broschüre der Techniker Krankenkasse